Edition Bankmagazin

AF148714

Reihe herausgegeben von
Stefanie Burgmaier, Springer Fachmedien Wiesbaden GmbH
Wiesbaden, Deutschland
Stefanie Hüthig, Springer Fachmedien Wiesbaden GmbH
Wiesbaden, Deutschland

Ziel der Edition BANKMAGAZIN ist es, Trends und Herausforderungen in der Finanzwirtschaft zu beleuchten und Lösungen anzubieten. Indem sie die Theorie mit Beispielen aus dem Bankalltag verknüpfen, stellen die Fachautoren einen hohen Praxisbezug sicher. Interviews mit Verbänden und Geldinstituten aller drei Säulen zeigen, mit welcher Dynamik sich Themen wie Veränderungen beim Kundenverhalten, Digitalisierung, neue Konkurrenz durch junge Finanztechnologieunternehmen, War for Talents oder Dauerzinstief mit der Folge erodierender Margen in der Kreditwirtschaft entwickeln.

Weitere Bände in der Reihe http://www.springer.com/series/15208

Meike Frese · Bernhard Colsman

Nachhaltigkeits-
reporting für
Finanzdienstleister

Meike Frese
Fährmann Unternehmensberatung
GmbH, München
Bayern, Deutschland

Bernhard Colsman
Colsman Sustainability Consulting
Bad Homburg, Hessen, Deutschland

Edition Bankmagazin
ISBN 978-3-658-17216-9   ISBN 978-3-658-17217-6   (eBook)
https://doi.org/10.1007/978-3-658-17217-6

Die Deutsche Nationalbibliothek verzeichnet diese Publikation in der Deutschen Nationalbiblio-
grafie; detaillierte bibliografische Daten sind im Internet über http://dnb.d-nb.de abrufbar.

Springer Gabler
© Springer Fachmedien Wiesbaden GmbH 2018

Gedruckt auf säurefreiem und chlorfrei gebleichtem Papier

Springer Gabler ist Teil von Springer Nature
Die eingetragene Gesellschaft ist Springer Fachmedien Wiesbaden GmbH
Die Anschrift der Gesellschaft ist: Abraham-Lincoln-Str. 46, 65189 Wiesbaden, Germany

Über dieses Buch

Nachhaltigkeitsberichterstattung ist über die Jahre zu einem wesentlichen Bestandteil von CSR-Kommunikation geworden. 92 % der weltgrößten 250 Unternehmen haben im Jahr 2015 einen Nachhaltigkeitsbericht veröffentlicht[1], sodass es mittlerweile fast müßig erscheint, die Chancen von Nachhaltigkeitsberichterstattung herzuleiten. Reporting zu unternehmerischer Verantwortung ist eine Notwendigkeit geworden für Unternehmen, die sich die Akzeptanz ihrer Stakeholder langfristig sichern wollen. Hierzulande wird umfassender Transparenz zwar häufig noch mit Vorbehalten begegnet, doch wirkt sich die Abwesenheit von Berichterstattung weit negativer aus als die Veröffentlichung eines Berichts. „Denn dann entsteht leicht der Eindruck, das Unternehmen habe etwas zu verbergen oder erachte die ökologischen und sozialen Auswirkungen seines Handelns und damit die betroffenen Stakeholder für nicht relevant", stellt CSR-Reporting-Experte Prof. Matthias S. Fifka fest[2].

Für die meisten Finanzinstitute ist das Nachhaltigkeitsreporting seit Anfang 2017 ohnehin Pflicht im Zuge der EU-Transparenzrichtlinie zu CSR. Aber auch in diesem Fall ist es – angesichts des nicht zu verleugnenden Aufwands von Berichterstattung – zentral, sich jenseits der Regulatorik über die eigenen Ziele und Wirkungsmöglichkeiten Klarheit zu verschaffen und individuelle Lösungen zu finden, die effektiv und machbar sind.

Dabei ist Nachhaltigkeitsreporting nur ein Element umfassender Unternehmenskommunikation zu Werten und CSR. Sicher ist: Die Welt wird auch künftig nicht mehr Berichte lesen. Sicher ist jedoch ebenfalls, dass Unternehmen nach wie vor in Greenwashing-Fallen tappen und Stakeholder zunehmend kritischer

---

[1]KPMG 2015: 5.
[2]Fifka 2017: 8.

und ungläubiger werden. CSR-Reporting als die unumstößliche Grammatik einer wie auch immer unternehmensspezifisch ausgestalteten Sprache über Nachhaltigkeit ist somit kein Trendphänomen.

Das vorliegende Buch ist als ein Leitfaden für Praktiker aus dem Finanzdienstleistungssektor konzipiert und versucht, Einsteigern wie Profis konkrete Hinweise für die Umsetzung und auch strategische Denkanstöße zu bieten. Es ist ein Buch über Kommunikation. Nachdem Nachhaltigkeitsberichterstattung jedoch nur schwerlich losgelöst von Management von und Strategien im Umgang mit (vornehmlich) nicht-finanziellen Aspekten der Geschäftstätigkeit zu betrachten ist, wird zunächst in Kap. 1 beschrieben, welche Bedeutung das Thema „Nachhaltigkeit" allgemein in der Finanzbranche hat. Hier steht im Fokus, dass Finanzinstitute mit ihren Finanzprodukten eine sehr große Auswirkung auf das Thema „Nachhaltigkeit" bei ihren Kunden und in der Gesellschaft haben.

Das Kap. 2 beschreibt die Eckpunkte eines Nachhaltigkeitsmanagements in groben Zügen. Gemäß dem Leitsatz „erst handeln, dann berichten" reicht es nicht, einen Nachhaltigkeitsbericht erstellen zu wollen. Einfach gesagt: Es muss auch etwas geben, über das (auch über das erste Jahr hinaus) berichtet werden kann. Dies wird mit einem systematischen Nachhaltigkeitsmanagement sichergestellt.

Das dritte Kapitel widmet sich schließlich Grundlagen und Praxis von Nachhaltigkeitsberichterstattung aus sowohl der Kommunikations- als auch der internen Managementperspektive. Nachdem, wer heute anfängt oder sich verbessern möchte, auf die Herausforderungen von Morgen schauen sollte, anstatt in einem ewigen Zitierzyklus von den als „Best Practice" gehandelten Unternehmen abzuschreiben, schließt das Buch mit einem Ausblick zu den Trends und künftigen Herausforderungen von Nachhaltigkeitsberichterstattung. Es handelt sich beim CSR-Reporting um ein dynamisches Feld, das auch gelernte Formate und Herangehensweisen aktuell auf den Prüfstand stellt. Ein bisschen Weitblick ist somit allen Berichterstattern angeraten.

Ziel dieses Buches ist, Berichterstattern die nötigen Fakten und Entscheidungskriterien an die Hand zu geben, um nicht nur ein Reporting erstellen, sondern am Ende auch sagen zu können, warum mit welchem Ziel für wen und auf welche Weise Rechenschaft abgelegt wird. Angereichert wird der Leitfaden durch praktische Beispiele von Finanzinstituten und durch weiterführende Literatur. Auch wenn hier Fallbeispiele einzelner Unternehmen genannt werden, bedeutet dies nicht, dass es sich bei diesen Unternehmen zwangsläufig um Leuchttürme der Nachhaltigkeit handeln muss. Es gibt durchaus auch bei Unternehmen, deren Nachhaltigkeitsperformance in Summe verbesserungsfähig ist, Insellösungen, die als positive Beispiele dienen können. Allen Berichterstattern sei empfohlen, bei der Suche nach Inspiration auch nach branchenfremden Beispielen zu schauen. Denn schnell hat eine gesamte Branche die Scheuklappen auf und versäumt es vor lauter Homogenität im schlimmsten Fall, externe Informationsbedürfnisse adäquat zu adressieren oder auch eigene Gestaltungsräume bestmöglich zu nutzen. (Abb. 1)

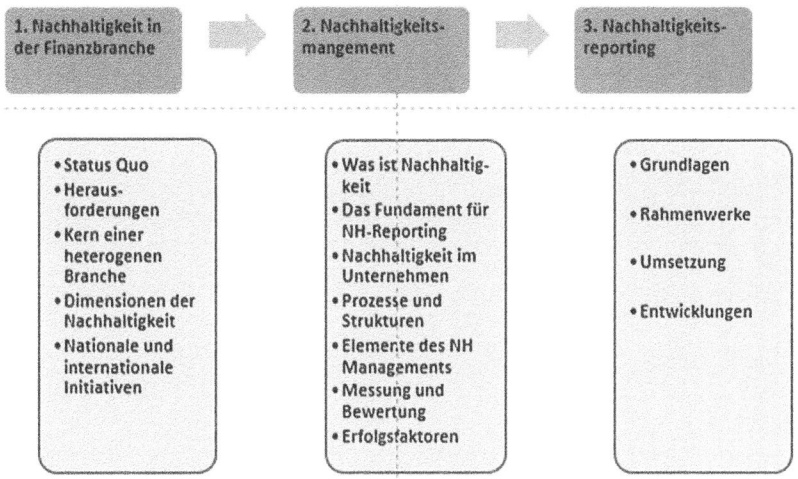

Abb. 1 Schematische Darstellung des Inhalts dieses Buches

Literatur

1. Fifka, M. (2017). Nachhaltigkeitsreporting – Strategischer Mehrwert statt administrative Pflichtübung. In D. Lund-Durlacher et al. (Hrsg.), *CSR und Tourismus. Handlungs- und branchenspezifische Felder* (S. 147–160). Wiesbaden: Springer Gabler.
2. KPMG. (2015). Currents of change. The KPMG survey of corporate responsibility reporting 2015.

Inhaltsverzeichnis

Nachhaltigkeit in der Finanzbranche 1

Was bedeutet „Nachhaltigkeit" für die Finanzbranche? Wie ist der Status Quo der Durchdringung des Themas bei Finanzdienstleistern? Welche Bedeutung hat bzw. sollte eine nachhaltige Ausrichtung für die Branche haben? In diesem ersten Kapitel wird dargestellt, was verantwortungsvolles Wirtschaften in der Finanzbranche bedeutet und mit welchen aktuellen Themen und Spezifika die Branche konfrontiert ist.

1.1 Status Quo in der Finanzbranche

Zunächst kann der Frage nachgegangen werden, inwieweit eine nachhaltige Ausrichtung in der Finanzbranche angekommen ist. Exemplarisch hierfür werden verschiedene aktuelle Studien bzw. Analysen herangezogen:

1. Eine Analyse der BSD Consulting hinsichtlich des Reportings verschiedener Branchen aus dem Jahr 2016
2. Eine Studie von AMC und BetterRelation über die Versicherungsbranche aus dem Jahr 2016
3. Die Branchendarstellung von RobecoSAM aus dem Jahre 2017
4. Imug-Expertenmonitor „Banken und Nachhaltigkeit" aus dem Jahr 2016
5. AMC-Studie zur CSR-Kommunikation der Versicherer aus dem Jahr 2017
6. Der Corporate Responsibility Review von oekom research aus dem Jahr 2017

1.1.1 Analyse der BSD Consulting

Die BSD Consulting ist der Data Partner der Global Reporting Initiative (GRI) und zuständig für die Registrierung von Berichten in der GRI Sustainability

© Springer Fachmedien Wiesbaden GmbH 2018
M. Frese und B. Colsman, *Nachhaltigkeitsreporting für Finanzdienstleister,*
Edition Bankmagazin, https://doi.org/10.1007/978-3-658-17217-6_1

Klarer Vorreiter in der Nachhaltigkeitsberichterstattung ist die Finanzindustrie, die bei weitem am meisten Berichte veröffentlicht. Die Lebensmittelbranche sowie Energieversorger berichten ebenfalls häufig.

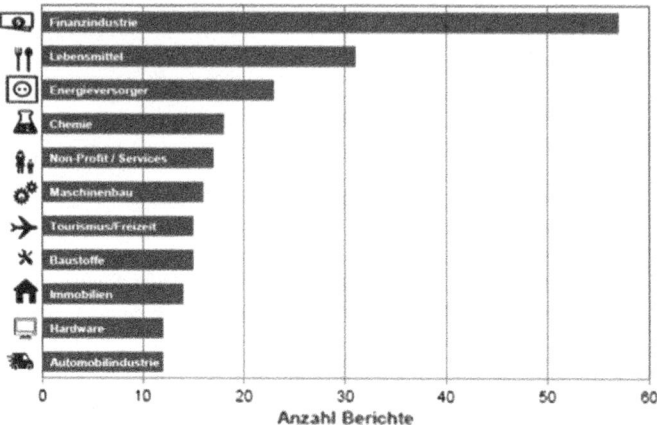

Abb. 1.1 Branchen, in denen die meisten Nachhaltigkeitsberichte veröffentlicht werden. (Quelle: BSD)

Disclosure Database. Betrachtet man die Analyse mit dem Stand vom 05.02.2016, die alle Berichte aus dem Jahr 2015 erfasst, dann ergibt sich das in Abb. 1.1 gezeigte Bild.[1]

Die Finanzbranche liegt – hinsichtlich der Anzahl der Berichte – mit weitem Abstand vor allen anderen Branchen. Selbst die zweit- und drittplatzierten Branchen (Lebensmittel und Energieerzeuger) liegen deutlich hinter der Finanzbranche.

Daraus könnte man die Feststellung ableiten, dass das Thema „Nachhaltigkeit" und eine besonders nachhaltige Ausrichtung der Unternehmen im Finanzsektor angekommen ist.

In der gleichen Analyse wird jedoch zudem festgestellt, dass die Mehrheit der Nachhaltigkeitsberichte von großen und multinationalen Unternehmen stammt und dass 55 % der Unternehmen mit Nachhaltigkeitsbericht börsennotierte Unternehmen sind. Auch wenn es Ausnahmen gibt, so handelt es sich bei Banken und Versicherungen seltener um kleine und mittelständische Unternehmen. Betrachtet

---

[1]BSD 2016.

man die weiteren folgenden Darstellungen, so kommt man zu dem Schluss, dass Größe und Börsennotierung eine mögliche Ursache für den deutlichen Abstand der berichtenden Unternehmen in der Finanzbranche sind.

Die Erstellung von Berichten ist das eine, und mehr als die quantitative Erfassung steckt nicht hinter dieser Darstellung. Nachhaltigkeit in seinen Dimensionen erfassen, in das Kerngeschäft integrieren, als Chance nutzen und über diese Fortschritte zu berichten ist das andere. Erst im letzteren Fall kann man davon reden, dass das Thema „Nachhaltigkeit" mit seiner ganzen Bedeutung im Finanzsektor angekommen ist.

1.1.2 Studie „Nachhaltigkeit in der Assekuranz" von AMC und BetterRelation

Das Update der Studie „Nachhaltigkeit in der Assekuranz" von AMC und Better-Relation aus dem Jahr 2014[2] ergibt ein besseres Bild hinsichtlich der qualitativen Durchdringung der Nachhaltigkeit – insbesondere in der Versicherungsbranche. Das Ergebnis kurzgefasst: Hinsichtlich der Integration von Nachhaltigkeit in die Unternehmensstrategie verschenken viele Unternehmen Chancen und Wettbewerbsvorteile. Nur wenige Versicherer, wie Barmenia, ERGO und Generali, wissen, warum sich Nachhaltigkeit lohnt und wie die Integration gelingen kann.

Versicherungen müssen aufgrund von regulatorischen Vorgaben und der Natur ihres Geschäftes eine langfristige Ausrichtung haben. Versicherungen treffen ihre eigenen Anlageentscheidungen auf Basis langfristiger Betrachtungen. Auch die Entwicklung von Versicherungsprodukten basiert zum Beispiel bei der Kalkulation von Risiken und Eintrittswahrscheinlichkeiten auf langfristigen Perspektiven. Eine Versicherung an sich ist eine langfristige Absicherung. Doch das alleine macht noch keine konsistente Nachhaltigkeitsstrategie.

Gleiches gilt für Einzelmaßnahmen im ökologischen oder sozialen Raum. Unabhängig davon, ob nachträglich als Nachhaltigkeitsengagement deklariert oder ob bereits mit der Intention einer entsprechenden Außendarstellung, Einzelmaßnahmen können niemals eine konsistente Unternehmensstrategie ersetzen.

In der genannten Studie wird gezeigt, dass Versicherer das wichtige Thema „Nachhaltigkeit" weitgehend ignorieren. Auch wenn es mittlerweile erste Ansätze und Leuchtturmbeispiele gibt, die – punktuell – einen Silberstreif am Horizont darstellen, fehlt es auf Branchenebene an dem Verständnis für die Notwendigkeit,

---

[2]AMC Finanzmarkt GmbH & BetterRelations, 2014.

dem Inhalt und dem Vorgehen bei der Umsetzung von Nachhaltigkeit. In einem Interview wird die Studienleiterin Désirée Schubert mit den Worten zitiert[3]: „Es hat uns erschüttert, dass der Anteil der Versicherer, die unternehmerische Verantwortung als Management-Konzept ganzheitlich umsetzen, derart gering ist. Gemessen an ihrer volkswirtschaftlichen und gesellschaftlichen Relevanz ist das ein unangemessener Zustand".

Die meisten Versicherer schenken dem Thema kaum Beachtung. Gelegentlich hat man erkannt, dass sich Nachhaltigkeit gut als Kommunikations- und Marketingthema eignet. Dies passt zu der Aussage der BSD (Abschn. 1.1.1), dass der Anteil an Berichten in der Finanzbranche überdurchschnittlich hoch liegt. Nur sehr wenige Vorreiter, wie die bereits erwähnten Barmenia, ERGO oder Generali und die Provinzial Rheinland, haben das Potenzial von Nachhaltigkeit erkannt. Eine ganzheitliche strategische Umsetzung soll bei diesen Versicherern einen Beitrag zum Unternehmenserfolg leisten. Welche Vorteile werden dabei von diesen Unternehmen gesehen?

- Durch Ressourcen-Effizienz sollen Kosten reduziert werden,
- Mitarbeiter können besser gewonnen, gebunden und motiviert werden,
- neue Produktansätze und Kundensegmente können erschlossen werden, wodurch eine Umsatzsteigerung erreicht werden soll
- eine Steigerung der Reputation und der Markenwahrnehmung wirkt ebenfalls auf Umsatz und Kostenstruktur.

Kunden von Versicherungen, die Öffentlichkeit, aber auch die Politik oder NGOs werden verstärkt eine nachhaltige Ausrichtung und ein in das Kerngeschäft integriertes CSR einfordern. Die Themen werden zukünftig nicht nur freiwilligen Charakter haben, sondern auch mehr und mehr verpflichtend sein. Dies wird in der Versicherungsbranche nicht anders sein als in allen anderen Branchen. Hierauf sind Versicherer aktuell nicht oder nur sehr ungenügend vorbereitet. Gleiches gilt auch für Branchenverbände, die keine qualitative Unterstützung oder Rahmenbedingungen bieten.

Die Integration von Nachhaltigkeit in das Kerngeschäft bedarf eines umfassenden Strategieprozesses. Nur dann können neben der Vermeidung von Risiken auch die Chancen der Nachhaltigkeit realisiert werden. Auch aus den folgenden Darstellungen wird deutlich, dass es noch ein weiter Weg ist für eine vollständige und überzeugende Integration.

---

[3]AMC, 2014.

1.1.3 Branchendarstellung von RobecoSAM

Forderungen von Investoren und Anlegern nach einer nachhaltigen Ausrichtung von Unternehmen allgemein und der Finanzbranche im Speziellen werden auch dadurch deutlich, dass es eine ganze Reihe von Nachhaltigkeitsratings oder Nachhaltigkeitsindizes gibt. Der Dow Jones Sustainability World Index (DJSI World) wurde erstmals 1999 aufgelegt und von der Ratingagentur RobecoSAM gemeinsam mit dem Indexanbieter Dow Jones herausgegeben. In diesen Index werden jeweils die 10 besten Unternehmen ihrer Branche aufgenommen. Für die jährliche Anpassung des Index erstellt RobecoSAM eine ausführliche Darstellung der Nachhaltigkeitsperformance von 60 Branchen[4]. Auch wenn es sich bei den berücksichtigten Unternehmen ausschließlich um börsennotierte Gesellschaften handelt, ergibt sich ein gutes, geschlossenes Bild – insbesondere für weite Teile der Finanzbranche:

Aufgrund der Einteilung der Industrieprofile unterteilt die Ratingagentur die Finanzbranche in

- Banks
- Diversified financial services and capital markets
- Insurance

Die Analysen finden in allen Branchen auf einer globalen Eben statt. Lediglich im Versicherungsbereich liegt mit der Allianz SE eine deutsche Gesellschaft im Spitzenbereich.

1.1.3.1 Banks

In diesem Sektor werden reine Banken zusammengefasst. Beispiele sind Banco Santander SA, BNP Paribas, ABN AMRO Holding NV oder UniCredit SpA.

Wie verhalten sich die Top-Performer? Als Reaktion auf eine erhöhte regulatorische Kontrolle haben sich viele Banken auf vereinfachte Geschäftsmodelle umgestellt und konzentrierten sich zunehmend auf die Grundprinzipien der Ethik und des Kundenvertrauens. Ein Großteil der strategischen Veränderung wurde auf Vorstandsebene eingeleitet. Dies zeigt, dass der Schwerpunkt der Investoren auf dem Thema „effektive Corporate Governance" liegt. Die Schaffung wirksamer Anreizsysteme wird zunehmend als eine Möglichkeit betrachtet, Haltungen

---

[4]RobecoSAM 2016.

und Verhaltensweisen innerhalb der Bank mit den langfristigen Interessen der Aktionäre und der Gesellschaft in Einklang zu bringen. Führende Banken nutzen sinnvoll gestaltete Vergütungssysteme, um die Risikokultur und die Ethik in ihren Organisationen zu verbessern. Durch die effektive Integration von Nachhaltigkeit und Kundenorientierung in der gesamten Bank wird erreicht, dass sowohl das Kreditrisiko als auch das operationelle Risiko niedriger ist. Dies erhöht wiederum die Fähigkeit einer Bank zur langfristigen wirtschaftlichen, ökologischen und sozialen Wertschöpfung.

Allerdings zeigt sich im Ranking, dass das bei weitem nicht für alle Banken gilt: Während das beste Resultat im Bereich zwischen 95 und 97 (von möglichen 100 Punkten) liegt, liegt der Durchschnitt mit jeweils 54 Punkten im Umwelt- und Sozialbereich und 69 Punkten im ökonomischen Bereich deutlich darunter.

1.1.3.2 Diversified financial services and capital markets

Die „Diversified financial services and capital markets" besteht aus einer sehr heterogenen Gruppe von z. B. Holdinggesellschaften, Kreditinstituten, Börsen, Vermögensverwaltern, Depotbanken, Investmentbanken und Brokerfirmen. Beispiele sind die Deutsche Bank AG, die Deutsche Börse AG oder die UBS Group AG.

Wie verhalten sich die Top-Performer dieses Sektors? Aufgrund der Heterogenität dieser Gruppe gibt es keine branchenübergreifenden Geschäftsmodelle. Daher sind die Unternehmen unterschiedlichen Nachhaltigkeitsthemen ausgesetzt. Allerdings können auch gemeinsame Themen ausgemacht werden. Zu den wichtigsten gehören Corporate Governance, Risikomanagement, Compliance und Kundenbeziehungen. Viele der Finanzdienstleister in diesem Bereich führen zunehmend vertrauliche Daten. Daher ist die Aufrechterhaltung eines hohen Niveaus der Finanz- und Cyber-Sicherheit entscheidend für die Wahrung des Kundenvertrauens. Wie bei den reinen Banken haben viele Kapitalmarktgesellschaften aufgrund des regulatorischen Drucks damit begonnen, das ethische Handeln als Herausforderungen zu sehen. Sie fokussieren sich auf die Unternehmenskultur und versuchen das Verhalten der Mitarbeiter mit den Interessen ihrer Kunden und der Öffentlichkeit in Einklang zu bringen.

In diesem Segment erreichen die Top-Scorer zwischen 85 und 93 Punkte, während der Durchschnitt bei 33 im Sozialbereich, 36 im Umweltbereich und 55 Punkten im ökonomischen Bereich liegt. Auch hier zeigt sich, dass es einige wenige wirklich gute Institute gibt und viele, die noch einen weiten Weg vor sich haben.

1.1.3.3 Insurance

In diesem Segment sind alle Versicherungsgesellschaften zusammengefasst. Beispiele sind die Allianz SE oder die Swiss Re AG.

Wie steht es um die Top-Performer dieses Sektors? Der Fokus der Versicherungsbranche liegt traditionell auf einem soliden Risikomanagement. Vor allem die führenden Versicherer betrachten zunehmend langfristige Nachhaltigkeitstrends und Faktoren in ihren Risikobewertungen und Schadenmanagementprozessen. Gleichzeitig steht die Branche vor großen Umwälzungen durch den steigenden Grad der Digitalisierung. Hieraus ergeben sich sowohl Risiken als auch Chancen: Die Digitalisierung bringt den Verbrauchern mehr Transparenz. Gleichzeitig können sich Versicherer neue Kanäle für die Vermarktung ihrer Versicherungen direkt an die Verbraucher erschließen. Zudem gelangen sie schneller und in größerem Umfang an Daten über das Verhalten ihrer Kunden. Besonders im Lebensversicherungsgeschäft erforschen die führenden Versicherer innovative Wege, um die Entwicklungen in der digitalen Technologie für die Entwicklung innovativer Produkte zu nutzen. Diese sollen besser auf die Bedürfnisse ihrer Kunden abgestimmt sein und regen einen gesünderen Lebensstil durch niedrigere Prämien an.

In diesem Segment erreichen die Top-Performer zwischen 87 und 95 Punkte. Der Durchschnitt liegt bei 41 im Sozialbereich, 46 im Umweltbereich und 61 Punkten im ökonomischen Bereich. Dies deckt sich mit der Studie „Nachhaltigkeit in der Assekuranz" von AMC und BetterRelations, nach der es im Versicherungsbereich für viele Unternehmen Nachholbedarf gibt.

1.1.4 Imug-Expertenmonitor „Banken und Nachhaltigkeit"

Die Imug Beratungsgesellschaft ist eine auf Nachhaltigkeit und Finanzwirtschaft spezialisierte Beratungsgesellschaft. In dem Expertenmonitor 2017[5] werden zehn Universalbanken auf Ihre Nachhaltigkeitsperformance geprüft. Die Wahl fiel wegen der sehr vielfältigen deutschen Bankenlandschaft auf die zehn großen Universalbanken. Einzelne kleinere Ethik-, Kirchen- oder Umweltbanken wurden bewusst nicht thematisiert, da bei ihnen tendenziell eine bessere Nachhaltigkeitsperformance zu finden ist.

---

[5]Imug 2016.

Der Expertenmonitor basiert auf der Befragung von 35 Experten aus verschiedenen Bereichen (Wissenschaft/Forschung, NGO, Medien, Gewerkschaft, Nachhaltigkeitsratingagenturen und andere). Um Unabhängigkeit zu gewährleisten, kam keiner der Experten aus der Finanzbranche.

Das Ergebnis ist ein Ranking, das von den Volksbanken/Raiffeisenbanken (5,48 Punkte von 10 Punkten) vor der Sparda-Bank (5,26 von 10) und der Sparkassenorganisation (5,17 von 10) angeführt wird. Das Schlusslicht bilden die Targo Bank und die Deutsche Bank mit jeweils 2,29 von 10 Punkten. Umgerechnet in Schulnoten bewegen sich die betrachteten Banken zwischen „befriedigend" und „mangelhaft".

In einer Beurteilung kommt der Expertenmonitor zu dem Schluss, dass zwar spätestens seit der Finanzkrise in der Bankenbranche über Nachhaltigkeit nachgedacht wird, dass aber gemessen an den erreichten Punktzahlen noch viel Luft nach oben besteht. Im internationalen Vergleich – und das deckt sich mit den anderen hier beschriebenen Studien und Analysen – schneiden die deutschen Banken nicht besser ab als andere Institute.

1.1.5   AMC-Studie zur CSR-Kommunikation der Versicherer

In einer Studie hat der AMC gemeinsam mit dem AMC-Partner Fährmann Unternehmensberatung GmbH in einer Studie die CSR-Kommunikation der deutschen Versicherer analysiert[6]. Anhand eines umfassenden und speziell entwickelten Kriterienkatalogs wurde die Kommunikationsleistung zu CSR bzw. Nachhaltigkeit von 120 deutschen Versicherern betrachtet.

Als Ergebnis wurden vier Kategorien gebildet (siehe Abb. 1.2):

1. Stars
   In die Gruppe, die die gesamte Klaviatur der CSR-Kommunikation perfekt beherrscht, hat es nur eine Versicherung geschafft.
2. Performer
   Gute Kommunikation, aber mit einigen Schwächen, das kennzeichnet diese Gruppe, in die zwölf Versicherungen fallen

---

[6]AMC 2017.

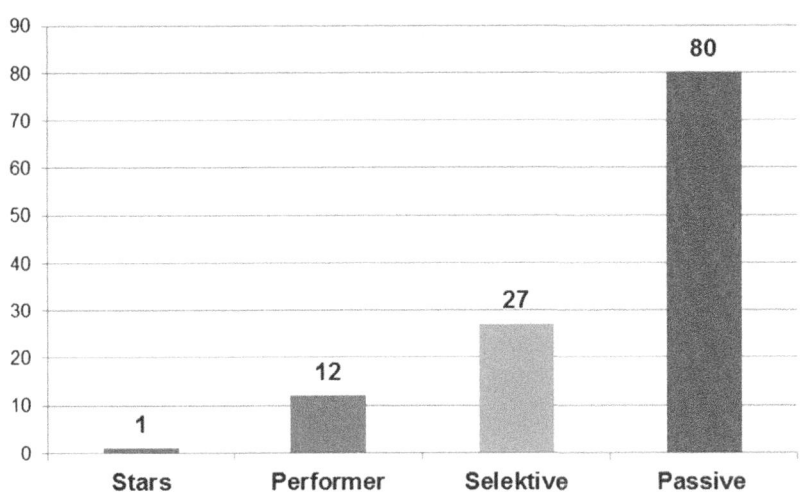

Abb. 1.2 Darstellung der Verteilung der Anzahl in den einzelnen Gruppen

3. Selektive
   Schon deutlichere Mängel oder nur vereinzelte Informationen bieten die Gesellschaften dieser Gruppe an. Hier sind es bereits 27 Versicherer.
4. Passive
   Die überwiegende Anzahl mit 80 Versicherern wurde in die letzte Gruppe eingestuft. Faktisch keine oder nur eine sehr rudimentäre Berichterstattung findet man bei diesen Gesellschaften.

Es überrascht wenig – vergleicht man das Ergebnis mit anderen Studien –, dass 74 % der Versicherer erheblichen Nachholbedarf in Sachen Nachhaltigkeitskommunikation haben.

1.1.6 Corporate Responsibility Review von oekom research

Die oekom research AG ist nach eigenen Angaben eine der weltweit führenden Ratingagenturen im nachhaltigen Anlagesegment. Unter anderem betreibt die Gesellschaft seit 1993 unabhängiges Nachhaltigkeits-Research. Dabei werden

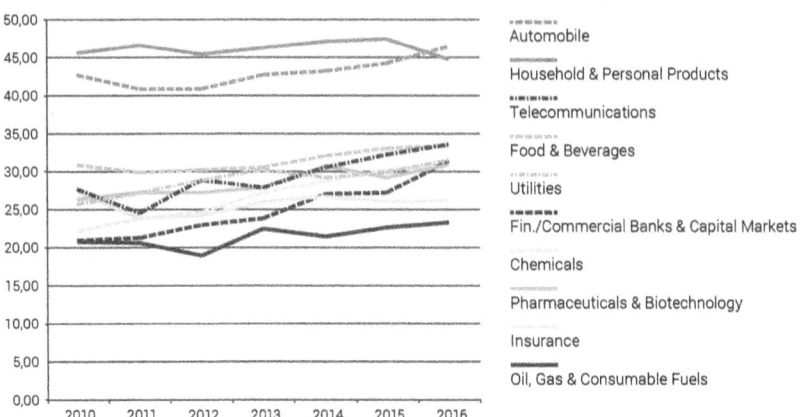

Abb. 1.3 Entwicklung über die Jahre

Aktien- und Rentenemittenten (Unternehmen, Länder und supranationale Einrichtungen) nach umweltbezogenen, sozialen und Governance-Aspkten (ESG) untersucht. Die Bewertungen dienen Unternehmen als Messlatte und gleichzeitig als Impulsgeber für die Integration ökologischer und sozialer Belange in die Unternehmensführung. Eine Zusammenfassung der Ergebnisse der Analysen wird im jährlich erscheinenden oekom Corporate Responsibility Review[7] veröffentlicht.

Aus der Darstellung der Entwicklung über die letzten Jahre bestätigt sich auch hier das Bild, dass Banken und Versicherungen eher im unteren Mittelfeld angesiedelt sind (siehe Abb. 1.3).

Die meisten Branchen haben in den letzten Jahren eine positive Entwicklung erzielen können. Doch auch hier zeigt sich, dass die Versicherungsbranche als Ganzes eine rückläufige Performance zu verzeichnen hat. Eine überdurchschnittlich positive Entwicklung wird den großen Geschäftsbanken attestiert. Hier macht sich z. B. die zunehmende Beachtung von Nachhaltigkeitsaspekten im Asset-Management im Rahmen von Investmentfonds bemerkbar. Banken erwarten zunehmend auch bei der Finanzierung von größeren Projekten gewisse Mindeststandards hinsichtlich Umwelt- und sozialen Aspekten. Außerdem hat in dieser Branche die Veröffentlichung von grundlegenden ESG-Informationen zugenommen (siehe Abb. 1.4).

---

[7]Oekom 2017.

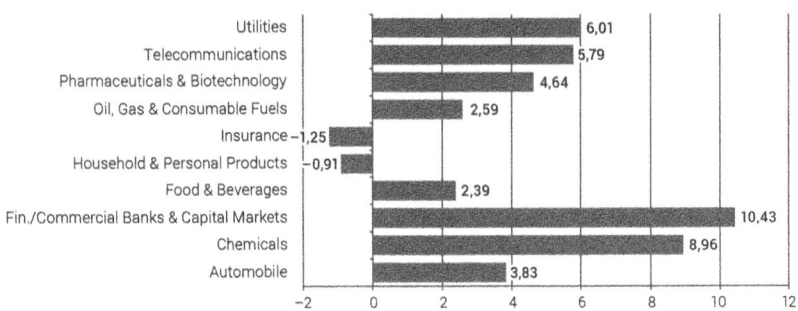

Abb. 1.4 Entwicklung der Branchen – Veränderungen

1.1.7 Zusammenfassung

Zusammenfassend kann – über die verschiedenen hier erwähnten Studien und Analysen – festgehalten werden, dass das Thema und die Aspekte der Nachhaltigkeit noch nicht vollständig in der Finanzbranche angekommen sind. Auch wenn hier nur ein paar Beispiele wiedergegeben worden sind und die einzelnen Teilbranchen nicht immer gleich geschnitten werden, so decken sich die beschriebenen Ergebnisse mit den Beobachtungen der Autoren und anderen Analysen: Es gibt wenige einzelne Institute und Gesellschaften, denen eine gute Performance attestiert werden kann. Sie stechen als Leuchttürme heraus und haben erkannt, dass eine gute Nachhaltigkeitsperformance nicht nur zur Risikominimierung dient, sondern in vielen Bereichen auch Wettbewerbsvorteile bietet. Bei den meisten Gesellschaften und Instituten der Finanzbranche fehlt jedoch eine tief greifende Integration von Nachhaltigkeitsaspekten im Kerngeschäft. Auch wenn der Finanzbereich hier nicht unbedingt alleine steht, muss festgehalten werden, dass dem Finanzbereich z. B. durch Kreditvergabepolitik oder Anlagestrategie eine besondere Bedeutung und Strahlkraft für/auf andere Branchen und die Gesellschaft als Ganzes zukommt.

Dies soll in den folgenden Kapiteln dargestellt werden: Nachhaltigkeit ist für die Finanzbranche ein wesentlicher Faktor. Durch eine konsequente Integration in das Kerngeschäft können Chancen realisiert und Wettbewerbsvorteile erzielt werden. Auf diese Weise kann die Finanzbranche ihre besondere Verantwortung wahrnehmen und ihre herausragende Stellung nutzen, um die Gesellschaft in Richtung Nachhaltigkeit zu bewegen.

1.2   Die Finanzbranche als Dienstleister mit spezifischen Herausforderungen

Bei der Finanzbranche handelt es sich um eine Dienstleistungsbranche. Das bedeutet zunächst, dass es beim Thema „Nachhaltigkeit" um andere Schwerpunkte geht als bei Produktionsunternehmen. Bei Letzteren stehen neben den ökonomischen Themen insbesondere ökologische oder gesellschaftliche Fragen der Produktion, der Lieferketten, der Rohstoffverwendung oder der Produktverwendung/-entsorgung im Vordergrund. Bei Dienstleistungsunternehmen bestehen vordergründig weniger direkte Berührungspunkte zwischen Nachhaltigkeit und Leistungspalette. Mit Ausnahme von Handelsunternehmen, bei denen eine nachhaltige Produktpalette eine wichtige Rolle spielt, steht bei vielen Dienstleistungsunternehmen eine nachhaltige Ausgestaltung ihrer Betriebsökonomie im Vordergrund. Hierbei stehen beispielsweise die Ausgestaltung von Bürogebäuden, CO_2-neutrale Dienstreisen oder Arbeitsbedingungen im Vordergrund.

Auch wenn es sich bei der Finanzbranche um eine Dienstleistungsbranche handelt, liegt hier der Fall anders: Je nach Geschäftsmodell investiert ein Finanzdienstleister durch Beteiligungen Finanzmittel in andere Unternehmen, vergibt Kredite für Unternehmen oder Organisationen, versichert Risiken verschiedenster Art oder verkauft Finanzprodukte unterschiedlicher Art. Hieraus entsteht die ganz besondere Bedeutung des Finanzsektors für die Umsetzung nachhaltiger Ziele: Durch eine entsprechende nachhaltige Geschäftspolitik oder Festlegung von Konditionen können Finanzinstitute einen großen Einfluss auf Unternehmen, Organisationen oder Länder nehmen.

Aktuell stehen in der Finanzbranche eine ganze Reihe von Themen im Fokus. Diesen muss sich die Branche stellen. Aufgrund dieser Themen steigt die Bedeutung einer nachhaltigen Ausrichtung im Finanzsektor. Durch eine nachhaltige Ausrichtung kann die Branche viele dieser Themen meistern, den Risiken begegnen und in weiten Teilen umfassende Chancen nutzen. Was sind dies für Themen und welcher Zusammenhang besteht zur Nachhaltigkeit?

Seit einigen Jahren haben insbesondere Lebensversicherer das Problem, dass sie aufgrund des derzeitigen Niedrigzinsumfeld ihre garantierten bzw. in Aussicht gestellten Verzinsungen nicht oder nur schwer realisieren können. Mit diesem Problem sind auch andere Finanzdienstleister konfrontiert.

Aufgrund grundlegender Veränderungsprojekte werden die Finanzinstitute benötigt, um diese Projekte zu finanzieren. Beispiele hierfür sind die Finanzierung der Energiewende in Deutschland oder auf globaler Ebene die Umsetzung des Pariser Klimaabkommens und die Realisierung der 17 Sustainable Development Goals. Die Umsetzung wird entscheidend davon abhängen, ob ausreichend Finanzmittel zur Verfügung gestellt werden können. Die Aufgabe des globalen

Finanzsystems ist es dabei, diese und weitere Investitionen in nachhaltige Projekte zu ermöglichen. Dies kann nur dann gelingen, wenn die Finanzbranche sich umfassend dem Thema „Nachhaltigkeit" widmet und als Dienstleister andere Unternehmen und Länder bei diesen Transformationsprozessen unterstützt. Die Finanzbranche nimmt somit eine entscheidende Rolle ein. Dies gilt nicht nur für globale Institute, sondern auch für regionale Anbieter.

Insbesondere der Bankensektor ist aktuell von einem anhaltenden Reputationsverlust gekennzeichnet. Dies sind die Folgen der Finanzkrise und das Ergebnis zahlreicher Skandale und Rechtsstreitigkeiten. Ohne an dieser Stelle alle Ursachen der Finanzkrise und den zahlreichen Skandalen diskutieren zu können, so kann man viele dieser Ursachen in einzelne Kategorien zusammenfassen. Dies sind zum Beispiel die überwiegende Orientierung an kurzfristig positiven Geschäftszahlen oder das Handeln nach der Maxime „Eigeninteresse vor Gemeininteresse". Daraus folgen hochriskante Geschäfte, Geschäfte auf Kosten anderer bzw. auf Kosten der Natur, die Nichtbeachtung von Gesetzen oder Vorschriften oder andere Aktivitäten, deren Konsequenzen nicht vollumfänglich abgeschätzt werden. Auch wenn die meisten Finanzinstitute ein sehr ausgeklügeltes Risiko- und Compliance-Management haben, werden oft ökologische bzw. soziale Gesichtspunkte unzureichend berücksichtigt und finden Gesetzesverstöße weiterhin statt. Richtet man seine Geschäftspraxis nach den Grundsätzen der Nachhaltigkeit aus, entstehen diese Schwierigkeiten erst gar nicht bzw. lassen sich beheben: In einem Nachhaltigkeitsreporting sind unabhängig vom Reportingstandard z. B. die anhängigen Verfahren und Rechtsverstöße zu berichten. Werden die Forderungen eines Nachhaltigkeitsmanagements konsequent umgesetzt, dann entstehen solche Rechtsverstöße in wesentlich geringerem Ausmaß. Reputationsverlust wirkt sich auf jedes Unternehmen negativ aus, für einen Dienstleister kann dies existenziell sein. Dies gilt insbesondere für die Finanzbranche, in der Vertrauen einen wesentlichen Eckpfeiler darstellt.

1.3 Nachhaltigkeit als bedeutsamer gemeinsamer Kern einer heterogenen Branche

Die Finanzdienstleistungsbranche ist eine sehr heterogene Branche. Allein der Bereich der Banken kann in diverse Arten unterteilt werden. Beispielhaft seinen hier folgende genannt:

- Universalbanken,
- Spezialbanken,
- Sparkassen,

- Genossenschaftsbanken,
- multinationale Banken,
- regionale Banken,
- Privatbanken oder
- Onlinebanken

Zur Branche der Finanzdienstleister gehören weiterhin Versicherungen, die gemeinhin wie folgt kategorisiert werden:

- Lebensversicherer
- Krankenversicherer
- Schaden- und Unfallversicherer
- Rückversicherer.

Daneben zählen zu der Branche allgemeine Finanzdienstleister, die z. B. als Mittler zwischen Kapitalgebern und Kapitalnehmern fungieren, sowie Vermögensverwalter und weitere Arten von Unternehmen und Instituten.

Insbesondere bei den Banken gibt es sehr verschiedene Institute mit unterschiedlichen Geschäftsmodellen. Gerade hinsichtlich des Themas „Nachhaltigkeit" existieren Banken, die sich mit ihrem Geschäftsmodell ganz der Nachhaltigkeit verschrieben haben (z. B. in Deutschland die GLS-Bank), und solche, die aufgrund der Tatsache, dass sie als Universalinstitut auftreten, versuchen, einen Spagat zwischen Nachhaltigkeit und „traditionellen" Geschäften zu vollziehen.

Welche Konsequenz hat dies für das Thema „Nachhaltigkeit" bzw. „Nachhaltigkeitsreporting" und damit für das vorliegende Buch?

Es gibt nicht „die Nachhaltigkeit für alle". Auch wenn Nachhaltigkeit im Grundsatz immer auf den gleichen Fundamenten ruht, ist die konkrete Ausprägung eine sehr individuelle – für jedes Unternehmen und jede Organisation.

Nachhaltigkeit ist die Integration von ökologischen, gesellschaftlichen und ökonomischen Zielen unter dem Dach eines umfassenden Nachhaltigkeitsmanagements, welches nicht neben dem Kerngeschäft steht, sondern dieses durchdringt. Nachhaltigkeit bedeutet die Erfüllung der Bedürfnisse der aktuellen Generation auf allen Erdteilen unter der Prämisse, dass auch zukünftige Generationen auf allen Erdteilen ihre Bedürfnisse ebenso frei erfüllen können – und zwar unter Nutzung von technischen und gesellschaftlichen Entwicklungen. Nachhaltigkeit beinhaltet den gesellschaftlichen Diskurs über die Frage, in welcher Welt wir und unsere Kinder und Enkel leben wollen.

In diesem Kontext muss sich jedes Unternehmen und jede Organisation der Frage stellen, welchen Beitrag sie zu der Gestaltung einer nachhaltigen Gesellschaft leisten kann und leisten will. Kommt eine Organisation zu dem Schluss, dass sie sich daran nicht beteiligen will, läuft sie Gefahr, von der Gesellschaft – insbesondere von Kunden – die Akzeptanz entzogen zu bekommen („licence to operate").

Jede Organisation kann dazu einen Beitrag leisten. Der konkrete Beitrag, den eine Organisation zur Nachhaltigkeit leisten kann, ist abhängig von verschiedenen Faktoren wie Größe, Geschäftsmodell, Verbreitung etc. Eine multinationale Großbank mit Geschäftsbeziehungen auf allen Kontinenten steht vor ganz anderen Fragen als eine kleine regionale Sparkasse oder Genossenschaftsbank. Beide stehen vor sehr unterschiedlichen Herausforderungen und müssen sich unterschiedlichen Anforderungen stellen.

Doch auch wenn die Herausforderungen und Anforderungen sehr unterschiedlich sind, gibt es dennoch Gemeinsamkeiten, wie zum Beispiel:

- Alle Organisationen, die sich mit Themen aus dem Nachhaltigkeitsbereich konfrontiert sehen, benötigen ein geeignetes Nachhaltigkeitsmanagement.
- Fast alle Finanzinstitute müssen ein Nachhaltigkeitsreporting erstellen (Abschn. 3.1.2). Auch wenn Umfang und Inhalte differieren können, so sind die Grundzüge vergleichbar.
- Auch wenn die einzelnen Institute als sehr unterschiedliche Player auf dem Markt und in der Gesellschaft auftreten, ist allen gemeinsam, dass sie Finanzmittelströme bewusst in Richtung Nachhaltigkeit lenken können.

1.4 Dimensionen der Nachhaltigkeit im Finanzsektor

Die Frage nach der Nachhaltigkeit in der Finanzbranche in Deutschland ist eng verknüpft mit der Rolle, die die verschiedenen Finanzinstitute für die deutsche Volkswirtschaft einnehmen. Banken und Versicherungen gehören zu den wichtigsten Kreditgebern deutscher Unternehmen; sie haben Einlagen und verwalten Vermögen in Billionenhöhe. Kundenbeziehungen werden oft generationen-übergreifend gepflegt. Darüber hinaus beraten und begleiten sie Unternehmen beim Zugang zum Kapitalmarkt. Durch ein umfangreiches Netz von Filialen und Niederlassungen sind Banken und Versicherungen oft global tätig. Banken betreiben umfangreiche Zahlungsverkehrsnetze und stellen eine sehr breite Palette von Absicherungsprodukten bereit. Der Finanzsektor beeinflusst mit seinen Entscheidungen hinsichtlich Anlagekriterien und Kreditrichtlinien in erheblichem Umfang die Entwicklungen in anderen Wirtschaftssektoren. Damit kommt der Finanz-branche eine sehr hohe, aber auch eine besondere Verantwortung für eine umwelt- und sozialverträgliche Entwicklung zu.

Es gibt aber auch die dezentralen regionalen Sparkassen und Genossen-schaftsbanken. Auch wenn es sich hier nicht um die globalen Player handelt, die regelmäßig in der Öffentlichkeit stehen, so leisten auch diese einen wesentlichen Beitrag und haben eine besondere Verantwortung für eine umwelt- und sozialver-trägliche Entwicklung. Insbesondere in Deutschland bildet der Mittelstand mit seinen vielen regionalen Unternehmen das Rückgrat der deutschen Wirtschaft. Nicht die Folgen der Kinderarbeit in Asien oder Afrika oder Themen der Was-serversorgung stehen hier im Fokus, sondern die heimische Biodiversität, das gesellschaftliche Miteinander, Energieeffizienz oder Attraktivität für qualifiziertes Fachpersonal haben eine größere Bedeutung.

Bei Industrieunternehmen besteht durch das unternehmerische Handeln ein direkter Einfluss auf Umwelt und Gesellschaft. Hier spielen Themen wie Umwelt- und Sozialmanagement eine ganz entscheidende Rolle. Banken und Versicherungen haben andere relevante Themenfelder. Daher ist es notwendig, diese wesentlichen Themenfelder und Handlungsschwerpunkte zu erkennen, zu koordinieren und mit der Unternehmensstrategie in Einklang zu bringen. Wie bei anderen Wirtschaftszweigen ist Nachhaltigkeit mittlerweile auch bei Banken und Versicherungen ein starker wirtschaftlicher Treiber geworden: Ein funktionsfähi-ges Nachhaltigkeitsmanagement ist nicht nur ein Frühwarnsystem für wirtschaft-liche Risiken oder ein Instrument, um Kosten zu sparen, sondern dient vor allem zum Erkennen und Entwickeln neuer Geschäftschancen. Dies gilt unabhängig von der Branche. Doch sind die Handlungsfelder in der Industrie „Ressourcen-einsparung", „Erneuerbare Rohstoffe", „Sozialstandards" oder „Produkte mit geringer Umweltbelastung", so sind es im Finanzsektor eher die Lenkung von Investitionen in Nachhaltigkeitsprojekte oder die Entwicklung von Finanzpro-dukten, die nachhaltige Entwicklung im weitesten Sinne fördern. Auch wenn die-ser Einfluss auf die gesellschaftliche Nachhaltigkeitsentwicklung auf den ersten Blick ein indirekter Einfluss ist, so kommt dieser Lenkungsfunktion eine sehr hohe Bedeutung zu. Wird zum Beispiel die Finanzierung eines umweltschäd-lichen Projektes mit einem Zinsaufschlag versehen, dann kann die Investitions-entscheidung bei dem investierenden Unternehmen anders – also zugunsten der Umwelt – ausfallen.

Die Bedeutung des Begriffs „Nachhaltigkeit" ist in der Finanzbranche nicht anders als in der Industrie: Nachhaltigkeit bedeutet auch für den Finanzsektor, ökonomisch dauerhaft erfolgreich zu sein und gleichzeitig ökologisch, sozial und gesellschaftlich verantwortlich zu handeln. Die drei Dimensionen der Nachhaltigkeit – wirtschaftliche Entwicklung, ökologische Verträglichkeit und soziale Verantwortung – spiegeln dies wider.

Die Nachhaltigkeitsstrategie bzw. die nachhaltige Unternehmensstrategie formuliert die strategischen Zielsetzungen des Finanzdienstleisters, die sich aus den drei Nachhaltigkeitsdimensionen ergeben und einen besonderen Handlungsbedarf für das Institut bedeuten. Hierbei kann es je nach Geschäftsmodell unterschiedliche Herausforderungen und damit verschiedene Herangehensweisen für die einzelnen Institute geben.

Verantwortliches Handeln der Finanzdienstleister wird insbesondere durch die Einhaltung bestimmter Grundprinzipien und Standards sichergestellt. Dabei liegt die Beachtung dieser Regeln im ureigenen Interesse des Instituts und muss daher Bestandteil der Geschäfts- und Risikostrategie sein.

1.4.1 Ökonomie

Kernaufgabe jedes Unternehmen ist es, mit einem Produkt oder einer Dienstleistung größtmöglichen Nutzen für seine Kunden zu schaffen. Die dauerhafte und langfristige Erzielung von Erträgen ist für die Erfüllung dieser Kernaufgabe ein wichtiger Bestandteil. Durch Erträge erhält ein Unternehmen zum Beispiel die Möglichkeit, in verbesserte Produkte zu investieren. Doch nicht nur die Innovationskraft wird gestärkt. Insbesondere Kreditinstitute können durch stabile Erträge die Voraussetzungen für notwendige Gewinnthesaurierungen zur Eigenkapitalstärkung und damit zur Risikoabsicherung zu schaffen.

Finanzdienstleister benötigen einen stabilen Finanzmarkt, der durch die effiziente Allokation finanzieller Mittel und Risiken sowie die Bereitstellung einer leistungsfähigen Finanzinfrastruktur seine zentralen Funktionen jederzeit erfüllen kann.

Der für die Zukunft eines Unternehmens wesentliche Faktor ist der Aufbau vertrauensbasierter, langfristiger Geschäftsbeziehungen, die für beide Seiten von Nutzen sind. Nur wenn eine Bank oder eine Versicherung Produkte anbietet, die für den Kunden langfristig von Nutzen sind, wird sich der wirtschaftliche Erfolg einstellen. Insbesondere im Finanzsektor spielen Faktoren wie Langfristigkeit und Vertrauen eine teils existenzielle Rolle.

Der Finanzsektor unterstützt mit seinen Kredit- und Investitionsentscheidungen die Nachhaltigkeit anderer Wirtschaftssektoren. Finanzinstitute können ihren Kunden dabei helfen, Nachhaltigkeitsaspekte in deren Entscheidungen einfließen zu lassen. Dies führt dazu, dass Chancen und Risiken sowohl für die Institute als auch für deren Kunden besser erkennbar und steuerbar werden. Durch nachhaltige Investitionen können geringere Risiken realisiert werden. Dadurch ist der Nachhaltigkeitsgedanke ein wesentlicher Bestandteil im Risikomanagement einer Bank.

1.4.2 Ökologie

Im ökologischen Aspekt der Nachhaltigkeit gibt es zunächst zwei Gesichtspunkte: Den internen auf das eigene Unternehmen gerichtete Blickwinkel und den externen auf den Kunden gerichtete Blickwinkel. Zusätzlich muss aber auch noch ein dritter Aspekt berücksichtigt werden – die Förderung von Umwelt- und Klimaprojekten unabhängig von Kundeninteressen.

Zunächst können Finanzinstitute – wie alle anderen Unternehmen auch – im eigenen Unternehmen umwelt- und klimaschonend wirtschaften. Durch z. B. Reduktion von Energie- und Ressourcenverbrauch oder die Umstellung auf regenerative Energien beim eigenen Energieverbrauch können unternehmensinterne Ziele erreicht werden. Stichworte sind hier Green Building, Green IT, papierreduziertes Büro oder umweltfreundliche Mobilitätskonzepte. Auch wenn es sich hier um interne Optimierungen handelt und auch wenn in diesem Aspekt nicht das Potenzial steckt wie beispielsweise bei produzierenden Industrieunternehmen, so geht hiervon jedoch eine große Signalwirkung aus. Kann ein Unternehmen eine vertrauenswürdige Geschäftsbeziehung aufbauen, welches sich nicht an die eigenen Maximen hält?

Der externe auf den Kunden gerichtete Blickwinkel entsteht durch die Integration von ökologischen Belangen in die Kreditvergabe und bei Kapitalmarktgeschäften. Berücksichtigt eine Bank zum Beispiel die Auswirkungen auf die Umwelt oder den Klimaschutz bei ihrer Kreditvergabe, indem neben ökonomische Faktoren auch ökologische Gesichtspunkte geprüft werden, dann entstehen nachhaltige Produkte und die Kreditinstitute nehmen ihre Steuerungsfunktion wahr. Hier rücken vor allem Klimaschutzaspekte zunehmend auch in Richtung Kerngeschäft und Risikomanagement (ökonomische Dimension). Große institutionelle Investoren wie Versicherungen beginnen zum Beispiel bereits damit, ihre Portfolios zu dekarbonisieren, weil sie aus ökologischen und ökonomischen Gründen Investments in CO_2-intensive Sektoren für nicht zukunftsfähig erachten.

Durch die aktuellen Klimaschutzinitiativen von Politik und Wirtschaft eröffnen sich den Finanzinstituten zudem zahlreiche neue Geschäftsmöglichkeiten – zum Beispiel bei der Finanzierung der Energiewende und des Pariser Klimaschutzabkommens.

Durch die Multiplikatorfunktion bei der Kredit- oder Anlageentscheidung tragen die Finanzinstitute eine sehr hohe gesellschaftliche Verantwortung. Durch die Vermittlung von Förderbank-Krediten, durch die Betrachtung von erwarteten Klimaeffekten bei zu finanzierenden Investitionen der Unternehmenskunden oder bei Anlageprodukten oder bei der Finanzierung der Entwicklung grüner Technologien können Finanzinstitute nachhaltige Entwicklungen in der Gesellschaft pushen oder hemmen.

Der dritte Blickwinkel bezieht sich auf die allgemeine Förderung von Umwelt- und Klimaprojekten. Sofern nicht als reines Marketinginstrument missbraucht, kann auch ein Finanzunternehmen einen wertvollen Beitrag leisten. Nachhaltigkeit eines Unternehmens kann und darf sich nicht auf die Förderung von Regenwaldprojekten oder ähnliches beschränken. Aber wenn die Nachhaltigkeit ein Teil der DNA eines Unternehmens geworden ist, das heißt: Produkte und interne Prozesse durchdrungen hat, dann kann die Verantwortung zur Förderung einer intakten Umwelt zusätzlich durch die Unterstützung solcher Projekte wahrgenommen werden. Dies geschieht am effektivsten, wenn ein Unternehmen die eigene Kernkompetenz einsetzt. Für ein Finanzinstitut könnten das zum Beispiel Fragen hinsichtlich der Finanzierung solcher Projekte sein.

1.4.3 Gesellschaftliche Verantwortung

Auch im gesellschaftlich-sozialen Bereich gibt es die drei Blickwinkel: Der interne Blickwinkel auf die eigenen Mitarbeiter, der externe auf die Kunden und der auf die Gesellschaft im Allgemeinen gerichtete Blick.

Mitarbeiter sind einer der wichtigsten Erfolgsfaktoren. Auch wenn dies grundsätzlich für jedes Unternehmen gilt, soll dieser Punkt an dieser Stelle hervorgehoben werden. Insbesondere durch den Kundenkontakt sind sie der entscheidende Impulsgeber für die Umsetzung der Nachhaltigkeit im Tagesgeschäft. Die Mitarbeiter aller Hierarchieebenen erzeugen das Vertrauen, welches ein Finanzinstitut für seine Tätigkeit benötigt. Aus diesem Grund ist es erforderlich, die Mitarbeiter durch verschiedene Aktivitäten zu unterstützen. Die Attraktivität für die erforderlichen Fachkräfte und der Erhalt der Arbeitskraft und -motivation sind weitere ganz entscheidende Punkte an dieser Stelle.

Aus dem externen Blickwinkel betrachtet müssen Finanzinstitute auf soziale und gesellschaftliche Aspekte ihrer Aktivitäten achten. Dies geschieht dadurch, dass soziale Nachhaltigkeitsfaktoren im Kredit- und Kapitalanlagegeschäft zur

Anwendung kommen. Wichtige Grundlage jeder unternehmerischen Entscheidung sind in diesem Zusammenhang zum Beispiel die Einhaltung der Menschenrechte sowie die Verhinderung von Korruption sowohl beim eigenen Handeln als auch beim Handeln der Kunden.

Wie andere Unternehmen auch, müssen sich Banken und Versicherungen einem konstruktiven Dialog mit ihren Stakeholdern stellen, um die Interessen aller Beteiligten in gesellschaftlichen Belangen berücksichtigen zu können. Selbstverständlich geht es nicht um die Berücksichtigung aller Interessen aller Gruppen, sondern um die Berücksichtigung von konstruktiven, aber auch kritisch-konstruktiven, wesentlichen Gruppen.

Der dritte Blickwinkel bezieht sich ebenfalls auf das Engagement für das Umfeld, in dem auch ein Finanzunternehmen einen wertvollen Beitrag leisten kann. Nachhaltigkeit eines Unternehmens kann und darf sich dabei jedoch nicht auf die Förderung von Kindergärten oder ähnliches beschränken. Wie für den Umweltbereich gilt auch für das Umfeld: Wenn die Nachhaltigkeit ein Teil der DNA eines Unternehmens geworden ist, dann kann die gesellschaftliche Verantwortung zusätzlich durch die Unterstützung solcher Projekte wahrgenommen werden. Solche Engagements (zum Beispiel Förderung benachteiligter Menschen, Sport, Wissenschaft und Kultur) müssen überprüfbar dem Zweck des Projektes dienen und dürfen nicht zur Imagesteigerung missbraucht werden.

Auch wenn eine sich positiv auf andere Aspekte auswirkende Imagesteigerung die Folge eines nachhaltigen Engagements ist, darf die Imagesteigerung nie der Auslöser eines Engagements sein. Einer zunehmend kritischen Öffentlichkeit fällt Greenwashing schnell auf. Unabsehbare negative Folgen für den gesamten Geschäftsbetrieb sind die Folge, wie aktuelle Skandale zum Beispiel aus der Automobilbranche nachdrücklich unter Beweis stellen.

1.5   Nationale und internationale Nachhaltigkeitsinitiativen

Im Folgenden werden verschiedene Initiativen zur Verankerung von Aspekten der Nachhaltigkeit in der Branche kurz beschrieben. Es handelt sich dabei nicht um eine vollständige Auflistung aller Initiativen. Eine kritische Beleuchtung soll an dieser Stelle nicht erfolgen. Vielmehr geht es darum zu zeigen, dass das Thema „Nachhaltigkeit" auch von nationalen und internationalen Organisationen – wenn auch aus unterschiedlichen Motivationen – in die Branche getragen wird und damit an Bedeutung gewinnt. Sofern diese und andere Initiativen für das Nachhaltigkeitsreporting von Bedeutung sind, werden sie in Abschn. 3.2 näher beschrieben.

1.5.1   Nachhaltigkeitsinitiative „Sustainable Finance" der Deutschen Börse AG

Die Deutsche Börse hat die Nachhaltigkeitsinitiative „Sustainable Finance" am Finanzplatz Frankfurt gestartet[8]. Ziel ist es, gemeinsam mit rund 100 Akteuren des Finanzplatzes neue fachübergreifende Strukturen für nachhaltiges Unternehmertum zu etablieren und neue Geschäftsfelder für die Deutsche Börse zu finden. Unter den rund 100 Akteuren finden sich Teilnehmer aus allen Bereichen:

- Banken und Finanzinstituten,
- Rating- und Rankingagenturen,
- Investoren,
- Versicherungen,
- Datenprovidern,
- Öffentliche Sektor,
- Wissenschaft,
- NGOs und
- Kirchen.

Anlass dieser Initiative war die Erkenntnis, dass man als internationaler Infrastrukturanbieter und Betreiber des Börsenplatzes Frankfurt auch die Verantwortung hat, alle relevanten Akteure zusammenzubringen, um den nachhaltigen Fortschritt und Innovationen voranzutreiben.

Die Sustainable Finance Initiative soll als Dialogplattform Fragen rund um die Zukunftsfähigkeit des Finanzsystems diskutieren und unter Mitwirkung aller Teilnehmer vor allem konkrete Initiativen und Projekte anstoßen. Im Mittelpunkt stehen Aspekte, inwiefern Kapitalmärkte innovative Investmentstrategien fördern und wie es gelingt, ein mittel- bis langfristiges Chancen- und Risikomanagement zur Sicherung von systemischer Stabilität zu etablieren.

Seit Jahren nimmt die Bedeutung von ESG-Informationen im Rahmen der mittel- bis langfristigen Prognose von unternehmerischem Erfolg stetig zu. Investoren, Kunden, Analysten und Regulatoren fordern Unternehmen dazu auf, neben den klassischen Finanzkennzahlen auch ESG-Informationen offenzulegen. Für Investoren rücken nachhaltige Investmentstrategien verstärkt in den Fokus.

---

[8]Deutsche Börse, 2017.

1.5.2   FSB Task Force on Climate-related Financial Disclosure (TCFD)

Die Task Force ist Teil des von den G20-Staaten ins Leben gerufenen Finanzstabilitätsrats (Financial Stability Board, kurz: FSB)[9].

Sie soll gewährleisten, dass die internationalen Finanzmärkte stabil bleiben – der Klimawandel gilt dort als Risiko: Der Kampf gegen den Klimawandel macht ggf. milliardenschwere Anlagen z. B. in fossile Energie wertlos (Carbon Bubble). Bisher aber haben Investoren, Versicherer und Regulierer kaum Instrumente, um diese Risiken zu messen und zu bilanzieren. Hier sollen Transparenzkriterien und Bewertungskriterien entwickelt werden.

1.5.3   High-Level Expert Group on Sustainable Finance

Auf Ebene der EU wurde eine sogenannte „High-Level Expert Group on Sustainable Finance" ins Leben gerufen[10]. Sie soll Lösungen entwickeln, wie privates Kapital sein volles Gewicht für nachhaltige Investments in die Waagschale werfen kann. Diese Gruppe umfasst 20 Mitglieder. Hierbei handelt es sich um Mitglieder von NGOs, Banken, Versicherer, Fondsgesellschaften und aus der Wissenschaft.

Es gibt eine Reihe einzelner Initiativen für nachhaltige Finanzen. Jedoch fehlt der systemische Ansatz. Ein Beispiel ist die Frage, wann ein Unternehmen eine Anlage überhaupt als grün oder nachhaltig bezeichnen darf. Hierfür gibt es keine einheitliche Definition, wodurch erschwert wird, überhaupt eine nachhaltige Finanzierung zu mobilisieren.

Die Expertengruppe soll auf die Ergebnisse anderer Gruppen – z. B. der eben erwähnten Task Force – aufbauen. Das Arbeitsprogramm der Gruppe ist dabei weit gefasst:

- Nachhaltige Unternehmen sollen einen leichteren Zugang zu Kapital haben als nicht nachhaltige.
- Da Nachhaltigkeit und Klimawandel langfristige Aufgaben sind, wird ein ganzheitlicher und langfristiger Ansatz gesucht.

---

[9]Financial Stability Board (FSB), 2015.
[10]European Union, 2017.

- Die EU soll sich international verstärkt den Ländern zuwenden, die den Ideen der Nachhaltigkeit aufgeschlossen gegenüberstehen.
- Es wird eine langfristige Finanzmarktstabilität angestrebt: Ein Mehr an Nachhaltigkeit wird die Stabilität ebenso beeinflussen wie das Fehlen von Nachhaltigkeit.
- Die Transformation soll möglichst schnell erfolgen, weshalb Maßnahmen mit der größten Wirkung priorisiert werden sollen.

1.5.4 Umwelt- und Sozialstandards der Weltbank („Safeguard")

Das Exekutivdirektorium der Weltbank hat im August 2016 eine Reform der Umwelt- und Sozialstandards bei Investitionskrediten beschlossen[11]. Mit den als Schutzklauseln (Safeguards) bezeichneten Verwaltungsanweisungen sollen negative ökologische und soziale Folgen von weltbankfinanzierten Projekten vermieden werden. Die Inkraftsetzung des Regelwerks ist im Jahresverlauf 2018 vorgesehen. Grundsätzlich handelt es sich nicht um ein neues Regelwerk, denn das alte System ist etwa 20 Jahre alt. In einem vierjährigen Prozess mit einem umfangreichen Konsultationsverfahren wurden die Überarbeitungen erarbeitet.

Grundsätzlich legen die Schutzklauseln unter anderem fest, unter welchen Bedingungen Prüfungen der Sozial- und Umweltverträglichkeit durchgeführt werden müssen und wann und wie von den Maßnahmen betroffene Bevölkerungsgruppen miteinzubeziehen sind.

Das alte Regelwerk wurde mit der Reform um verschiedene neue Vorgaben erweitert. Bereiche wie Arbeitsschutz, die öffentliche Gesundheit, die Beachtung der Menschenrechte oder das Postulat der Nicht-Diskriminierung wurden ergänzend mit aufgenommen. Zudem soll der Schutz von Natur und Klima einen höheren Stellenwert haben.

Literatur

AMC. (2014). Pressemitteilung „CSR und Nachhaltigkeit: Versicherer verschenken – 2014 Wettbewerbsvorteile". http://www.amc-forum.de/content/pr/details.php?id=1351. Zugegriffen: 19. Juli 2017.
AMC. (2017). AMC-Studie zur CSR-Kommunikation der Versicherer.

---

[11]Weltbank, 2016.

AMC Finanzmarkt GmbH & BetterRelations. (2014). Unternehmerische Verantwortung in der Assekuranz.

BSD. (2016). Entwicklung der Nachhaltigkeitsberichterstattung im Jahr 2015 – Auswertung der Berichterstattung in der Schweiz, Deutschland und Österreich.

Deutsche Börse. (2017). Deutsche Börse startet Sustainable Finance Initiative. http://deutsche-boerse.com/dbg-de/presse/pressemitteilungen/Deutsche-Boerse-startet-Sustainable-Finance-Initiative/2955804. Zugegriffen: 4. Apr. 2017.

European Union. (2017). EU-Expertengruppe arbeitet an nachhaltiger Finanzwirtschaft. https://www.nachhaltigkeitsrat.de/aktuelles/aktuelle-meldungen/detailansicht/artikel/eu-expertengruppe-arbeitet-an-nachhaltiger-finanzwirtschaft/?pk_campaign=newsletter-6-2017. Zugegriffen: 4. Apr. 2017.

Financial Stability Board (FSB). (2015). FSB to establish task force on climate-related financial disclosures (Pressemitteilung). https://www.fsb-tcfd.org/wp-content/uploads/2016/01/12-4-2015-Climate-change-task-force-press-release.pdf. Zugegriffen: 21. Juni 2017.

Imug. (2016). Imug Expertenmonitor 2017 – Banken und Nachhaltigkeit.

Oekom. (2017). Oekom corporate responsibility review 2017.

RobecoSAM. (2016). The sustainability yearbook 2017: Industry profiles – 60 industries at an glance.

Weltbank. (2016). Environmental and social framework. http://consultations.worldbank.org/Data/hub/files/consultation-template/review-and-update-world-bank-safeguard-policies/en/materials/the_esf_clean_final_for_public_disclosure_post_board_august_4.pdf. Zugegriffen: 21. Juni 2017.

Weiterführende Literatur

Guide to banking and sustainability – Edition 2, UNEP Finance initiative 2016.

Nachhaltigkeitsmanagement – Impulse der privaten Banken, Bundesverband deutscher Banken e. V. 2014.

Turning the Page – Wie Nachhaltigkeit das Image deutscher Finanzdienstleister beeinflusst, facit group. https://www.facit-group.com/studien/turning-the-page/. Zugegriffen: 4. Apr. 2017.

Nachhaltigkeitsmanagement 2

Eine nachhaltige Entwicklung zu fördern ist gesamtgesellschaftliches Ziel sowohl in Deutschland als auch innerhalb der internationalen Staatengemeinschaft. Es ist dabei nicht die Aufgabe von Unternehmen allein, eine verantwortungsbewusste Gesellschaft zu formen. Allerdings sind Unternehmen ein Teil der Gesellschaft. Sie leben von und in dieser Gesellschaft. Aus diesem Grund müssen sie sich mit den an sie gestellten Anforderungen auseinandersetzen. Diese Anforderungen beinhalten auch, dass Unternehmen gesellschaftliche und ökologische Verantwortung übernehmen und in ihr ökonomisches Handeln integrieren. Wenn eine Gesellschaft entscheidet, sich zu einer nachhaltigen Gesellschaft zu entwickeln – wie es die Bundesregierung mit ihrer Nachhaltigkeitsstrategie formuliert hat –, dann sind auch Unternehmen Teil dieses Wandlungsprozesses. Um das erforderliche Nachhaltigkeitsmanagement zu gestalten und mit Leben zu füllen, ist es für Unternehmen zunächst nötig, den Begriff der Nachhaltigkeit individuell für sich zu definieren. Ausgangspunkt können die zahlreichen Normen und Anleitungen sein.

In diesem Kapitel werden in Kürze und generisch die Eckpunkte eines Nachhaltigkeitsmanagements dargelegt, weil belastbare Nachhaltigkeitsberichterstattung zwingend ein systematisches Nachhaltigkeitsmanagement als Fundament benötigt.

2.1 Was ist Nachhaltigkeit?

Die wohl bekannteste Definition von Nachhaltigkeit ist die Definition der Vereinten Nationen, besser bekannt als Brundtland-Definition. Dort wird Nachhaltigkeit als eine Entwicklung definiert, also als etwas, was stetig im Fluss ist: „Eine nachhaltige Entwicklung ist eine Entwicklung, welche den Bedürfnissen der heutigen Generation entspricht, ohne die Möglichkeiten zukünftiger Generationen zu

© Springer Fachmedien Wiesbaden GmbH 2018
M. Frese und B. Colsman, *Nachhaltigkeitsreporting für Finanzdienstleister,*
Edition Bankmagazin, https://doi.org/10.1007/978-3-658-17217-6_2

gefährden, ihre eigenen Bedürfnisse zu befriedigen." Ziel war es, ein grundsätzliches Leitbild zu entwickeln. Allerdings ist das Abstraktionsniveau sehr hoch. Aus diesem Leitbild können nur schwerlich konkrete operative Handlungsempfehlungen abgeleitet werden. Doch als grundsätzliche Handlungsmaxime eignet sich diese Definition durchaus.

Die zahlreichen Diskussionen, insbesondere über den globalen Klimawandel, führten zu einer Sensibilisierung einer breiten Öffentlichkeit, wodurch das Thema „Nachhaltigkeit" auch für Unternehmen an Bedeutung gewann. Zunächst entwickelte sich eine vorwiegend ökologisch motivierte Sichtweise. Dem Umweltmanagement kam in Unternehmen eine wachsende Bedeutung zu.

Mit der Entwicklung der Stakeholder-Theorie rückte eine neue Betrachtungsweise in den Mittelpunkt: Statt nur die Maximierung des Wertes des Unternehmens aus Sicht der Shareholder zu betrachten, beschäftigt sich die Stakeholder-Theorie mit der Wertschaffung aus verschiedenen Perspektiven. Es werden Aspekte wie die der sozialen Gerechtigkeit mit unternehmerischer Stabilität und mit der Rolle der Wirtschaft in der Gesellschaft verknüpft. Die Wertentstehung findet zunehmend auch außerhalb der organisatorischen Unternehmensgrenzen statt. Die Betrachtung von Wertschöpfungsketten von den Lieferanten über das eigene Unternehmen hinaus bis hin zur Verwertung nach Beendigung des Einsatzes beim Kunden ist die Folge. Deshalb erscheint es strategisch sinnvoll, neben der finanziellen Wertschaffung für Aktionäre und der Wertschaffung für betriebliche Stakeholder eine weitere Betrachtungsweise, die sich mit der gesellschaftlichen Ebene befasst, in das unternehmerische Wertemanagement zu integrieren. „Nachhaltigkeit" ist ein Konzept, dessen Grundannahmen diesem Ansatz folgen. Nachhaltigkeit schlägt somit eine Brücke von der unternehmensinternen Sicht hin zu gesellschaftlichen und strategischen Aufgabenstellungen. Nicht der kurzfristige monetäre Erfolg steht im Vordergrund, sondern die langfristige Ausrichtung auf eine werteorientierte Wertentwicklung und Existenzsicherung wird zur Handlungsmaxime.

Wissen, Kompetenz und Einsatz der Arbeitnehmer sowie die Beziehungen zu Investoren, Kunden und anderen Stakeholdern sind die Basis für den langfristigen Erfolg eines Unternehmens. Loyale offene Beziehungen zu den Stakeholdern stellen somit einen wesentlichen Faktor des Unternehmenserfolgs dar.

Die erwähnte Vielfalt von Definitionen und Konzeptionen macht es Unternehmen nicht leichter, sich dem Thema zu nähern. Die Bedeutung der einzelnen Bereiche der Nachhaltigkeit variiert von Unternehmen zu Unternehmen, von Branche zu Branche, von Land zu Land. Daher ist es nicht sinnvoll, eine einzige enge Definition von „Nachhaltigkeit" zu finden. Auch wenn die ISO 26000 (die Norm für gesellschaftliche Verantwortung) versucht, das Thema organisationsübergreifend global darzustellen, wird deutlich, dass es für die Praxis wesentlich ist, dass sich jedes Unternehmen seine eigene Definition wählt. Nur so kann das Leitbild der Nachhaltigkeit gemäß der individuellen Situation entwickelt und umgesetzt werden. Das spezifische, in die Strategie integrierte Nachhaltigkeitskonzept drückt die Absicht des Unternehmens aus. Um authentisch zu sein, muss für dieses Konzept eine langfristige Konstanz bestehen, nach außen kommuniziert werden und die Basis für das unternehmerische Handeln darstellen. Die Tatsache, dass „Nachhaltigkeit" ein Containerwort ist, kann somit auch positiv gesehen werden: Auf diese Weise wird der Raum für die auch bei Unternehmen wichtige Individualität aufgespannt.

2.2 Erst handeln, dann berichten

Bei dem vorliegenden Buch handelt es sich um einen Praxisleitfaden zum Thema „Nachhaltigkeitsreporting". Nun könnte man sich die Frage stellen, weshalb zunächst das Kapitel „Nachhaltigkeitsmanagement" vorangestellt wird.

Die Antwort ist recht einfach: Zieht man den Vergleich zum traditionellen Finanzbericht, dann ist völlig klar, dass ein Unternehmen erst einen Finanzbericht erstellen kann, nachdem sich die Unternehmensleitung intensiv mit dem Management des Unternehmens beschäftigt hat. Es muss etwas da sein, über das berichtet werden kann. Was für die Finanzberichterstattung gilt, gilt selbstverständlich auch für das Nachhaltigkeitsreporting:

Erst handeln, dann reden!

In einem Nachhaltigkeitsbericht – unabhängig davon, wie er ausgestaltet ist und nach welchem Standard berichtet wird – wird dargestellt, wie das Unternehmen hinsichtlich ökologischer, gesellschaftlicher und ökonomischer Fragestellungen aufgestellt ist und welche Fortschritte gegenüber dem letzten Bericht erzielt wurden. Um inhaltsvolle Aussagen in einem Reporting treffen zu können, sollten die für das Unternehmen wichtigen Themen abgesteckt, Ziele definiert und der Weg zu den Zielen beschritten und gesteuert werden.

Genau das ist Nachhaltigkeitsmanagement.

Daher wird in diesem Kapitel anhand einiger Eckpunkte beschrieben, wie ein solches Nachhaltigkeitsmanagement aufgebaut und organisiert werden kann. Grundsätzlich gibt es nicht den einen Königsweg. Der Aufbau, die Organisation und die Prozesse des Nachhaltigkeitsmanagements können unternehmensindividuell ausgestaltet sein. Dennoch können an dieser Stelle Empfehlungen gegeben werden. Aufgrund der Ausrichtung dieses Buches liegt der Schwerpunkt auf den Schnittstellen und der Bedeutung für das Reporting.

2.3   Das Fundament für Nachhaltigkeitsreporting

Unternehmen stehen vor der Aufgabe, ein unternehmensindividuelles Nachhaltigkeitsmanagement zu entwickeln und es in existierende Managementstrukturen einzufügen. Eine aussagekräftige Nachhaltigkeitsberichterstattung dokumentiert den Stellenwert des Themas und legt Rechenschaft über das Engagement des Unternehmens im Bereich Nachhaltigkeit ab. Das individuelle Nachhaltigkeitsmanagement ist Voraussetzung für eine qualifizierte Nachhaltigkeitsberichterstattung.

Viele Banken und Versicherungen haben bereits Nachhaltigkeitsstrategien entwickelt, deren Umsetzung häufig – insbesondere bei größeren Instituten – von entsprechend spezialisierten Abteilungen initiiert und gesteuert wird. Grundvoraussetzung für ein systematisches Vorgehen und die lückenlose Integration in die Geschäftsprozesse ist das Bekenntnis der Unternehmensleitung zu einer nachhaltigen Ausrichtung und zu einem integrierten Nachhaltigkeitsmanagement. „Integriert" bedeutet in diesem Zusammenhang, dass das Thema Nachhaltigkeit nicht als eine Summe einzelner Themen gemanagt werden darf, sondern ein integraler Bestandteil jeder geschäftspolitischen Entscheidung sein muss.

Über viele Fragen zum Thema Nachhaltigkeit besteht sowohl auf nationaler als auch auf internationaler Ebene in Politik und Gesellschaft kein Konsens. Nicht nur Unternehmen bewegen sich daher in einem permanenten Spannungsverhältnis. Insbesondere im Finanzsektor kommt ein weiterer Punkt hinzu – die Grenze der Verantwortung: Inwieweit kann ein Finanzinstitut für die Entscheidungen seiner Kunden verantwortlich gemacht werden bzw. unter welchen Gesichtspunkten kann es Handlungen eines Kunden ablehnen? Auch wenn einzelne Entscheidungen eines Institutes vor dem Hintergrund dieser Spannungsverhältnisse nie völlig widerspruchsfrei sein können, so ist es gerade in diesem Zusammenhang von entscheidender Bedeutung, wie „Nachhaltigkeit" und der Umgang damit unternehmensindividuell definiert werden.

Es liegt jedoch mehr oder weniger im freien Ermessen eines Institutes, einzelne Geschäfte von potenziellen Kunden nicht zu fördern. Als Beispiel sei hier eine Entscheidung der Deutschen Bank aufgeführt, die verkündet hat, dass sie aus der Finanzierung von Kohlestrom aussteigen will.

Beispiel

Die **Deutsche Bank** steigt nach eigenen Angaben aus der Finanzierung von Kohlestrom aus[1]. Laut der Bank werden keine neuen Kredite mehr für Projekte zur Kohleförderung oder zum Bau von Kohlekraftwerken vergeben. Allerdings nennt die Bank keine Details zum Zeithorizont und zum aktuellen Volumen der Kredite.

Für die geänderten Richtlinien lassen sich zwei Gründe erkennen:

1. Die Deutsche Bank hat sich den Zielen der UN-Klimakonferenz von Paris verschrieben, mit der die Erderwärmung eingedämmt werden soll. Sie unterzeichnete dazu den sogenannten „Paris Pledge for Action".
2. Aufgrund der Ausdehnung der Erneuerbaren Energien wie Windkraft sollen die Mittel der Bank dort verstärkt gebündelt werden.

Das Nachhaltigkeitsmanagement in den Finanzinstituten umfasst die Strategien und Instrumente zur Verknüpfung sozialer, ökologischer und ökonomischer Aspekte untereinander und zu ihrer Verankerung in den Prozessen und Entscheidungen. Nachhaltigkeit ist dabei kein separates Ziel, sondern integraler Bestandteil der Geschäftsstrategie, der sich in allen Bereichen wiederfindet. Die Verankerung von Nachhaltigkeit in der Organisation erfolgt in der Regel durch ein Nachhaltigkeitsmanagement, das in Abhängigkeit vom jeweiligen Geschäftsmodell unterschiedlich ausgestaltet ist. Ziel ist es, mittels verschiedener Instrumente die Nachhaltigkeitsaspekte in den einzelnen Bereichen zu erfassen und steuern zu können.

Ein einheitliches Nachhaltigkeitsmanagement wird und kann es in der Finanzbranche – wie auch in alles anderen Brachen – nicht geben. Unterschiedliche Geschäftsmodelle und unterschiedliche Erwartungen der verschiedenen Interessengruppen machen eine individuelle Herangehensweise erforderlich. Dennoch lassen sich Gemeinsamkeiten feststellen.

2.4 Nachhaltigkeit im Unternehmen

Warum beschäftigen sich Unternehmen mit Nachhaltigkeit? Die Antwort ist sehr vielschichtig. Die Gründe reichen von der tiefen intrinsischen Überzeugung eines Unternehmers, aus Verantwortung für die Gesellschaft nachhaltig handeln zu

---

[1]Deutsche Bank 2017.

müssen, bis hin zu der Verwendung des Begriffes als Verkaufs- und Marketingin-strument. Allerdings ist der Grund, weshalb Unternehmen sich mit Nachhaltigkeit beschäftigen, letztlich zweitrangig. Entscheidend ist vielmehr, wie die Beschäfti-gung ausgestaltet ist. Wird die Nachhaltigkeit in das Managementsystem und in die Wertschöpfungsprozesse integriert oder bleibt es bei Einzelaktionen, die oft losgelöst von den Kernkompetenzen des Unternehmens durchgeführt werden?

2.4.1   Unternehmen und Verantwortung

Untrennbar mit Nachhaltigkeit ist die Frage nach der Verantwortung eines Unter-nehmens für sein Handeln und die Entwicklung der Gesellschaft verbunden. Das Unternehmen – vertreten durch all seine Mitglieder – hat eine vielschichtige Verantwortung für sich selber und im Rahmen dessen auch für die umgebende Gesellschaft, dessen Teil das Unternehmen ist. Jedoch ist diese Verantwortung auf die Möglichkeiten und die Fähigkeiten des Unternehmens begrenzt.

Die Verantwortung eines Unternehmens ergibt sich automatisch aus seinem grundlegenden Zweck, dass die Produkte oder Dienstleistung ein Bedürfnis erfül-len und einen Nutzen beim Kunden stiften sollen. Der Preis des Produktes muss diesem Nutzen entsprechen, damit die Kunden das Produkt kaufen. Zur Her-stellung benötigt das Unternehmen z. B. Know-how, Menschen, Rohstoffe und Kapital. Es muss sich daher so aufstellen, dass unter anderem die Rohstoffbasis gesichert und dass es für aktuelle und potenzielle Mitarbeiter und Kapitalgeber attraktiv ist. Darüber hinaus muss es in der Gesellschaft akzeptiert sein und durch stetige Innovationen die Bedürfnisse der Kunden noch besser zufriedenstellen kann. Gesellschaft und Kunden sind die Gruppen, die zuerst entscheiden, ob ein Unternehmen weiter besteht oder nicht. Nur wenn das Unternehmen der Gesell-schaft und den Kunden Nutzen stiftet, erhält es seine „licence to operate". So ist die Erfüllung eines Kundennutzens Vorbedingung dafür, dass das Unternehmen das Geld verdient, welches es zum Fortbestand (z. B. für Innovationen) benötigt.

Unternehmen agieren nicht in einem Vakuum: Die Gesellschaft erwartet, dass die Unternehmen im Rahmen ihrer Möglichkeiten gesellschaftliche Auf-gaben übernehmen. Neben der Herstellung von Produkten mit einem Nutzen für die Gesellschaft können dies das Engagement für eine intakte Ökologie, die Sicherung der finanziellen Lebensgrundlage von Menschen durch Schaffung von Arbeitsplätzen, die Sorge für gesellschaftliche Randgruppen oder die Förderung von Bildung und/oder Gesundheit sein. Um das erforderliche Kapital zur Verfü-gung gestellt zu bekommen, muss ein Unternehmen dem Kapitalgeber das Gefühl geben, dass das Unternehmen auf einer langfristigen Basis eine angemessene Verzinsung zur Verfügung stellen kann. Dies geht nur, wenn das Unternehmen ökonomisch profitabel arbeitet, für Risiken vorsorgt und seine Innovationsfähigkeit erhält. Es ist zwar nicht Aufgabe eines Unternehmens, eine intakte Gesellschaft herzustellen. Ein Unternehmen kann und muss aber daran mitarbeiten und mindestens Schaden abwenden. Zudem hat ein Unternehmen ein eigenes Interesse an einer intakten Gesellschaft.

Aus diesen und weiteren – teils eng miteinander zusammenhängenden – Themengebieten ergibt sich das Erfordernis, ökonomische, gesellschaftliche und ökologische Blickwinkel in unternehmerische Entscheidungen einzubeziehen. Dabei ist es letztendlich unerheblich, ob sich das Unternehmen selbst in der Verantwortung für gesellschaftliche Themen sieht. Eine Verneinung dieser Verantwortung kann – je nach Stellung in der Gesellschaft und Geschäftsmodell – zu einem existenziellen Risiko führen. Die Unternehmen werden in der Rolle als verantwortungsbewusste Mitglieder der Gesellschaft gesehen.

Es kann jedoch riskant sein, unreflektiert Forderungen aus der Gesellschaft zu übernehmen. Gute Resultate werden nur erzielt, wenn man bei seinen Stärken bleibt. Ein Unternehmen muss bei der Übernahme von Verantwortung und der Durchführung entsprechender Maßnahmen im Rahmen seiner Möglichkeiten bleiben und seine Kernkompetenzen einsetzen. Ein Unternehmen kann bei der Eingliederung von gesellschaftlichen Randgruppen in das Berufsleben erfolgreich sein, bei dem Betrieb von Kindergärten oder Schulen dagegen ohne Einbeziehung von Partnern scheitern. Doch gerade diese Partnerschaften werden es zukünftig sein, welche die umfassenden gesellschaftlichen Aufgaben bewältigen.

2.4.2 Nachhaltigkeit für die Praxis – Konzeptionierung

Nachhaltigkeit kann in seiner sehr unkonkreten Form nicht als Grundlage für unternehmerisches Handeln dienen. Daher ist es zur Übertragung des Gedankens der Nachhaltigkeit auf die Unternehmenswelt erforderlich, den Begriff der Nachhaltigkeit durch ein geeignetes Konzept in konkretere Form zu gießen. Dies wird durch zahlreiche Initiativen versucht. In Diskussionen stellt sich immer wieder die gleiche Frage: In welchem Verhältnis stehen die verschiedenen Dimensionen der Nachhaltigkeit zueinander?

Ursprünglich wurde für die Unternehmensebene der Begriff der „Ökoeffizienz" geprägt. Ausgangspunkt war zunächst der im Vordergrund stehende Umweltgedanke, der mit der ökonomischen Perspektive verbunden werden musste. Dieser Begriff ignoriert jedoch den gesellschaftlichen Teil der Nachhaltigkeit. Daher haben sich in der Praxis seit Ende der 90er-Jahre weitere Begriffe etabliert.

Unternehmerische Nachhaltigkeit bedeutet im Allgemeinen – nach dem World Business Council for Sustainable Development aus dem Jahr 2001 – die Gleichrangigkeit ökologischer, ökonomischer und sozialer Faktoren. Diese Gleichrangigkeit macht ein Unternehmen langfristig erfolgreich und bewirkt gleichzeitig die Sicherstellung einer höheren Lebensqualität für die Menschen sowohl in der Gegenwart als auch in der Zukunft. Unternehmerische Nachhaltigkeit wird als eigenständiger Ansatz zur Erreichung von langfristigem Shareholder-Value unter Beachtung von Möglichkeiten und Risiken, die sich aus der nachhaltigen Betrachtungsweise ergeben, angesehen.

Die gleichberechtigte Behandlung der verschiedenen Nachhaltigkeitsdimensionen liegt dem Konzept der Triple-Bottom-Line zugrunde. Dieses Konzept betrachtet Nachhaltigkeit als gleichrangige Integration der drei Dimensionen Ökonomie, Ökologie und Gesellschaft. Ein nachhaltiger Zustand lässt sich nur erreichen, wenn alle drei Dimensionen gleichzeitig umgesetzt werden. Daraus folgt, dass die Ziele aus allen drei Dimensionen auf einer hierarchischen Ebene angeordnet werden. In der Praxis hat sich daher die Frage ergeben: Wie entscheidet ein gewinnorientiertes Unternehmen bei zwangsläufig auftretenden Zielkonflikten, wenn sich die einzelnen Dimensionen widersprechen? Gerade in Zeiten der Krise wäre gemäß dieses Konzepts der konsequenten Triple-Bottom-Line eine Entscheidung gegen eine augenscheinlich rein ökonomische Lösung schwer zu vertreten.

In vielen Unternehmen wird Nachhaltigkeit daher nach einer anderen Konzeption gefasst: der ökonomischen Triple-Bottom-Line. Statt einer Gleichgewichtung der drei Dimensionen wird die Ökonomie als übergeordnetes Ziel definiert, das bei allen Entscheidungen zwingend erfüllt werden muss. Daraus entsteht die Handlungsmaxime, nach der soziale und ökologische Aspekte lediglich berücksichtigt werden, wenn sie gleichzeitig einen ökonomischen Mehrwert generieren. Dabei werden nicht nur die direkten finanziellen Effekte erfasst. Auch ökonomische Wirkungen durch die Steigerung der Reputation oder durch die Reduktion des Risikos werden ins Kalkül einbezogen. Soziale und ökologische Maßnahmen, die keinen ökonomischen Wert generieren, werden nicht umgesetzt. Eine Änderung der bekannten Zielhierarchie wäre in diesem Fall nicht erforderlich. Ökologische und soziale Aspekte würden als Randbedingungen einbezogen.

Dem kritischen Betrachter mag sich an dieser Stelle die Frage aufdrängen, ob diese Konzeption eine Veränderung im bisherigen Geschäftsmodell und im bisherigen Verhalten bewirkt. Mit Sicherheit wird eine der Folgen sein, dass finanziell rentable soziale und ökologische Maßnahmen systematischer und umfassender erfasst und umgesetzt werden. Dennoch bleibt offen, inwieweit ökologische und soziale Aspekte im Zweifel berücksichtigt werden.

Der Zweck zukunftsfähiger Unternehmen ist es nicht, Gewinne oder eine Wertsteigerung zu erzielen. Diese monetären Größen sind lediglich Resultate und gegebenenfalls auch Maßstäbe eines erfolgreichen Handels. Unternehmen existieren in erster Linie, um dem Kunden und der Gesellschaft einen Nutzen zu stiften. Je besser der Nutzen erfüllt wird, desto höher kann der Preis der Produkte sein. Desto eher ist das Unternehmen in der Lage, die für eine langfristige Existenzsicherung erforderlichen Gewinne zu erzielen.

Fazit

Kurzfristig kann es Widersprüche zwischen der ökologischen, ökonomischen und sozialen Dimension der Nachhaltigkeit geben, doch Nachhaltigkeit bedeutet Langfristigkeit. Und langfristig lösen sich viele dieser Widersprüche auf. Ein Unternehmen muss ökonomisch positive Resultate erwirtschaften, um den laufenden Geschäftsbetrieb aufrechtzuerhalten und um Investitionen in Innovationen für die Zukunft finanzieren zu können. Allerdings steht nicht die kurzfristige Maximierung des ökonomischen Erfolgs als Ziel im Fokus, sondern die dauerhafte Erfüllung eines sich gegebenenfalls wandelnden Bedürfnisses von Teilen der Gesellschaft. Dabei verhalten sich die Dimensionen der Nachhaltigkeit eher wie die Beine eines Stuhls, der nur mit allen Beinen stabil stehen kann. Und: Beide Konzepte – die Triple-Bottom-Line und die ökonomische Triple-Bottom-Line – verwachsen in der langfristigen Betrachtung. Es besteht kein Unterschied, da auch bei der gleichrangigen Betrachtung nur ökonomisch sinnvolle ökologische und gesellschaftliche Maßnahmen umgesetzt werden.

Wichtig bei der ökonomischen Bewertung von Maßnahmen ist, dass alle wesentlichen ökonomischen, sozialen und ökologischen Folgen berücksichtigt werden, auch z. B. die Kosten, die gerne externalisiert – also der Gesellschaft auferlegt – werden.

Darüber hinaus sollte es für die Praxis nur eine untergeordnete Rolle spielen, welchem Konzepten sie folgt. Insbesondere im Mittelstand ist einfacher, gelebter Pragmatismus oftmals wichtiger: Zur Erfüllung des Unternehmenszwecks (bestmögliche Erfüllung eines Kundennutzens) sind verschiedene Aufgaben zu erfüllen, wie Sicherung und Bündelung externer Kräfte (Kapital, Rohstoffe, Akzeptanz, Mitarbeiter etc.). Hierfür ist die Beachtung aller Dimensionen der Nachhaltigkeit wichtig.

2.5   Prozesse und Strukturen eines Nachhaltigkeitsmanagements

Bei der Frage, in welchen Prozessen und Strukturen ein Nachhaltigkeitsmanagement zu organisieren ist und wie ein Nachhaltigkeitsmanagement in der Ablauf- und Aufbauorganisation abgebildet wird, muss man mit der Frage nach der Bedeutung des Themas „Nachhaltigkeit" beginnen.

In vielen – besonders in größeren Unternehmen und in Großunternehmen – Organisationen werden spezielle Nachhaltigkeitsgremien aufgebaut. Diese nehmen sich der einzelnen Fragestellungen an und initiieren spezifische Projekte, die mit unterschiedlichen Prioritäten bearbeitet werden. Je wichtiger nachhaltige Themen im Unternehmen sind, desto höher sind die Prioritäten dieser Projekte. Oft wird die Priorität auch abhängig von der Auswirkung auf den aktuellen Geschäftserfolg gemacht.

Hierbei entstehen jedoch oft Probleme: Zusammenhänge oder Abhängigkeiten werden nicht oder zu spät gesehen oder Prioritäten werden falsch gesetzt. Auf diesem Weg bleibt Nachhaltigkeit ein separates Thema, welches von Nachhaltigkeitsexperten in einer Stabsstelle oder in lockeren Kreisen behandelt wird.

Für die Initiierung des Themas, für eine übergeordnete Lenkungsfunktion, für einen ersten Schritt können spezielle Nachhaltigkeitskreise oder Stabsstellen eine sinnvolle Funktion haben.

Letztlich aber gehört Nachhaltigkeit als integraler Bestandteil in die normale Aufbau- und Ablauforganisation eines Unternehmens. Jeder Mitarbeiter, jede Führungskraft an jeder Stelle im Unternehmen muss sein eigener Nachhaltigkeitsmanager sein. Nachhaltigkeit ist kein Projekt, sondern ein Teil des Tagesgeschäfts.

Für die Erstellung eines Nachhaltigkeitsberichts müssen, wie in Kap. 3 dargestellt, an vielen Stellen im Unternehmen und über Unternehmensgrenzen hinweg Daten gesammelt und zu zielgerichteten Informationen aufbereitet werden. Auch wenn dies bereits für ein Nachhaltigkeitscontrolling erforderlich ist und auch wenn Berichtskennzahlen umfangreicher als Steuerungskennzahlen sind (siehe hierzu Abschn. 2.12), so muss die Erhebung und Aufbereitung dieser Daten bereits in der Ablauf- und Aufbauorganisation integriert sein.

Je besser die Grundsätze des Nachhaltigkeitsmanagements im Unternehmen integriert sind, je tiefer die gesamte Organisation damit durchdrungen ist, desto einfacher ist es, Zahlen und andere Informationen zu erfassen, zusammen zu tragen und in einem Berichtswesen zu verarbeiten.

2.6 Wertebasiertes Handeln

Die Verantwortung für das nachhaltige Handeln sollte von der obersten Manage-mentebene in den allgemeinen Handlungsanweisungen und Richtlinien eines Finanzinstitutes verankert werden. Hierin sollte auch das allgemeine Wertesystem ausgedrückt werden, welches widerspiegelt, wofür das Institut steht und worauf konkretere Verhaltensgrundsätze und Richtlinien basieren. Allerdings ist es nicht ausreichend, die Verantwortung für nachhaltiges Handeln und das dazu erforder-liche Wertesystem in Leitlinien niederzuschreiben. Papier ist geduldig! Nur wenn das Wertesystem in dem täglichen Verhalten, in jedem einzelnen Prozess und in den Geschäftsbeziehungen ankommt und wie selbstverständlich gelebt wird, kann man von einer von Nachhaltigkeit geprägten Wertekultur und einem echten wer-tebasierten nachhaltigen Handeln sprechen. Finanzdienstleister verfügen bereits über umfängliche Prozesse zum Management von Compliance und Risiken, die ebenfalls auf definierten Werten basieren. Ein aktives Management von Nach-haltigkeitsthemen baut natürlich auf diesen Prozessen auf, geht jedoch deutlich darüber hinaus, vor allem, was die innere Einstellung anbelangt. Nachhaltiges Handeln erfordert oft weitaus mehr, als „compliant" zu sein mit Anforderungen und Regulierungen.

Das Wertesystem prägt das Handeln eines Finanzinstitutes und dient als Richt-schnur für jede Einzelentscheidung. Das Wertesystem bildet das Fundament eines jeden menschlichen Miteinanders. Es sind die gemeinsamen (auch unge-schrieben gültigen) verbindenden Werte, die jedes Miteinander – auch Unterneh-men – zusammenhalten. Werte und ein Wertesystem gibt es somit immer. Jedes Unternehmen muss sich allerdings an dieser Stelle die Frage stellen: Stimmen die gelebten Werte mit den gewollten und vielleicht bereits nach außen kommu-nizierten Werten überein? Nur wenn dies der Fall ist, kann man von Authentizi-tät sprechen. Nur dann können gewollte, an der Nachhaltigkeit orientierte Werte authentisch gelebt werden.

Grundsätzlich ist der Begriff des Wertesystems zunächst ein neutraler Begriff. Ob ein Finanzinstitut ein nachhaltiges, werteorientiertes Unternehmen werden kann, hängt von der Ausgestaltung dieses Wertesystems ab. Folgende Punkte soll-ten von einem an Nachhaltigkeit orientierten Institut besonders beachtet werden:

- die Schaffung guter und langfristiger Kundenbeziehungen, die ausschließlich am Kundennutzen orientiert sind
- die Bereitstellung bestmöglicher, fairer und transparenter Dienstleistungen, die sich wiederum an den Grundsätzen der Nachhaltigkeit orientieren (z. B. bei Geldanlagen)

- individuelle Integrität des gesamten Unternehmens, aber auch jedes einzelnen Mitarbeiters
- ein partnerschaftliches Vorgehen mit allen wesentlichen (auch kritischen) Stakeholdern

Ein Wertesystem ist nichts, was einer jährlichen Überarbeitung wie eine operative Geschäftsplanung unterliegt. Dennoch ist das Wertesystem auch kein starres Gebilde. Es muss kontinuierlich weiterentwickelt werden.

Auch wenn das Wertesystem ein gemeinsamer Konsens innerhalb des Finanzinstitutes sein muss, können Abweichungen einzelner davon nicht ausgeschlossen werden. Daher ist es wichtig, die Einhaltung sicherzustellen. Dies kann über konkrete Verhaltensrichtlinien, formulierte Positionen und ein wertekonformes Anreizsystem erfolgen. Allerdings bleibt die Gesamtverantwortung des Managements für das Handeln der einzelnen Mitarbeiter bestehen.

Die Formulierung der Richtlinien und die Etablierung der Prozesse zu ihrer Umsetzung sind eine individuelle geschäftspolitische Entscheidung jedes einzelnen Instituts. Sie werden vor dem Hintergrund der eigenen Geschäftsmodelle und der Erwartungen der eigenen Interessengruppen festgelegt.

Der Themenkomplex „Nachhaltigkeit" wird zum Teil in Politik und Gesellschaft kontrovers diskutiert. Daran wird sich auch in Zukunft wenig ändern, da neben unterschiedlichen politischen Meinungen ein steter Entwicklungsprozess die Diskussion immer wieder neu belebt. Für Finanzinstitute bedeutet dies, dass sie sich in ihren geschäftlichen Entscheidungen über die gesetzlichen Anforderungen hinaus an freiwillig anzuwendenden Standards und Prinzipien, aber auch an individuellen noch weitergehenden unternehmensinternen Zielen orientieren sollten. Die Ansprache dieser kritischen Einzelthemen gegenüber den Interessengruppen ist für viele Institute Teil des Risikomanagements und zielt darauf ab, den Kunden bei der Berücksichtigung von Nachhaltigkeitsthemen in seinem Handeln zu unterstützen und auch mit Blick auf die eigene Reputation auf kritische Punkte hinzuweisen.

Ein auf einem soliden Wertemanagement basiertes Nachhaltigkeitsmanagement ist somit kein reines Risikomanagement. Auch wenn Risiken minimiert und besser gesteuert werden können, so steht das Management der positiven Aspekte der Nachhaltigkeit im Vordergrund. Durch dieses Vorgehen können sämtliche Potenziale – inklusive der geschäftlichen Vorteile – realisiert werden.

2.7 Corporate Governance

Das Nachhaltigkeitsmanagement ist ein wesentlicher Bestandteil der Unternehmensstrategie. Es muss daher in die Grundsätze der Unternehmensführung einfließen und ist ein Kernthema der Unternehmensleitung. Sie hat die Aufgabe, die Schlüsselfunktionen zur Nachhaltigkeit in dem Finanzinstitut festzulegen, zu steuern und miteinander zu vernetzen. Sämtliche Anreiz- und Entlohnungssysteme in der Organisation sind auf die strategischen Nachhaltigkeitsziele auszurichten.

Nachhaltigkeit und damit auch Nachhaltigkeitsmanagement ist nicht in erster Linie ein Risikomanagementthema. Dennoch gilt, dass es für Unternehmen – daher auch für Finanzinstitute – notwendig ist, Risiken auch aus den Bereichen Umwelt und Gesellschaft frühzeitig zu erkennen („Frühwarnfunktion") und – falls notwendig – gegenzusteuern. Risiken können z. B. durch gesellschaftlich nicht akzeptiertes bzw. nicht legitimes Handeln entstehen. Wesentliche Themen sind dabei z. B. Verstöße gegen Menschenrechte, unmenschliche Arbeitsbedingungen, Umweltschäden oder unethische Geschäftspraktiken. Indem Nachhaltigkeitsaspekte in den normalen Anlage- und Kreditprozess des Finanzinstituts integriert werden, können diese Risiken minimiert werden. Bei Produktgestaltung und Produkteinführung müssen zu einem frühen Zeitpunkt Aspekte der Nachhaltigkeit berücksichtigt werden.

Es gibt Grenzen der Verantwortung für Finanzinstitute. Doch auch wenn sie nicht grundsätzlich für Entscheidungen ihrer Kunden verantwortlich sind, muss jedes Institut für sich festlegen, welche Projekte finanziert und welche Anlagen getätigt werden. Das Investment in unethisches Verhalten von Kunden – sofern dieses bekannt ist – ist eben auch ein unethisches Verhalten. Es können nicht immer alle Sachverhalte bei einem Kunden bekannt sein. Doch falls neue Erkenntnisse auftreten, dann muss bei einem an Nachhaltigkeit wirklich interessierten Unternehmen sofort eine Verhaltensänderung eintreten und diese auch offen nach außen kommuniziert werden.

Menschenrechtsfragen sind bereits bei vielen Finanzinstituten ein elementarer Bestandteil der Prüfungs- und Entscheidungsprozesse und Grundlage aller Aktivitäten. Die Achtung der Menschenrechte ist die Voraussetzung für eine glaubwürdige Auseinandersetzung mit gesellschaftlicher Verantwortung. Die Institute und deren (internationale) Unternehmenskunden stehen vor der Aufgabe, Menschenrechtsfragen in das betriebliche Handeln im Kerngeschäft zu integrieren. Hierbei müssen die Finanzinstitute das grundlegende Instrumentarium ihres Nachhaltigkeitsmanagements anwenden. Im Zweifel dürfen Geschäfte, bei denen Menschenrechtsfragen in Zweifel stehen, nicht getätigt werden. Alternativ kann ein Institut

auch seiner Verantwortung gerecht werden, indem es mit seinen Geschäftspart-
nern Lösungen für die Beachtung von Menschenrechtsfragen erarbeitet und auf
deren Umsetzung beharrt.

Ebenso wie bei Menschenrechtsfragen ist es bei Umweltthemen notwendig,
die Auswirkungen sowohl möglicher Investitionsprojekte des Kunden als auch
eigener Kreditvergaben und Kapitalanlagen sowie eventueller Probleme in der
eigenen Wertschöpfungskette oder der des Kunden zu kennen und die Einhaltung
von ökologischen Standards zu beachten. Auch hier sollten die Finanzinstitute
ihre Kunden unterstützen, indem sie auf mögliche Umweltauflagen bzw. negative
Wirkungen auf die Umwelt hinweisen, Alternativen aufzeigen und deren Umsetzung begleiten und überprüfen.

2.8   Dialog mit den Interessengruppen

Die Interessen der Finanzinstitute und ihrer Interessengruppen (sog. „Stakeholder" wie Aktionäre, Kunden, Mitarbeiter und Öffentlichkeit) sind nicht immer
deckungsgleich. Die Institute stehen folglich vor der Herausforderung, Inter-
essenkonflikte, die sich durch die unterschiedlichen Erwartungen ergeben, zu
berücksichtigen.

Eine Lösung dieses Themas ergibt sich aus einem regelmäßigen Dialog mit
relevanten Interessengruppen. Hierbei sind alle wesentlichen – auch die kritischen – Interessengruppen hinzuzuziehen. Unter dem Aspekt der Nachhaltigkeit können z. B. Veranstaltungen zu kapitalmarktnahen Nachhaltigkeitsthemen
durchgeführt werden. Darüber hinaus ist die Beteiligung an nachhaltigkeitsorientierten Initiativen und das Einbringen bei entsprechenden Foren und Veranstaltungen ein hilfreicher Schritt.

Über die einzelnen Institute hinweg kann auch ein Verband seine Mitglieder
auf nationaler und internationaler Ebene in einen konstruktiven Dialog mit politischen Verantwortungsträgern und Regulatoren unterstützen.

Bevor regelmäßige Gespräche mit den wesentlichen Interessengruppen etabliert werden können, ist eine Wesentlichkeitsanalyse erforderlich. Wesentlich ...
das sind auf jeden Fall Mitarbeiter, große institutionelle Anleger, Großkunden
etc. Wesentlich ... das können aber auch Vertreter von Kleinanlegern oder von
Kleinkunden sein. Auf der Kundenseite hängt dies selbstverständlich eng mit der
Zielkundengruppe zusammen. Da sich der Zweck eines Finanzinstitutes – wie bei
jedem anderen Unternehmen – aus den Bedürfnissen der Zielkunden ergibt, steht
der Zielkundendialog an erster Stelle. Grundsätzlich muss ein Finanzinstitut für
verschiedene Gruppen attraktiv sein:

- Kunden, die Produkte und Dienstleistungen des Instituts kaufen
- Investoren, die Eigen- und Fremdkapital zur Verfügung stellen
- Mitarbeiter, die das Rückgrat eines jeden Unternehmens darstellen
- Öffentlichkeit, die über das Image des Institutes entscheidet

Geleitet von den Werten des Institutes werden in den Dialogforen bzw. Einzelgesprächen die Interessen und Bedürfnisse dieser Gruppen ausgelotet und in Einklang mit dem nachhaltigen Handeln nach Möglichkeit erfüllt. Ein Kunde, der sich ernst genommen fühlt und dessen Bedürfnisse erfüllt werden, kann dann auch in einer partnerschaftlichen Beziehung weiterentwickelt werden. Bei der Gestaltung von Stakeholder-Dialogen muss das Unternehmen auch auf die Zielstellung achten: Diese Dialoge werden nicht nur durchgeführt, um Stakeholder zufriedenzustellen. Durch ernst gemeinte Dialoge bekommt das Unternehmen die Informationsbasis, um neue bzw. veränderte Bedürfnisse nach Produkten und Dienstleistungen – insbesondere aus Nachhaltigkeitssicht – erkennen und bedienen zu können. Hierin steckt eine große Chance auch aus unternehmerischer Sicht: Ernst gemeinte Stakeholder-Dialoge helfen dem Unternehmen, seinen Zweck – der Zurverfügungstellung von Produkten und Dienstleistungen, die seinen Stakeholdern Nutzen bringen – besser zu erfüllen.

2.9 Nachhaltige Gestaltung der Personalpolitik

Die Personalpolitik bei Finanzdienstleistern ist ein Themenfeld, mit dem die Branche in der Diskussion steht – auch jenseits der Nachhaltigkeitsdebatte. Dies betrifft zum einen Skandale bezüglich Fehlverhalten/Missachtung der Compliance seitens der Mitarbeiter, also die Abwesenheit dessen, was gemeinhin als „verantwortungsbewusstes Verhalten" bezeichnet wird. Zum anderen wird Finanzdienstleistern – und vor allem Banken – vorgeworfen, dass sie mit ihrer Vergütungspolitik falsche Anreize setzen, nämlich nach wie vor solche für kurzfristige Gewinne unter Vernachlässigung von Nachhaltigkeitsgesichtspunkten.

Ein dritter Punkt ist kein gesellschaftlicher Vorwurf an Finanzdienstleister, sondern eine interne „Not": Finanzdienstleister gelten für Bewerber – anders als in der Vergangenheit – nicht mehr als „sichere Bank". Das bedeutet, dass dem Thema Employer Branding eine große Bedeutung zukommt. In Zeiten von Disruption und sich wandelnden Geschäftsmodellen sind Finanzdienstleister auf exzellent ausgebildete und motivierte Mitarbeiter angewiesen. Dies betrifft insofern auch das Thema „Nachhaltigkeit", als die nachwachsende Generation zunehmend verantwortliches Handeln von Unternehmen als Selbstverständlichkeit voraussetzt.

Aus Nachhaltigkeitsgesichtspunkten betrifft die Personalpolitik somit zwei Aspekte: einerseits die soziale Dimension der Nachhaltigkeit in Form von Mitarbeiterzufriedenheit sowie guten und gesunden Arbeitsbedingungen, andererseits die ethische Dimension: inwiefern das Unternehmen ethisches Verhalten von Mitarbeitern verlangt, fördert, belohnt und überprüft.

In Bezug auf Arbeitsbedingungen, Gesundheitsmanagement, Work-Life-Balance und Gleichberechtigung bemühen sich Finanzdienstleister spürbar. Flexible Arbeitsmodelle sind in zunehmend digitalisierten Arbeitsprozessen möglich, die Familienfreundlichkeit steigt, und auch Frauen finden sich vermehrt in Führungspositionen (wenn auch noch zu selten im Topmanagement) wieder.

Effiziente Weiterbildungsstrukturen und Angebote für lebenslanges Lernen (Umgang mit dem demografischen Wandel) gehören weiterhin zum Pflichtprogramm von Finanzdienstleistern. Das sich konstant und schnell wandelnde Geschäftsumfeld verlangt eine hohe Anpassungsgeschwindigkeit von Mitarbeitern – was durch entsprechende Angebote seitens der Unternehmen unterstützt werden muss. Nachhaltigkeit kann dabei nicht per Arbeitsanweisung von oben verordnet werden. Durch entsprechende Schulungen werden die Mitarbeiter dort abgeholt, wo sie stehen. Es ist wichtig, dass ein grundlegendes Verständnis von und für Nachhaltigkeit gelegt wird. Ziel muss es sein, das jeder Mitarbeiter am Ende sein eigener Nachhaltigkeitsmanager wird, nachdem eine Nachhaltigkeitsabteilung allein – egal wie vernetzt sie im Unternehmen ist – dieses facettenreiche Thema nicht voranbringen kann. Nachhaltigkeitsberichterstattung kann eine gute Einflugschneise sein, um Mitarbeiter für Themen der Nachhaltigkeit zu sensibilisieren und ihnen das nötige Fachwissen und die Methodenkompetenz zu vermitteln.

Die größte Baustelle für Finanzdienstleister sind die Themen „Vergütung" (insbesondere des Topmanagements) und „Anreizsysteme". Selbstverständlich muss eine Vergütung wettbewerbsfähig sein und bleiben. Und natürlich sind durch regulatorische Vorgaben die Weichen bereits gestellt im Hinblick auf eine nachhaltige Vergütungspolitik und Bonistruktur. Doch gerade beim Thema „Anreize" gilt es, nicht nur der Regulatorik Genüge zu tun, sondern tatsächlich zu überlegen, mit welchen Systemen flächendeckend nachhaltigere – d. h. langfristig tragfähige, risikoärmere und verantwortungsbewusste – Entscheidungen seitens Mitarbeitern und Führungskräften gefördert werden können. Bei diesem Punkt üben nicht nur Nachhaltigkeits-, sondern auch klassische Ratingagenturen zunehmen Druck auf Finanzdienstleiter aus. Und auch die Öffentlichkeit erwartet von Finanzdienstleistern eine Verhaltensanpassung und die Unterbindung ethisch nicht akzeptablen Verhaltens.

2.10 Corporate Citizenship

Corporate Citizenship bezeichnet das gesellschaftliche Engagement von Unternehmen, wodurch sich diese als „gute Bürger" präsentieren. Typische Formen des Engagements sind Spenden- und Sponsoringmaßnahmen, Pro-bono-Aktivitäten, die Einrichtung von Stiftungen oder die Freistellung von Mitarbeitern für gemeinnützige Zwecke (Corporate Volunteering). Für ein professionell ausgestaltetes Corporate Citizenship ist zudem die strategische Zusammenarbeit mit Regierungs- oder Nicht-Regierungs-Organisationen charakteristisch, etwa in Form von Public Private Partnerships. Vielfach wird Corporate Citizenship als Teil von Corporate Social Responsibility verstanden. Daneben bestehen Überschneidungen zu den Bereichen Marketing und Personalmanagement.

Durch Corporate Citizenship werden gesellschaftliche Funktionen übernommen bzw. ausgeführt. Es geht dabei nicht darum, sich in einem guten Licht zu präsentieren oder ein positives Image ohne Substanz aufzubauen. Als Teil des Nachhaltigkeitsmanagements ist es das Ziel von Corporate Citizenship, gesellschaftliche Verantwortung aktiv wahrzunehmen und die Gesellschaft im Rahmen der Möglichkeiten des Unternehmens zu gestalten. Selbstverständlich können und sollen Aktivitäten in diesem Bereich auch kommuniziert werden – allerdings nicht als reine Marketingmaßnahme. In Zeiten steigender Anforderungen an das Nachhaltigkeitsengagement von Unternehmen geht es aus dem Blickwinkel der Glaubwürdigkeit längst nicht mehr darum, einfach nur irgendetwas zu tun, sondern – auch im Bereich des gesellschaftlichen Engagements – nachzuweisen, welche Wirkung das Engagement bei der geförderten Zielgruppe erzielt hat. Somit sollten sich Unternehmen auch im Bereich von Corporate Citizenship einen strategischen Ansatz überlegen, der verdeutlicht, was das Unternehmen weshalb und mit welchem Ergebnis für welche Zielgruppe tut.

2.11 Betriebsökologie

Unter dem Stichwort „Betriebsökologie" werden alle betrieblichen Aktivitäten des Unternehmens zusammengefasst, die dazu beitragen, den eigenen „ökologischen Fußabdruck" zu verbessern. Hierzu zählen insbesondere Energie- und Ressourceneinsparungen z. B. durch „Green IT" und „Green Buildings" sowie die Reduzierung von CO_2-Emissionen durch umweltfreundliche Mobilitätskonzepte.

Finanzinstitute sind Dienstleistungsunternehmen. Im Gegensatz zu Produktionsunternehmen gibt es keine Bereiche, die durch ihren Zweck, wie z. B. die Produktion oder die Logistik, per se mit ökologischen Konsequenzen ihres Handelns in Verbindung gebracht werden. Aus diesem Grund steht das Thema in vielen Dienstleistungsunternehmen nicht mit höchster Priorität auf der Tagesordnung.

Auch wenn der Hebel bei Dienstleistungsunternehmen – insbesondere bei Finanzinstituten – kleiner ist als bei der Steuerung der ökologischen Konsequenzen des Kerngeschäftes, z. B. bei der Projektfinanzierung, ist die Betriebsökologie ein wichtiger Baustein im Gebilde des Nachhaltigkeitsmanagements. Dies hat letztlich zwei entscheidende Gründe:

Zum einen kann ein Finanzdienstleister damit dokumentieren, dass er es ernst meint mit einer nachhaltigen Ausrichtung. Werden die eigenen Prozesse und Rahmenbedingungen, wie z. B. Gebäude oder IT, hinsichtlich ihrer ökologischen Fußabdrücke optimiert und wird dies auch in einem Reporting dargestellt, so spiegelt dies authentisches Verhalten wider. Glaubhaft ist nach wie vor nur der, der sowohl intern als auch extern seine Verantwortung für Nachhaltigkeit wahrnimmt.

Zum anderen kommt hier der ganzheitliche integrierte Aspekt der Nachhaltigkeit zum Tragen. Ein Unternehmen muss – will es ein nachhaltiges Unternehmen werden – in allen Bereichen Verantwortung übernehmen. Eine fehlende Betriebsökologie kann nicht durch nachhaltigkeitsorientierte Vergaberichtlinien kompensiert werden.

Finanzinstitute sollten demzufolge auch ihre eigenen Umweltleistungen nach einem zertifizierten Umweltmanagementsystem (z. B. ISO 14001) steuern.

Gleiches gilt selbstverständlich auch für die sozialen bzw. gesellschaftlichen Fußabdrücke. Es ist wenig glaubhaft, wenn ein Institut bei der Projektfinanzierung gegen Kinderarbeit eintritt oder die Grundsätze der ILO erwartet, aber bei den eigenen Mitarbeitern die Mindeststandards in der eigenen Personalpolitik missachtet. Dabei geht es selbstverständlich nicht darum, dass im eigenen Institut keine Kinderarbeit durchgeführt wird. „Mindeststandards" und darüber hinausgehende Aktivitäten in den Arbeitsbedingungen beispielsweise definieren sich auch durch die jeweiligen nationalen, regionalen und kulturellen Gegebenheiten.

Gleichzeitig gilt es für Finanzdienstleister – gerade auch im Hinblick auf den aktuellen Stand der Nachhaltigkeitskommunikation – zu berücksichtigen, dass die Betriebsökologie ein wichtiger Baustein, aber längst nicht das Ende der Fahnenstange in der ökologischen Dimension von Nachhaltigkeit ist. Betriebsökologie ist insofern auf eine Art „praktisch", als dass mit vergleichsweise geringem Aufwand ein belastbares Zahlenwerk zur eigenen ökologischen Performance erstellt und kommuniziert werden kann. Dies darf aber nicht davon ablenken, dass der zentrale Hebel von Finanzdienstleistern in der umweltverträglichen Ausgestaltung ihrer Produkte und Dienstleistungen liegt. Wie dies bewerkstelligt werden kann – zum Beispiel die Scope-3-CO_2-Emissionen von Finanzprodukten – ist vielerorts noch offen. Diese Unklarheit darf jedoch nicht dazu führen, sich auf sichere und beherrschbare Bereiche zu fokussieren, die am Kern der Herausforderungen vorbeizielen.

2.12 Messung und Bewertung von Nachhaltigkeit

Das Thema „Messen und Bewerten von Nachhaltigkeit" ist ein ganz entscheidendes: Zum einen ist Messen und Bewerten ein wesentlicher Bestandteil eines jeden Steuerungskreislaufs. Ohne dass ein Unternehmen seine Nachhaltigkeitsperformance misst und bewertet, kann es die Zielerreichung nicht kontrollieren. Zum anderen ist Messen und Bewerten eine Grundvoraussetzung für eine qualifizierte Berichterstattung. Ohne Messen und Bewerten fehlt jegliche Grundlage, über sein Handeln und den Erfolg seines Handelns berichten zu können.

Bezogen auf die Messung und Bewertung von Nachhaltigkeit ergeben sich insbesondere in der Finanzbranche zwei sehr unterschiedlich Themen: Das interne Controlling zum einen und die Entwicklung von externen Ratings zum anderen.

2.12.1 Internes Controlling

Die Entwicklung zu einem nachhaltigen Unternehmen muss gesteuert werden. Das gilt insbesondere dann, wenn Nachhaltigkeit als wesentlicher Bestandteil in die Kultur und das Kerngeschäft wie selbstverständlich einfließen. Aus „normalen" Zielen werden dabei Ziele, die den Aspekten der Nachhaltigkeit unterliegen. Dass die Erreichung – und der Weg dorthin – von „normalen" Zielen einem Controlling unterliegt, steht außer Frage. Gleiches gilt daher für Nachhaltigkeitsziele.

Unter dem Aspekt des Nachhaltigkeitsreportings ergibt sich ein weiterer wesentlicher Aspekt: Um ein qualifiziertes Reporting aufsetzen zu können, benötigt ein Unternehmen Daten und Kennzahlen. Im Unternehmen muss es eine Funktion geben, die diese Daten aufbereitet und rechtzeitig zur Verfügung stellt und die Datenqualität sicherstellt. Da das Controlling die Funktion im Unternehmen ist, bei der ohnehin alle Daten zusammenfließen, liegt es nahe, auch die

Aufbereitung der nachhaltigkeitsbezogenen Daten hier anzusiedeln. Das Controlling ist in der Regel der Bereich, der das Know-how und die Methodenkompetenz hierfür hat[2].

Zwischen Steuerung und Berichterstattung bestehen Unterschiede. Ein wesentlicher Unterschied ist der zwischen Berichtskennzahlen und Steuerungskennzahlen. Während sich Berichtskennzahlen in der Regel aus den verwendeten Berichtsstandards (GRI, DNK oder ESG) ergeben, so sind Steuerungskennzahlen in der Regel unternehmensindividueller. Zudem sind Steuerungskennzahlen spezifischer, da sie zur internen Steuerung dienen. Sie müssen also den ursächlichen Zusammenhang zwischen Ziel und Maßnahme ausdrücken und an beeinflussbaren Stellschrauben ansetzen. Grundsätzlich können sich die Berichtskennzahlen aus den Steuerungskennzahlen ableiten. Es bestehen aber unterschiedliche Anforderungen an diese Kennzahlen: Während Berichtskennzahlen dazu dienen, die Nachhaltigkeitsleistung nach außen zu kommunizieren, so müssen sich Steuerungskennzahlen nicht nur für die Dokumentation der Nachhaltigkeitsleistung, sondern auch für die Steuerung eignen. Granularität und Schwerpunktsetzung können unterschiedlich sein.

2.12.2 Externe Ratings

Es gibt zahlreiche Ratingagenturen und Organisationen, die die Nachhaltigkeitsperformance von Unternehmen im Allgemeinen und Instituten der Finanzbranche im Speziellen messen und dokumentieren. Zusätzlich gibt es für börsennotierte Unternehmen spezifische Indizes, die bei der Aufnahme von Unternehmen Kriterien der Nachhaltigkeit berücksichtigen, wie z. B. den Dow Jones Sustainability Index. Diese Ratings und Indizes werden zwar extern ermittelt, haben aber den Vorteil, dass sie als Benchmark für externe und interne Betrachter dienen können.

Der Anstoß für eine nachhaltige Ausrichtung eines Finanzdienstleisters kommt nicht immer nur von innen. Unternehmen der Realwirtschaft, die sich nachhaltig orientieren wollen, werden sich hinsichtlich der Finanzierung von Investitionen oder für Versicherungen ebenfalls einen Partner suchen, dem Nachhaltigkeit wichtig ist. Hierfür bedienen sich diese Unternehmen bei der Suche nach geeigneten Partnern unter anderem auch der Ergebnisse von Ratingagenturen wie z. B. oekom research.

---

[2]Colsman 2016.

Diese externen Ratings können – wie auch das Nachhaltigkeitsreporting selber – als Mittel zur internen Steuerung genutzt werden. Auch wenn es Unterschiede bei Steuerungs- und Berichtskennzahlen gibt, so geben diese Zahlenwerke und Analysen Hinweise auf mögliche ungewollte Entwicklungen oder noch unentdeckte Schwachstellen.

2.12.3 Unternehmensbeispiel: Allianz Lebensversicherung-AG

Die Allianz Lebensversicherung bewertet die Nachhaltigkeit ihrer Kapitalanlagen seit Ende 2016 mit einem ESG-Scoring.[3] Der ESG-Ansatz gilt inzwischen für die gesamten handelbaren Anlagen der Allianz Group. Alle Versichertengelder weltweit werden nach ESG-Kriterien gescreent, wobei Deutschland zu dem ersten Markt gehört, in dem der Ansatz systematisch angewendet wird. Bei dieser Praxis handelt es sich aktuell um Best Practice. Die Allianz ist mit diesem Schritt nach Beobachtung der Autoren das erste Versicherungsunternehmen, das diesen Weg geht. Bedeutsam an dieser Stelle ist, dass es sich bei dem Scoring-Modell der Allianz um ein Modell handelt, welches neben Risiken auch Chancen einbezieht. Bei der Entwicklung des ESG-Ansatzes wurden auch die Einschätzungen der NGOs Transparency International, WWF und Germanwatch einbezogen. Auf diese Weise sollte eine unabhängige Meinung integriert werden.

Beim Scoring der Allianz werden systematisch die Kapitalanlagen von mehr als 8000 Unternehmen und Staaten in Bezug auf ihre Nachhaltigkeit gemessen. Im Zentrum des ESG-Scorings steht die Identifizierung von Risiken einer nachhaltigen Entwicklung der Anlagen. Dabei werden die Emittenten der Assets anhand von 37 Kernthemen wie beispielsweise Treibhausgasemissionen, Energieeffizienz, Arbeitssicherheit, ökologische Selbstverpflichtung, soziale Verantwortung oder gute Unternehmensführung überprüft. Die beiden größten Anlagemanager der Allianz, AllianzGI und Pimco, greifen ebenfalls auf die ESG-Daten zurück.

Mit ihrem Vorgehen stellt die Allianz sicher, dass das neue ESG-Rating fester Bestandteil des Anlageprozesses wird. Ziel des Ratings ist, neben der Einbeziehung von Nachhaltigkeit, möglichst hohe Ertragsansprüche für die Altersvorsorgekunden zu sichern. In bestimmten Fällen findet zudem ein systematischer Austausch der Allianz-Anlagemanager mit den jeweiligen Emittenten über ihre ESG-Werte

---

[3]Allianz 2016.

statt. Auf diese Weise kann die Allianz den oben beschriebenen Einfluss als großer Anleger wahrnehmen. Einige Anlagegebiete sind jedoch vollständig ausgeschlossen. Hierzu gehören zum Beispiel Investitionen in „geächtete Waffen", Nahrungsmittelspekulationen sowie in Unternehmen, die mehr als 30 % ihres Umsatzes aus Kohlebergbau generieren bzw. in der Energieerzeugung 30 % Kohlestromanteil überschreiten. Diese Investitionen gelten bei der Allianz weder als langfristig wirtschaftlich noch unter dem Blickwinkel der Nachhaltigkeit sinnvoll.

2.13 Erfolgsfaktoren für das Nachhaltigkeitsmanagement

Wie in fast allen Bereichen gibt es auch im Nachhaltigkeitsmanagement kein 5-Punkte-Programm, welches ein wirksames Nachhaltigkeitsmanagement garantiert. Auch wenn solche Checklisten immer wieder auftauchen, sind sie im Zweifelsfall sogar gefährlich: Suggerieren sie doch: „Mache erstens, zweitens und drittens und dann bist du nachhaltig". Dabei zielen solche nach Schema-F gestrickten Programme in der Regel am Ziel vorbei. Daher werden hier einige Gestaltungsempfehlungen und Erfolgsfaktoren für ein effizientes Nachhaltigkeitsmanagement und für eine Integration der Nachhaltigkeit in das Kerngeschäft des Unternehmens aufgezeigt[4]. Diese Erfolgsfaktoren sind für ein Unternehmen in der Finanzindustrie in zweierlei Hinsicht wichtig:

1. Gestaltung des eigenen Nachhaltigkeitsmanagements: Das eigene Nachhaltigkeitsmanagement muss effizient und effektiv gestaltet werden, damit die Anforderungen der Nachhaltigkeit im eigenen Unternehmen ankommen können.
2. Beurteilung des Nachhaltigkeitsmanagements von Externen: Um die Nachhaltigkeitsleistung der unterschiedlichsten Kunden – insbesondere Geschäftskunden – und von Anlageobjekten beurteilen zu können, ist es wichtig, hinter die Hochglanzveröffentlichungen schauen zu können. Ob deren Nachhaltigkeitsmanagement effektiv und effizient aufgestellt ist, entscheidet sich unter anderem auch an der Beachtung der Erfolgsfaktoren

---

[4]Colsman 2016.

2.13.1 Individuelle Definition von Nachhaltigkeit

Ausgangspunkt ist eine unternehmensspezifische Definition von „Nachhaltigkeit" (siehe auch Abschn. 3.1.1). Da diese die Gestaltung des Nachhaltigkeitsmanagements sowie aller damit verbundenen Aktionen beeinflusst, muss dieser Schritt immer am Anfang stehen. Die Definition von „Nachhaltigkeit", der Ausprägungen und der relevanten Handlungsfelder ist eine unternehmensspezifische Arbeit, weil Rahmenbedingungen wie Unternehmenskultur, Branche, Größe, nationales und internationales Umfeld, Markt, Supply Chain und Stakeholder einen entscheidenden Einfluss haben. Allerdings handelt es sich hierbei nicht um eine rein interne Arbeit und schon gar nicht eine Aufgabe der Kommunikationsabteilung: Zum einen sollten die wichtigen Stakeholder einbezogen werden, um nicht Gefahr zu laufen, zentrale externe Anforderungen zu übersehen, und zum anderen muss diese spezifizierte Nachhaltigkeit im Unternehmen gelebt werden. Nachhaltigkeit und die daraus folgenden Handlungen müssen authentisch nach außen getragen werden. Dies gelingt nur, wenn Nachhaltigkeit von innen kommt und von innen heraus gelebt wird. Letztendlich ist dies eine nicht delegierbare Aufgabe des Unternehmers bzw. des Topmanagements.

2.13.2 Verankerung der Nachhaltigkeit im Unternehmen

Nachhaltigkeit wird bislang nur von wenigen Unternehmen konsequent als Wert der Unternehmenskultur gelebt. Allerdings wird Nachhaltigkeit nur durch die Verankerung in der Unternehmenskultur zum Selbstläufer. Auch wenn traditionell der Aufbau von Werten, Zielen, Kultur, Verfassung und Mission der normativen Unternehmensführung zugerechnet wird, sind hier alle Beteiligten im Unternehmen gefragt. Der Anstoß muss von der Unternehmensleitung oder von einem Unternehmer kommen oder von diesem getragen werden. Mit Leben wird der Anstoß aber erst gefüllt, wenn alle Mitarbeiter durch Einbeziehung und Schulungen mitgenommen werden.

Die Verankerung ist deshalb von entscheidender Bedeutung, weil Nachhaltigkeit kein technischer Vorgang ist, der wie eine Software eingeführt und ausgerollt werden kann. Nachhaltigkeit und die Integration kann nur gelingen, wenn von allen ein vorbildliches nachhaltiges Verhalten (vor-)gelebt wird. Zudem sind die Verankerung, die durchgeführten Schulungen und Bewusstseins- und Verhaltensveränderungen bereits ein nachhaltiger Vorgang mit einer positiven gesellschaftlichen und ökologischen Wirkung: Durch das nachhaltige Verhalten der Menschen im Unternehmen verändert sich ihr Umgang im Privatleben in Richtung einer verbesserten Gesellschaft und einem behutsameren Umgang mit der Ökologie.

2.13.3 Analyse verschiedener Nachhaltigkeitstreiber

Die Kenntnis der Nachhaltigkeitstreiber ist wichtig, da die Ausgestaltung der Strategie und die Entwicklung der Maßnahmen von diesen Treibern abhängen. Aus der Kenntnis und den Zusammenhängen der Treiber ergeben sich entsprechende Chancen und Möglichkeiten.

Unternehmen können sich selber und ihre Produkte nur dann aktiv nachhaltig entwickeln, wenn sie die Chancen, die eine Berücksichtigung ökologischer und sozialer Belange im Markt bietet, (er-)kennen, ergreifen und in innovative Maßnahmen bzw. Produkte umwandeln. Wird das Nachhaltigkeitsengagement in erster Linie als Instrument zur Risikoabwehr und als Pflichtübung verstanden, können die unternehmerischen Potenziale nur unzureichend aktiviert werden. Das Anstoßen von substanziellen Veränderungsprozessen wird kaum gelingen.

Nur wenige Stakeholdergruppen werden derzeit als fördernd für die Umsetzung unternehmerischer Nachhaltigkeit betrachtet. Ein Unternehmen sollte beachten, dass viele der als wenig fördernd bewerteten Stakeholder (vergleichbar der Bedeutung der großen Gruppe der Nichtkunden in Vertrieb und Innovation) ein beachtliches Potenzial haben. Der Handel wie auch Lieferanten werden beispielsweise selten als fördernd bewertet. Die Konsumenten dagegen werden häufig als fördernd eingestuft. Dies zeigt, dass die Forderung nach nachhaltigem Wirtschaften in der Wertschöpfungskette unterschiedlich verteilt ist und noch nicht die ganze Supply Chain durchdrungen hat. Hier bietet sich umfangreiches Potenzial – nicht nur im Supply Chain Management. Als Bindeglied zwischen Kunde und Produzenten kann ein Handelsunternehmen im Sinne einer nachhaltigen Wertschöpfungskette eine große Rolle spielen. Durch die Beachtung sozialer und ökologischer Auswahlkriterien in der Sortimentsgestaltung, die Zertifizierung von Lieferanten oder die kontinuierliche Information der Verbraucher über Produktionsprozesse und die Herkunft von Waren kann der Handel eine starke Position einnehmen. Ähnliches gilt für Banken und Versicherungen, die vermehrt zu einer nachhaltigen Entwicklung der Wirtschaft beitragen können. Dies äußert sich z. B. in der Förderung des Nachhaltigkeitsmanagements von Geschäftskunden, durch Umwelt- und Sozialverträglichkeitsprüfungen bei der Kreditvergabe, durch Impact Investing und Ausbau nachhaltiger Finanzprodukte wie Green Bonds oder durch Versicherungsverträge, die über Tarif und Konditionen Anreize für verantwortungsbewusstes Verhalten der Versicherungsnehmer schaffen.

2.13.4 Offensive marktorientierte Nachhaltigkeitsstrategie

Unternehmerische Nachhaltigkeitsstrategien sind meist nach innen gerichtet und werden eher defensiv ausgestaltet und entsprechend gemanagt. Unternehmen erfüllen mit ihren Maßnahmen gesellschaftliche Forderungen und reagieren auf Erwartungen der Öffentlichkeit. Diese eher passive, reaktive Rolle wird durch die Dominanz der Push-Faktoren beeinflusst. Bei offensiven Strategien hingegen nimmt das Unternehmen eine aktive, gestalterische Rolle ein. Es kann verstärkt zu einem gesellschaftlichen Wandel und einer nachhaltigen Entwicklung der Wirtschaft beitragen. Vor allem aber kann es durch z. B. innovative, nachhaltige Produktionsprozesse oder durch die Entwicklung von entsprechenden Produkten den Konsum in eine nachhaltige Richtung lenken und dadurch ökonomische Chancen nutzen und Potenziale heben.

Die Orientierung an diesen Pull-Faktoren und marktorientierten Stakeholdern gewinnt an Bedeutung. Daher werden auch marktorientierte Nachhaltigkeitsstrategien eine wachsende Rolle spielen. Ergreifen Unternehmen die mit offenen marktorientierten Strategien verbundenen Chancen frühzeitig, können sie vorhandene Marktpotenziale ausschöpfen, Marktpositionen besetzen und eine Vorreiterrolle einnehmen. Demzufolge ist eine offensive marktorientierte Nachhaltigkeitsstrategie ein wesentlicher Erfolgsfaktor.

Die Nachhaltigkeitsstrategie darf nicht neben der „traditionellen" Geschäftsstrategie stehen. Wie auch auf der operativen Ebene alle Nachhaltigkeitsaspekte in die unternehmerischen Prozesse integriert werden müssen, so ist es erforderlich, auch auf strategischer Ebene eine Integration zu erreichen. Es darf nur eine nachhaltige Unternehmensstrategie geben. In der Regel existiert bereits eine Geschäftsstrategie. Aus diesem Grund sollten die Nachhaltigkeitsaspekte in die existierende Strategie integriert werden. Bei der Erarbeitung der nachhaltigen Geschäftsstrategie ist zu prüfen, ob das Geschäftsmodell auch in Zukunft den Anforderungen eines nachhaltigen Unternehmens standhält oder gegebenenfalls angepasst werden muss.

Die strategische Analyse betrachtet Marktpotenziale, den Leistungserstellungsprozess und sämtliche internen und externen Prozesse des Unternehmens. Unternehmen können spezielle Instrumente für die Analyse der ökologischen, sozialen und ökonomischen Auswirkungen ihrer Produkte verwenden. Auch für die Analyse der Auswirkung der Leistungserstellung existieren solche Instrumente.

Zur Festlegung der Nachhaltigkeitsstrategie müssen zunächst die Fokusfelder definiert und anschließend die strategische Positionierung festgelegt werden. Die Fokusfelder stellen die Schwerpunkte der Maßnahmen zum Thema Nachhaltigkeit eines Unternehmens dar. Die Fokusfelder sollten anhand ihrer Bedeutung für das Marktpotenzial und die Leistungserstellung ausgewählt werden.

2.13.5 Die Beachtung der relevanten und potenziellen Themen

Die von Unternehmen als relevant erachteten Nachhaltigkeitsthemen sind in der Regel diejenigen, für die sich die Unternehmen bereits engagieren. Zudem fällt auf, dass diese Themen oft etablierte oder konventionelle Themen sind. Sie stehen im engen Zusammenhang mit Effizienz bezüglich Energie, Material oder Wasser (Material- und Ressourceneffizienz), sodass das jeweilige Engagement immer einen unmittelbaren (kurzfristigen) ökonomischen Nutzen nach sich zieht. Alle diese relevanten Themen sind direkt kostenrelevant. Ein weiteres zentrales Augenmerk liegt auf den Mitarbeitern. Zufriedenheit und Attraktivität sind wichtige Voraussetzungen für die Produktivität eines Unternehmens und die Qualität seiner Produkte und Dienstleistungen. Daher trägt das Engagement für Mitarbeiter zum Geschäftserfolg bei.

Die Themen, die von Unternehmen meist als vergleichsweise wenig relevant bewertet werden, müssen aber auch beachtet werden. Im Rahmen eines nachhaltigkeitsorientierten Supply Chain Managements können in anderen Ländern verschiedene hier gesetzlich geregelte Bereiche (z. B. Kinderarbeit) ökonomische, soziale und ökologische Relevanz aufweisen. Bei anderen Themen wie der Biodiversität liegt der ökonomische Nutzen oft nicht auf der Hand. Allerdings hat Biodiversitätsmanagement nicht nur eine weltweite ökologische und gesellschaftliche Bedeutung, sondern bietet Unternehmen auch lokal vielfältige wirtschaftliche Potenziale, z. B. in Form von Produktentwicklungen, Kosteneinsparungen oder Innovationen – auch wenn diese nicht immer auf der Hand liegen.

Dass sich die in Umfragen als zukünftig wichtig erachteten Themen zu einem Großteil mit den aktuell relevanten Themen decken, hat verschiedene Gründe. Entweder sind sie beständig und werden weiterhin das Nachhaltigkeitsmanagement prägen oder aber es fehlen Informationen über die (ökonomische) Relevanz neuer Nachhaltigkeitsthemen, weshalb diese unterschätzt werden und die Bedeutung heutiger Themen in die Zukunft fortgeschrieben wird. Ist Letzteres der Fall, sind daraus Schlüsse für die institutionalisierte Analyse von Nachhaltigkeitsthemen zu ziehen (Bestimmung der Wesentlichkeit, siehe Abschn. 3.1.1.5.1 und 3.3.7). Dies kann in Form einer verstärkten Berücksichtigung in der strategischen Früherkennung, z. B. durch Trendscouts oder durch die gezielte Sammlung von Informationen zur Schaffung eines nachhaltigen Geschäftsmodells geschehen. Das frühzeitige Erkennen von Trends ermöglicht Unternehmen auch, z. B. durch Lobbyarbeit und Agenda-Setting auf bestimmte Entwicklungen Einfluss zu nehmen, statt lediglich passiv auf externe Forderungen zu reagieren.

2.13.6 Vollständige Integration in das Kerngeschäft

Die meisten Unternehmen halten die Integration der Nachhaltigkeit in ihr Kerngeschäft für wichtig. Wie in Kap. 1 dargestellt, gelingt dies vielfach nur punktuell.

Dies ist jedoch kein Spezifikum der Finanzbranche. Sehr verbreitet ist eine nachhaltigkeitorientierte Gestaltung bzw. Erweiterung des Produktsortiments. Es gibt Unternehmen, die einen kleinen Teil ihres Sortiments unter Nachhaltigkeitsgesichtspunkten zusammenstellen, und solche, die fast ausschließlich nachhaltigkeitsorientiert arbeiten. Bei all diesen Unternehmen kann festgestellt werden, dass sie innovativ sein müssen, um wettbewerbsfähige Produkte anbieten zu können.

Die Optimierung von Produktion und Prozessen ist neben der Ausgestaltung des Produktportfolios ein weiterer Ansatz für die Verknüpfung von Nachhaltigkeit und Kerngeschäft. Letztlich gehört beides zu einer vollständigen Integration.

Die Integration von Nachhaltigkeitsaspekten in das Kerngeschäft erfordert ein schrittweises Vorgehen, das nicht immer sofort messbare Ergebnisse zeigt. Dies stellt insbesondere für das eher zahlenorientierte und oft operativ orientierte Controling eine Herausforderung dar.

2.13.7 Integrative Methoden sind erforderlich

In der Unternehmenspraxis spielen vor allem Managementmethoden mit Umweltbezug eine große Rolle. Methoden des Sozialmanagements werden deutlich weniger genutzt. Manche Unternehmen greifen Ansätze auf, die ökologische, soziale und ökonomische Aspekte verknüpfen, wie Nachhaltigkeitsleitbilder. Zumindest teilweise findet sich in der Praxis also ein integrativer Umgang mit der Nachhaltigkeitsthematik – die hier liegenden Potenziale gilt es jedoch noch vermehrt auszuschöpfen.

Zu den selten angewendeten Managementmethoden zählen vor allem solche, die der Messung, Sammlung und Aufbereitung von Nachhaltigkeitsinformationen dienen, darunter das nachhaltigkeitsorientierte Rechnungswesen. Dieses Ergebnis überrascht jedoch nicht angesichts der festgestellten geringen Beteiligung der Bereiche Controlling, Rechnungswesen und Finanzen am Nachhaltigkeitsmanagement. Um rationale Managemententscheidungen auf Basis geeigneter Informationen sicherzustellen, ist die Integration von Nachhaltigkeitsinformationen in die zentralen Informationssysteme allerdings unerlässlich. Insbesondere bei der Erstellung von Nachhaltigkeitsberichten sind entsprechend aufbereitete Daten und Informationen erforderlich.

Festzuhalten ist, dass nicht nur neue Methoden entwickelt werden müssen, sondern bestehende Methoden zum Teil stärker auf die Bedürfnisse der Praxis abzustimmen sind, etwa das Nachhaltigkeitsrechnungswesen. Dies betrifft vor allem integrative und soziale Methoden, deren Bekanntheit und Anwendung Defizite erkennen lassen. In den Unternehmen sind nicht nur Bereiche mit Nachhaltigkeits- oder CSR-Bezug aufgefordert, Methoden zu entwickeln und anzuwenden, sondern alle Fachabteilungen.

2.13.8 Alle Unternehmensbereiche sind einzubeziehen

Je nach Schwerpunktsetzung des Nachhaltigkeitsengagements sind unterschiedliche Unternehmensbereiche betroffen und werden mit Nachhaltigkeitsaufgaben betraut. Umgekehrt ist auch die Art des Nachhaltigkeitsmanagements durch die Organisationseinheit geprägt, die sich intensiv damit befasst.

Die effektive und effiziente Umsetzung unternehmerischer Nachhaltigkeit erfordert jedoch das Zusammenspiel sämtlicher Organisationseinheiten. Entsprechend sind besonders die Bereiche, die aktuell noch außen vor sind, in das Nachhaltigkeitsmanagement einzubeziehen. Es gilt nicht nur, das Bewusstsein für Nachhaltigkeitsbelange zu schärfen, sondern es sind auch die Chancen und Herausforderungen zu analysieren, die sich daraus sowohl für das Unternehmen insgesamt als auch für die einzelnen Organisationsbereiche ergeben.

Am wenigsten sind oft die Bereiche Finanzen, Controlling und Rechnungswesen in das Nachhaltigkeitsmanagement einbezogen. Dies ist sachlich nicht zu rechtfertigen. Zur Umsetzung der Nachhaltigkeit und insbesondere zur Entwicklung eines nachhaltigkeitsorientierten Geschäftsmodells sind entscheidungsrelevante

Informationen, wie sie üblicherweise das Controlling liefert, unabdingbar. Nur auf einer solchen Basis können Entscheidungen getroffen werden, die über einzelne Projekte mit Nachhaltigkeitsbezug hinausgehen. Diese oft mangelnde Einbindung zeigt, dass erhebliches Potenzial besteht. Erst mit der systematischen Integration des Nachhaltigkeitsmanagements im gesamten Unternehmen ist es möglich, durch Nachhaltigkeit die Wettbewerbsfähigkeit konsequent zu steigern. Bleiben einzelne Bereiche außen vor, kann dies zur Vernachlässigung wirtschaftlich bedeutender Nachhaltigkeitsmaßnahmen, zu Ineffizienzen und zu vermeidbaren Kosten führen. Ebenso bedarf die Nachhaltigkeitsstrategie einer unternehmensweiten Akzeptanz, damit Maßnahmen keine Insellösungen bleiben.

2.13.9 Wesentliche Stakeholder als Partner einbeziehen

Ein intensiver Austausch mit Interessengruppen kann helfen, unternehmensexterne Perspektiven kennenzulernen sowie Innovationsmöglichkeiten und neue Geschäftsfelder zu erkennen. Der Informationsaustausch mit Stakeholdern sollte auch ohne speziellen Anlass regelmäßig stattfinden, um über Entwicklungen, welche die Stakeholder als relevant erachten, sowie ihre Erwartungshaltungen auf dem Laufenden zu bleiben. Stakeholder-Beziehungen entwickeln sich nicht von alleine, sondern beruhen – wie strategische Partnerschaften von Unternehmen – auf einem vertrauensvollen Austausch, einer verbindlichen Kommunikation sowie der Bereitschaft zu Veränderungen und Zugeständnissen auf beiden Seiten. Um Stakeholder zu motivieren, sich vermehrt zu engagieren, ist es nötig, sie stärker zu beteiligen. Keiner beteiligt sich gerne an Gesprächen, wenn er bereits zu Beginn weiß, dass die Gespräche keinen Effekt haben werden. Allerdings ist es nicht Ziel solcher Gespräche und Partnerschaften, es allen Stakeholdern recht zu machen. Gemäß dem Satz „everybody's darling is nobody's darling" kann es nicht darum gehen, sich allen Anforderungen zu fügen. Ein eigenständiges Unternehmensprofil muss und darf erkennbar bleiben. Die Praxis zeigt jedoch, dass von Stakeholdern immer wieder wertvolle Hinweise kommen können.

2.13.10 Identifikation der relevanten Treiber ist essenziell

Indem Treiber eines nachhaltigen Geschäftsmodells gezielt angesprochen werden, lässt sich der Unternehmenserfolg steigern. Oft werden von Unternehmen vor allem Nachhaltigkeitsmaßnahmen durchgeführt, die der Effizienzsteigerung, Risikobeherrschung, Mitarbeitermotivation und Reputation dienen. Dies stellt einen erheblichen Unterschied zu den in der Vergangenheit in der Literatur stark betonten Faktoren Kosten und Umsatz dar. Die Treiber „Mitarbeitermotivation" und „Reputation" betreffen das Bild des Unternehmens sowohl in der Innen- als auch in der Außenwahrnehmung. Diese Treiber anzusprechen kann das Anwerben und Halten von qualifizierten Beschäftigten erleichtern, die Produktivität steigern, die gesellschaftliche Anerkennung verbessern und bei der Investorensuche helfen.

Auffällig ist die immer wieder feststellbare mittelmäßige Bedeutung nachhaltigkeitsbezogener Neuerungen von Produkten und Prozessen. Dass Innovationen hinter anderen Treibern zurückstehen, überrascht, da Unternehmen ihren Geschäftserfolg positiv beeinflussen können, indem sie Nachhaltigkeitsaspekte stärker in die Produktentwicklung einbringen.

Kenntnisse über die Gestaltung eines nachhaltig orientierten Geschäftsmodells und die Identifikation der entsprechenden Treiber sind für ein erfolgreiches Nachhaltigkeitsmanagement in der Unternehmenspraxis essenziell. Bei der Analyse der Treiber ist zu berücksichtigen, dass sich diese unter Umständen gegenseitig beeinflussen. So haben Verbesserungen von Effizienz und Reputation in der Regel einen positiven Einfluss auf Kosten und Umsatz. Die relevanten Treiber und die Zusammenhänge zwischen der Ausgestaltung von Nachhaltigkeitsmaßnahmen und dem Unternehmenserfolg sollten möglichst genau erkannt werden.

2.13.11 Ursachen und Wirkungen messen und steuern

Unternehmen messen die Themen, die sie als relevant einstufen. Auffällig ist jedoch, dass in wenigen Unternehmen der Einfluss des Nachhaltigkeitsengagements auf den Geschäftserfolg und die Wettbewerbsfähigkeit gemessen wird. Dies bedeutet, dass Unternehmen nicht oder nur in einem geringen Umfang ihr Nachhaltigkeitsmanagement ökonomisch bewerten und als echten Treiber für ihren Geschäftserfolg sehen. Aus Sicht der Führungsebene wäre gerade dies aber für die Durchführung eines Nachhaltigkeitsmanagements essenziell. Andernfalls bleibt unklar, ob das Nachhaltigkeitsmanagement tatsächlich einen Beitrag zur Wettbewerbsfähigkeit und zum Geschäftserfolg leistet und in welche Richtung es optimiert werden kann.

Schwierigkeiten, die immer wieder im Zusammenhang mit dem Thema „Messung" erwähnt werden, beschreiben Gesprächspartner in der Regel mit „keine sauberen Indikatoren für weiche Faktoren", „Daten nicht vergleichbar", „schwer messbar", „Herstellung von Kausalitäten fehlen", „mangelnde Datenqualität oder Datenverfügbarkeit". Gemäß seiner originären Funktion ist insbesondere das Controlling aufgefordert, die Erhebung und Auswertung entsprechender Daten durchzuführen, damit das Management fundierte Entscheidungen treffen kann. Nachhaltigkeitsbezogene Messung ist kein Selbstzweck, sondern ermöglicht geschäftsrelevante Wirkungsbeurteilungen und Wirtschaftlichkeitsberechnungen. Als Ausgangsbasis für die Messung der Nachhaltigkeitsleistung kann z. B. das Kennzahlenset des GRI dienen. Es muss an den jeweiligen Unternehmenskontext angepasst werden, bietet aber eine hilfreiche Einstiegsgrundlage. Auch andere Kennzahlen können auf Basis von Bewertungskriterien erarbeitet werden. Wichtig ist, dass alle Bereiche beginnend mit der Strategie bis hin zu operativen Maßnahmen in Kennzahlen übersetzt, gemessen und gesteuert werden.

Literatur

Allianz. (2016). Pressemitteilung. http://www.dfpa.info/versicherungen-news/allianz-misst-nachhaltigkeit-der-kapitalanlagen-mit-esg-scoring.html. Zugegriffen: 4. Apr. 2017.
Colsman, B. (2016). Nachhaltigkeitscontrolling. Wiesbaden: Springer Gabler.
Deutsche Bank. (2017). Deutsche Bank streicht Milliarden für Kohle. http://www.n-tv.de/wirtschaft/Deutsche-Bank-streicht-Milliarden-fuer-Kohle-article19680846.html. Zugegriffen: 4. Apr. 2017.

Nachhaltigkeitsberichterstattung 3

3.1 Grundlagen

Mit Nachhaltigkeitsberichterstattung verhält es sich wie mit allem anderen auch: Man kann es gut oder schlecht machen. Gut gemacht überzeugt es andere und bringt dem Unternehmen selbst etwas. Es stärkt die Reputation und Glaubwürdigkeit, fördert das interne Verständnis von Nachhaltigkeit, sorgt für saubere und effiziente Datenbeschaffungsprozesse und bildet die Grundlage für zeitgemäße Unternehmensführung und belastbare Zukunftsentscheidungen. Bevor es an die konkrete Umsetzung geht, möchten wir uns daher ausführlich den Prämissen von Nachhaltigkeitsberichterstattung widmen. Denn nur mit einem soliden Verständnis der Hintergründe und Funktionsweise von Reporting lässt sich ein maßgeschneidertes Berichtswesen auf- und ausbauen.

3.1.1 Nachhaltigkeit als Übersetzungsleistung

Nachhaltigkeit als Prinzip ist komplex, abstrakt und oftmals weit weg von der Realität von Unternehmen. Nachhaltigkeit ist eine wissenschaftlich fundierte Heuristik, mit der die Menschheit versucht, Probleme, die sie selbst noch nicht vollumfänglich verstanden hat, so zu lösen, dass unsere Lebensgrundlagen – also auch die Grundlage für wirtschaftliche Tätigkeit – langfristig erhalten bleiben. Der Kommunikation kommt in diesem Zusammenhang eine zentrale Rolle zu, denn Komplexität lässt sich nur mit Worten greifen und verstehbar machen. Nachhaltigkeit muss übersetzt werden. Egal, ob es um globale Klimapolitik geht oder um unternehmerische Entscheidungen: Nur was wir verstanden haben, können wir diskutieren und im nächsten Schritt auch umsetzen. In Bezug auf unternehmerisches

© Springer Fachmedien Wiesbaden GmbH 2018
M. Frese und B. Colsman, *Nachhaltigkeitsreporting für Finanzdienstleister,*
Edition Bankmagazin, https://doi.org/10.1007/978-3-658-17217-6_3

Nachhaltigkeitsmanagement und die Kommunikation darüber im Rahmen von (unter anderem) Reporting gerät die Einsicht, dass zunächst etwas umfassend verstanden werden muss, bevor es kommuniziert wird – und dass am anderen Ende der Leser auch etwas verstehen möchte –, gelegentlich ins Hintertreffen. Nimmt man das Prinzip des Übersetzens ernst, ergeben sich weitreichende Implikationen für die Art und den Umgang mit Nachhaltigkeitsberichterstattung.

3.1.1.1 Koordinaten für wirksame Nachhaltigkeitskommunikation

Der Vergleich ist eine fruchtbare Methode, weil er Dinge sichtbar macht, die im Verborgenen schlummern. Mit ein wenig Abstand sieht man oft besser. Im Folgenden sei Nachhaltigkeitsberichterstattung daher kurz mit dem Akt des literarischen Übersetzens verglichen. Was zunächst wie ein Vergleich von Äpfeln und Birnen anmutet, weist eine Vielzahl an Übereinstimmungen auf. Das Gleichnis der Übersetzung wird uns auch im Folgenden begleiten, daher an dieser Stelle eine etwas ausführlichere Herleitung:

3.1.1.1.1 Nachhaltigkeit und Übersetzung

Die älteste Metapher für das Übersetzen ist die des Fährmanns: Er bringt eine Botschaft sicher auch über weite Distanzen vom fremden Ufer zum heimischen. So auch der Übersetzer, dessen Aufgabe es ist, zum Beispiel einen Witz aus dem Englischen ins Deutsche zu übertragen. Hier die Kultur und die Sprache der Briten, dort die ganz anders geartete Kultur und Sprache der Deutschen. Dazwischen: der Ärmelkanal. Und auf der rauen See geht durchaus einmal ein Gepäckstück verloren.

Was sind nun die Prozessschritte auf diesem Weg des „Über-Setzens"? Zunächst einmal muss der Übersetzer den Witz verstehen. Er muss selbst lachen oder zumindest schmunzeln können. Das klingt banal, ist jedoch nicht zu unterschätzen in seiner Bedeutung. Ein Witz ist Sprache, er besteht aus Wörtern. Wäre das Verständnis und das korrekte Übersetzen der englischen Wörter ins Deutsche ein hinreichendes Kriterium zur Qualitätsbeurteilung einer gelungenen Übersetzung? Nein, denn ein Witz erfüllt eine Funktion. Wo der Engländer gelacht hat, soll in der Übersetzung auch der Deutsche lachen. Der Übersetzer überträgt also keine Wörter und Sätze ins Deutsche, sondern Bedeutungen. Er möchte keine Grammatik nachbauen, sondern eine Wirkung erzielen beim deutschen Publikum. Der KPI des Übersetzers für die Erfolgskontrolle seiner Arbeit ist also die Lustigkeit seiner deutschen Übertragung.

Das Verständnis des Originals ist dabei nur eine wichtige Komponente. Nur was wir verstanden haben, können wir übersetzen. Die andere Komponente ist der kreative Akt. Denn obwohl er ein Original als Folie hat, von der er sich nicht zu weit entfernen darf, baut ein Übersetzer nicht nur mechanisch nach. Er erschafft das funktionierende Wortgefüge des englischen Witzes am deutschen Ufer komplett neu. Warum? Weil die Wirkung des Witzes, dass er nämlich zum Lachen bringt, im Deutschen andere Lösungen braucht als im Englischen. Sprachen sind unterschiedlich, und der kulturelle Kontext von Sprachen ist es ebenfalls. Was am einen Ufer funktioniert, braucht drüben andere Lösungen. Der Übersetzer – unser Fährmann – hat also einen doppelten Auftrag. Er soll dem Original treu sein – und eben um dies zu tun, um Wirkungsäquivalenz zu bewahren – muss er nach kreativen Lösungen suchen. Eine Gratwanderung, bei der es selten ein klares Richtig oder Falsch gibt.

Das zeigt sich zum Beispiel im Feuilleton, wo Literaturkritiker zu Originaltexten von Autoren elaborierte Meinungen vertreten – die Güte von Übersetzungen wird hingegen nur stiefmütterlich behandelt. Selten geht es über den Hinweis auf die „verdienstvolle Übersetzung" nicht hinaus. Diese Verlegenheit ist systemisch bedingt und kein Versagen der sonst so sprachgewaltigen Literaturexperten: Es gehört zur Natur von Übersetzungen – also von Bedeutungszusammenhängen, die aus einem Kontext in einen anderen transportiert werden – dass es nicht nur eine Lösung gibt. Entsprechend kann man nicht einfach einen Kriterienkatalog bemühen und mittels Checkliste Qualität messen. Wir haben es mit einem kreativen Akt zu tun. Das führt zu einer Vielfalt, die im Kontext jenseits des Künstlerischen – also zum Beispiel bei Nachhaltigkeitsreporting – Unternehmen und Stakeholder irritiert, weil greifbare und verlässliche Maßstäbe meist fehlen. Solange es Nachhaltigkeitsberichterstattung gibt, wird versucht, Qualität zu messen und das „richtige" Reporting zu finden. Ohne großen Erfolg. Dies ist eine erstaunliche Parallele zwischen der Evolution von Nachhaltigkeitsberichterstattung und dem nun schon Jahrhunderte andauernden Streit der Übersetzungswissenschaft nach der Universalformel für richtiges Übersetzen: Die anhaltende und selten ausgesprochene Unsicherheit darüber, was gut und richtig ist – und die Erkenntnis, dass Qualität beinahe in jedem Jahrzehnt anders definiert wird.

Nun ist es nicht per se unsinnig, nach Qualitätskriterien zu suchen, aber im Hinblick auf Erfolgspotenziale durch Nachhaltigkeitsberichterstattung spannend. Statt nach dem „richtigen" Reporting zu suchen, also eine fehlerfreie Übersetzung anzufertigen und „compliant" zu sein mit den vermeintlichen Erwartungen der Gesellschaft, sei hier und im Folgenden nachdrücklich dafür plädiert, dezidiert die Perspektive eines Übersetzers einzunehmen und mehr danach zu fragen, welche Wirkung man denn erzielen möchte: Auf welche Zielgruppe an welchem Ufer möchte man auf welche Weise einwirken? Beim Witz war es das Lachen, das die erwünschte Wirkung war. Bei Nachhaltigkeit ist die Spannbreite der

Wirkung breiter und nicht ganz so griffig. Die Herstellung von Glaubwürdigkeit, Reputationssteigerung und die Wahrung der „licence to operate" gehören auf jeden Fall dazu. Und wie beim künstlerischen Akt braucht es dazu eine Portion Mut. Auch dies eine Vokabel, die eher selten fällt im Kontext von unternehmerischer Transparenz. Mut, das zu gestalten und am heimischen Ufer zum Leben zu erwecken, was man transportieren möchte. Und auch der Mut, große Wirkungen erzielen zu wollen. Gut gemachte und kommunizierte Nachhaltigkeit steigert die Ertragskraft. Erwiesenermaßen. Doch um eine solche Wirkung zu erzielen, muss man es sich als Unternehmen erst einmal vornehmen. Man muss sich trauen.

3.1.1.1.2 Die vier Prozessschritte beim Übersetzen

Fassen wir die Prozessschritte beim Übersetzen noch einmal zusammen und übertragen sie konkret auf den unternehmerischen Kontext. Was macht Nachhaltigkeit zur Übersetzungsleistung für Unternehmen?

Schritt 1: Nachhaltigkeit braucht Übersetzung

Nachhaltigkeit – meist verstanden als „Triple-Bottom-Line" aus Ökonomie, Ökologie und Soziales – ist zunächst einmal ein Konzept, das unabhängig von der Unternehmensrealität existiert. Es ist das entfernte, britische Ufer, um bei obigem Beispiel zu bleiben. Um Nachhaltigkeit für die eigene Branche, für den eigenen Kontext mit Leben zu füllen, reicht es nicht, das Prinzip Nachhaltigkeit verstanden zu haben (analog: die Grammatik der englischen Sprache). Es muss ans eigene Ufer transportiert werden. Und das ist zunächst einmal Arbeit.

Schritt 2: Übersetzen beginnt mit Verstehen

Ein Übersetzer kann hingehen, und einzelne Worte und Phrasen übersetzen. Die kann er in Wörterbüchern nachschlagen. Das macht aber noch keine gute Übersetzung – und ergibt oft auch keinen Sinn. Weil Sprache mehr ist als Grammatik – und vor allem sehr kontextabhängig funktioniert. Und unternehmerische Nachhaltigkeit ist mehr als das Abarbeiten von Kriterienkatalogen, Kennzahlen und die Umsetzung vereinzelter Maßnahmen zur Energieeinsparung im Betrieb oder für soziale Zwecke. So wie unser Übersetzer den Kontext der englischen Kultur und Sprache kennen muss, bevor er adäquate Lösungen im Deutschen finden kann, muss ein Unternehmen Nachhaltigkeit in seiner Ganzheit erfassen lernen, um es dann in seinem konkreten Kontext gezielt zur Anwendung bringen zu können. Das Gute daran: Verständnis für Zusammenhänge macht souverän: Es ermöglicht Priorisierung und erleichtert es, Dinge auch einmal nicht zu tun – weil man begründet sagen kann, weshalb sie nicht relevant sind im betreffenden Unternehmenszusammenhang. Für Finanzdienstleister heißt dies: Ja, es gibt Nachhaltigkeitsherausforderungen, die die gesamte Branche betreffen. Und doch ist die Branche so divers, dass jedes Unternehmen für sich mit Fug und Recht Schwerpunkte setzen kann und soll. Es gibt keinen „Einheitsbrei" Nachhaltigkeit.

Schritt 3: Eine gelungene Übersetzung ist kreativ
Kreativität im Unternehmenskontext ist nicht gleichgesetzt mit großen Budgets für Grafikagenturen, modernen Infografiken und tollen Slogans im Nachhaltigkeitsbericht. Kreativität bezeichnet hier – wie auch im sprachlichen Bereich – den Mut zu gestalten. Wörtliche Übersetzungen sind langweilig, sperrig und manchmal sogar nachgerade falsch. Ein Übersetzer baut nicht nach, er imitiert das Original nicht, sondern er kreiert neu. Das macht Nachhaltigkeit zur innovativen Reise: Am Unternehmensufer kann und muss Nachhaltigkeit nämlich anders aussehen als im Lehrbuch, in den Medien oder im politischen Diskurs. Nur wenn Unternehmen sich trauen, ihre eigenen Koordinaten zu entwickeln, können sie Lösungen finden, die Erfolg bringen. Kreativität bezeichnet also den Mut, sich seiner eigenen Gestaltungskraft zu bedienen. Das Abarbeiten von Reportingstandards kann dabei nicht als Kreativität gewertet werden – auch wenn sich in der Praxis durchaus ein kreativer Umgang mit Standards findet, der nicht immer der Qualität des Reportings dient. Standards und Kriterienkataloge sind wertvolle, sinnvolle und nötige Übersetzungshilfen. Mehr aber auch nicht. Sie unterstützen einen Übersetzer bei der Überfahrt ans eigene Ufer, sie bieten Orientierung und Gewissheit, für Unternehmen wie für die Adressaten des Reportings. Doch die Befolgung von Standards kann nicht per se gleichgesetzt werden mit einer gelungenen Übersetzungsleistung (siehe auch Abschn. 3.2).

Schritt 4: Übersetzte Nachhaltigkeit wirkt
Die Wirkung eines Witzes ist, wie oben beschrieben, dass einer lacht. Auch in der Übersetzung. Die Wirkung von Nachhaltigkeit sollen nicht nur Umwelt und Gesellschaft spüren. Sondern auch Unternehmen. Gute Nachhaltigkeitskommunikation steigert im besten Falle sogar die Ertragskraft. Als Mindestanforderung in Sachen Wirkung gilt der Erhalt bzw. der Ausbau der gesellschaftlichen Legitimation. Und hier liegt die Krux: Mit zunehmender Verbreitung von Nachhaltigkeitsberichterstattung weltweit und beginnender Regulatorik (siehe Abschn. 3.1.2) wird Transparenz über nichtfinanzielle Aspekte der Geschäftstätigkeit zunehmend zum „new normal", zu einem Hygienefaktor, der nicht per se Potenzial für Alleinstellungsmerkmal mehr birgt. Um künftig eine Wirkung zu erzielen, sollten Unternehmen also jetzt schon die Punkte 1 bis 3 beherzigen, um perspektivisch als individuelle Stimme im Chor der Unternehmenskommunikation wahrgenommen zu werden. Dabei zu sein wird auf die Dauer nicht ausreichen.

3.1.1.2 Nachhaltigkeitsberichterstattung und Nachhaltigkeitskommunikation

Nachhaltigkeitsberichterstattung ist ein Teilbereich von Nachhaltigkeitskommunikation. Anders als die Realität in zahlreichen Unternehmen, sind die Begriffe nicht synonym zu verwenden. Genauso wie es eine Unternehmenskommunikation, Vertrieb und Marketing gibt, um die Produkte und Dienstleistungen eines Unternehmens in die Welt zu tragen, braucht es Nachhaltigkeitskommunikation, um dem Nachhaltigkeitsmanagement zum Erfolg zu verhelfen. Viele Unternehmen fokussieren sich fast ausschließlich auf das Nachhaltigkeitsreporting. Auf die Spitze getrieben hieße dies – übertragen auf die konventionelle Geschäftstätigkeit –, Kommunikations- und Marketingaktivitäten einzustellen und Kunden und weitere interessierte Anspruchsgruppen auf den Geschäftsbericht zu verweisen. Denn dort stehe ja „irgendwie" auch alles geschrieben.

Im Zusammenhang mit Nachhaltigkeitskommunikation hört man dieses Argument oft von Unternehmen: Dass man immerhin einen Nachhaltigkeitsbericht habe, dort seien alle gewünschten Informationen zu finden. Das ist einerseits richtig – andererseits leben wir alle in einer Welt, in der es nicht zu den beliebtesten Aktivitäten gehört, Berichte zu lesen. Egal, wie viel Energie ein Unternehmen auf sein Reporting verwendet, dieses wird niemals sämtlichen Anforderungen als praktische One-fits-all-Lösung Genüge tun können. Der Reichweite und Wirkung von Berichtswesen jedweder Art sind klare Grenzen gesetzt.

Das schmälert – auch wenn es zunächst danach klingen mag – keineswegs die Bedeutung von Nachhaltigkeitsreporting. Eine fundierte Nachhaltigkeitsberichterstattung ist und bleibt der Kern jeglicher belastbaren und glaubwürdigeren Nachhaltigkeitskommunikation. Es sind die Reportingprozesse und -strukturen, die zu validen Daten führen, die wiederum Grundlage bilden für Strategiebildung, Maßnahmen, Ziele und Steuerungskennzahlen. Reporting ist somit weit mehr als ein kommunikativer Akt, nämlich elementarer Bestandteil des Nachhaltigkeitsmanagements. Wie es auch das klassische Berichtswesen und Controlling für die finanzielle Steuerung und das Monitoring der Geschäftstätigkeit sind. Gerade im Finanzdienstleistungssektor wird es auch perspektivisch großen Bedarf für Nachhaltigkeitsreporting geben, nachdem Investoren, Ratingagenturen und Regulatoren verstärkt danach verlangen und Nichtregierungsorganisationen der Branche gegenüber weiterhin kritisch eingestellt sind.

Und dennoch lohnt es sich für neu beginnende wie auch erfahrene Berichterstatter, nach dem übergeordneten Ziel von Nachhaltigkeitskommunikation zu fragen. Wer das Erstellen eines Berichts als alleiniges Ziel definiert, greift angesichts der gesellschaftlichen und globalen Evolution des Nachhaltigkeitsgedankens zu kurz. Unternehmerischer Erfolg macht sich zunehmend durch einen klugen

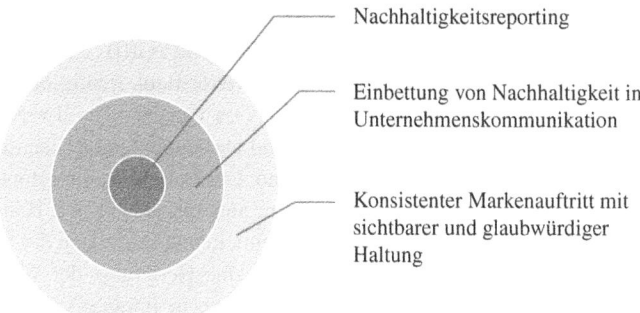

Nachhaltigkeitsreporting

Einbettung von Nachhaltigkeit in Unternehmenskommunikation

Konsistenter Markenauftritt mit sichtbarer und glaubwürdiger Haltung

Abb. 3.1 Nachhaltigkeitsberichterstattung als Kern: Die Grammatik, auf der die Sprache des Unternehmens fußt

Umgang mit immateriellen Vermögenswerten – den Intangible Assets – bemerkbar. Nun ist Nachhaltigkeit kein immaterieller Vermögenswert, aber Reputation und Markenwert sind es, und darauf zahlen ein gutes Nachhaltigkeitsmanagement und eine durchdachte Nachhaltigkeitskommunikation spürbar ein.

Die Berichterstattung bildet das Fundament. Sie ist die „Grammatik", um bei der oben erläuterten Übersetzungsmetapher zu bleiben, auf der die „Sprache" des Unternehmens zu Nachhaltigkeitsthemen fußt. Ohne Grammatik geht es nicht, denn es braucht verlässliche Regeln und belastbare Fakten. Doch wer dort schon stehen bleibt, verspielt das Potenzial, das eine ganzheitlicher gedachte Kommunikationsstrategie für den Markenwert offenbaren kann, wie Abb. 3.1 skizziert.

Ein Beispiel aus der Praxis: Nachhaltigkeitskommunikation und -berichterstattung bei der GLS Bank

Die GLS Bank in Bochum ist ein gutes Beispiel um zu verdeutlichen, was mit der Verzahnung von Nachhaltigkeitsberichterstattung und Nachhaltigkeitskommunikation gemeint ist. Die GLS Bank ist eine „grüne" Bank. Als sozialökologische Universalbank bietet sie als einzige in Deutschland das komplette Angebot vom Zahlungsverkehr über Geldanlagen, Beteiligungen und Finanzierungen bis hin zu Schenkungen und Stiftungen, alle unter der Berücksichtigung strenger Nachhaltigkeitskriterien. Sie ist eine Genossenschaftsbank mit über 40.000 Mitgliedern. Über die Mitgliedsanteile stellt sie das notwendige Eigenkapital für die Vergabe von Krediten. Die GLS Bank steht qua Geschäftsmodell mit ihren Mitgliedern im Dialog.

Auch für die GLS Bank gilt: Auf einem guten Ruf kann man sich nicht ausruhen. Es gilt kontinuierlich nachzuweisen, dass den Worten Taten folgen.

Dies belegt die GLS Bank mit einem Nachhaltigkeitsbericht nach dem internationalen Standard der Global Reporting Initiative (GRI). Nun könnte man
meinen, dass sich eine solch nachhaltig motivierte Bank richtig ins Zeug legt
und einen State-of-the-Art-Bericht vorlegt. Das Gegenteil ist der Fall: Zwar
ist die GLS Bank inhaltlich ambitioniert und legt umfassend Rechenschaft ab,
dies jedoch in mehr als nüchternem Gewand. Der Bericht ist ein schmuckloses
Online-PDF, das einen Indikator nach dem anderen abhakt und beantwortet.
Kein Storytelling. Keine Highlights, keine einleitende Darlegung der Strategie,
der Ziele, der Mission des Unternehmens, keine Herleitung der Wertekultur,
kein Herunterbrechen der wesentlichen Aussagen in Infografiken – alles fast
schon Pflichtelemente in Nachhaltigkeitsberichten. Ein reines Abarbeiten eines
weltweit etablierten Transparenzstandards in trockenem Fließtext also.

Das zeugt nicht von fehlender Motivation in Sachen Reporting oder von
Ahnungslosigkeit bezüglich ansprechender Kommunikation, sondern spricht
für den Reifegrad einer Organisation, die weiß, welche Informationskanäle
sie warum bespielt. Die GLS Bank hat den Mut, ihr Reporting tatsächlich als
„Kern" ihrer Kommunikation zu gestalten. Es soll nicht überzeugen, es muss
nicht Lust machen. Es dient als Referenzpunkt für Experten und für Interessierte, die sich über Hintergründe und Details informieren möchten.

Das Hauptkommunikationsmedium der GLS Bank gegenüber Kunden und
Mitglieder ist der „Bankspiegel", ein Print- und Online-Magazin, das Storytelling und Transparenz über aktuelle Entwicklungen in der Geschäftätigkeit
kombiniert. Professionell von den Mitarbeitern gestaltet, vermittelt das Magazin Geschichten aus der Bank und ihrer Kunden, und es werden – in Abspra-
che mit den Kreditnehmern – sämtliche Kredite transparent gemacht mit allen
wesentlichen Angaben über Geschäftskunden: Name des Kreditnehmers, Ort,
Verwendungszweck und Betrag. Jeder Kunde der Bank bekommt somit mehr-
mals jährlich unter anderem eine Aufstellung dessen ins Haus geliefert, was
die Bank mit seinem Geld finanziert und welche gesellschaftlichen und ökonomischen Entwicklungen gefördert werden. Laut Vorstandssprecher Thomas
Jorberg hat sich diese Transparenz als verlässlicher Kanal etabliert, um mit
Kunden wie auch Neukunden ins Gespräch zu kommen[1].

Flankiert wird das Magazin von einem umfassenden Informationsangebot
im Internet. Unter den Rubriken „Wo wirkt mein Geld?" und „Über die GLS
Bank" legt die GLS Bank ihre Anlage- und Finanzierungsgrundsätze offen,
ihre Mittelverwendung, den Umgang mit Eigenanlagen, finanzierte Projekte

---

[1]Jorberg 2016: 285 f.

und Unternehmen sowie Ausschlusskriterien. Vieles, was andere Unternehmen in ihren Nachhaltigkeitsberichten nachgerade verstecken, ist bei der GLS Bank dauerhaft und leicht auffindbar im Internet hinterlegt. Mit einer interaktiven Landkarten-App mit Community-Charakter wird die Bank künftig Transparenz zu den bereits jetzt schon über 10.000 nachhaltigen Unternehmen und Projekten ausbauen und mit flächendeckenden Vernetzungsangeboten und Serviceleistungen verbinden (z. B. „Wo ist das nächste Bio-Café, der nächste Umweltverein?").

Weiterhin betreibt die GLS Bank einen ausführlichen Blog, in dem Themen rund um Finanzierung das Kerngeschäft der Bank leicht verständlich aufbereitet werden. Über diesen tritt die Bank – neben anderen Kanälen wie die jährliche Mitgliederversammlung und soziale Medien – direkt mit ihren Kunden und Mitgliedern in den Dialog. Der Umbruch in der Bankenbranche und die notwendige Innovation von Geschäftsmodellen betrifft auch die GLS Bank. Diesen Prozess gestaltet sie transparent und diskutiert mit Interessierten offen das Für und Wider alternativer Modelle.

Und hier kommt wieder das Nachhaltigkeitsreporting ins Spiel. Kritiker gibt es überall, auch bei einer nachhaltigen Bank. Mit ihrem nüchternen, aber inhaltlich sehr transparenten GRI-Index können Mitarbeiter effizient und schnell auf detaillierte Rückfragen und Zweifel reagieren. Zum Beispiel – bei der Diskussion um einen allgemeinen Mitgliedsbeitrag für Kunden – auf zahlreiche Rückfragen zur Vorstandsvergütung. Dabei spielt es dann keine Rolle mehr, dass diese Angaben in einer „Bleiwüste" hinterlegt sind, denn das Reporting hat unterstützende und flankierende Funktion. Die eigentlichen, die für die Bank wesentlichen Kommunikationskanäle sind andere.

Das Beispiel der GLS Bank und auch das unten folgende der Munich Re untermauern, was der ehemalige CEO der Global Reporting Initiative (GRI) Michael Meehan Ende 2015 in einem Interview sagte – ein Mann, dem kraft seines Amtes daran gelegen ist, dass Organisationen weltweit nach dem Standard der GRI zu Nachhaltigkeit berichten. Er stellte in einem Interview fest: „Die Zukunft sind keine zehntausende Berichte voller Terabytes an Informationen. Die Zukunft ist die Befreiung der in Berichten versteckten Informationen, so dass wir sie leichter finden und mehr mit ihnen machen können." Das schmälert nicht die Existenzberechtigung von Reporting, sondern untermauert das weiter oben angebrachte Argument, dass Unternehmen schwerlich ihre Stakeholder dazu kriegen werden, mehr Berichte zu lesen. Es braucht integrierte Kommunikationskonzepte, die auf dem Reporting fußen, aber dort nicht stehen bleiben. Auch wenn dies zunächst nach mehr Arbeit klingt, beweist das Beispiel der GLS Bank jedoch auch, dass man, wenn ein Unternehmen andere Kanäle gut bespielt, beim Reporting Zeit und Geld sparen kann, indem man bewusst nüchtern hält, was auch einmal nüchtern sein darf.

Daraus sollte nun nicht der Schluss gezogen werden, dass es wenig lohnenswert ist, in ein ansprechendes Berichtswesen zu investieren. Es bleibt Aufgabe
eines jeden Unternehmens, ein für die jeweiligen Zielgruppen passgenaues Kom-
munikationskonzept zu entwerfen. Welchen Stellenwert in diesem Gefüge das
Nachhaltigkeitsberichtswesen innehat und wie viele der Ressourcen darauf ein-
zahlen sollten, bleibt von Fall zu Fall zu entscheiden.

**Ein Beispiel aus der Praxis: Das Corporate-Responsibility-Portal der
Munich Re**

Die Munich Re ist einer der weltweit führenden Rückversicherer. Mit Nachhaltigkeitsthemen – vor allem dem Klimawandel – beschäftigt sich die Munich
Re bereits seit über 40 Jahren. Auf Basis ihrer Analysen hat sie eine umfassende Strategie entwickelt, in der die Risiken identifiziert, bewertet und in den
Geschäftsprozessen abgebildet werden. Rückversicherer haben schon früher
als andere Branchen zu spüren bekommen, dass der Klimawandel geschäfts-
relevant ist: Die Schäden aus wetterbedingten Naturkatastrophen werden
immer teurer und haben Auswirkungen auf das langfristige Geschäftsmodell
von Rückversicherern: Welche Versicherungsleistung ist mit welchem Risiko
versehen? Und wo bieten sich in Bezug auf nachhaltigkeitsbezogene Themen
neue Versicherungslösungen an?

Bei dieser Relevanz des Themas verwundert es also nicht, dass die Munich
Re ein umfassendes Nachhaltigkeitsreporting aufgebaut hat. Sie berichtet nach
den jeweils aktuellen Leitlinien der Global Reporting Initiative (GRI), gemäß
der zehn Prinzipien des Global Compacts sowie der Principles for Sustainable
Insurance (PSI).

Ihr Berichtswesen konzipiert die Munich Re dabei nicht von einem Nachhaltigkeitsbericht, sondern konsequent von ihrem Internetauftritt her. Einmal
jährlich wird das umfassende Corporate Responsibility Portal der Munich Re
für das zurückliegende Geschäftsjahr aktualisiert. Sämtliche Inhalte lassen
sich strukturiert per PDF herunterladen – sie bilden den „Nachhaltigkeitsbericht" des entsprechenden Zeitraums. Die berichteten Themen sind auf dem
Portal für einen User leichter und ansprechender zu finden als in einem klassischen Bericht. Durch die PDF-Funktion werden gleichzeitig weiterhin jene
Anspruchsgruppen bedient, die sämtliche Informationen gerne gebündelt in
einem Dokument haben, wie u. a. Ratingagenturen. Ein weiterer Vorteil der
webbasierten Umsetzung ist die größere Nähe zu Stakeholdern. Umfragen zur
Zufriedenheit mit der Berichterstattung zum Beispiel lassen sich leichter und
effizienter durchführen als mittels eines klassischen Berichts.

Vernetzung von Kommunikation und Berichterstattung zu Nachhaltigkeit
Denkt man Nachhaltigkeitsberichterstattung konsequent als den Kern von umfassenderer Unternehmenskommunikation zu Nachhaltigkeit – wie in Abb. 3.1 illustriert – und nicht als den alleinigen Ort, an dem Informationen zu nichtfinanziellen Informationen zu finden sind, gilt es, sich im nächsten Schritt über sinnvolle Arten der Vernetzung Gedanken zu machen. Weder möchte man zentrale Informationen ausschließlich im Bericht „verstecken", noch möchte man unnötig Informationen doppeln. Drei Ebenen lassen sich unterscheiden:

1. Informationen zu Nachhaltigkeit außerhalb des Berichts, vor allem auf der Unternehmenswebsite, die losgelöst vom Bericht funktionieren, aber anschlussfähig sind an die dort aufbereiteten Inhalte. Diese Informationen, die oft die erste Berührung eines Stakeholders mit dem Nachhaltigkeitsverständnis eines Unternehmens sind, sind bei den meisten Finanzdienstleistern noch stiefmütterlich behandelt. Meist erhält man eine schlüssige Herleitung des Nachhaltigkeitsverständnisses erst in dem Bericht und begegnet auf der Website einem bunten Blumenstrauß aus aktuellen (und weniger aktuellen) Einzelthemen. Zentral an dieser Stelle ist auch, gut sichtbare (Dialog)kanäle zu schaffen, um Stakeholder einzuladen, sich mit Fragen oder Anregungen rund um das Reporting an das Unternehmen zu wenden. Anonyme Kontaktformulare eignen sich für diesen Zweck nicht. Viele Unternehmen sind bereits dazu übergegangen, den Kontakt zum Nachhaltigkeitsmanager oder auch dem gesamten Team zu bieten.
2. „Vermittlungsdokumente", die als eine Art Hinführung zum Thema den Bericht anteasern, auf ihn aufmerksam machen und seine Inhalte in Kurzform präsentieren. Dies können Verweise auf den Nachhaltigkeitsbericht in anderen Dokumenten sein (andere Berichte, Broschüren, Kundenmagazine etc.) Oder aber explizit vom Bericht losgelöste Kurzfassungen, die als separate Dokumente die wesentlichen Informationen verständlich darlegen und im besten Falle Lust beim Leser wecken, im gesamten Bericht zu blättern.
3. Der eigentliche Bericht, der gerade bei den zunehmend genutzten Onlineformaten neue Wege der Vernetzung mit außerhalb des Berichts gelagerten Dokumenten (zum Bespiel Volltexte von Strategien, Richtlinien und Policies zu ESG-Themen) ermöglicht.

Die Frage, welche Informationen jetzt und künftig in Nachhaltigkeitsberichten direkt abgebildet werden und auf was für Informationen aus einem Bericht nur referenziert wird, ist eine berechtigte. Denn es gilt die Gratwanderung zu gestalten, dass Nachhaltigkeitsberichte schlank (und gerne schlanker als aktuell) gehalten werden sollen, d. h. eine Entschlackung ist wünschenswert. Dennoch soll ein Bericht natürlich als belastbarer und glaubwürdiger Referenzpunkt erhalten bleiben, und das geht nur mit einer bestimmten Datenmenge.

Ein Beispiel aus der Praxis: Integrierte Kommunikation bei der der Allianz Versicherung und der Landesbank Baden-Württemberg

Der Allianz Versicherung gelingt es auf ihren deutschen Internetseiten (allianzdeutschland.de), Stakeholder bereits auf ihrer Website über die strategischen Grundsätze ihres Nachhaltigkeitsverständnisses zu informieren (Ebene 1 in obiger Unterteilung). Sehr erfreulich hierbei ist, dass sich die Allianz neben der Herleitung der Strategie auf Themen fokussiert, die direkt das Kerngeschäft betreffen: ihre Funktion als Versicherer, Kapitalanleger und Investor und der jeweilige Umgang mit ESG-Themen.

Flankiert wird der Website-Auftritt von Dokumenten der Ebene 2 (siehe oben): Kurzen Broschüren, die die wesentlichen Eckpunkte der Nachhaltigkeitsstrategie begründet zusammenfassen.

Das eigentliche Nachhaltigkeitsreporting, das die Allianz seit 15 Jahren betreibt, ist auf der auf Deutsch verfügbaren Konzernwebsite übersichtlich in einem Publikationsportal hinterlegt, das für alle digital verfügbaren Berichtsjahre die Berichte samt flankierenden Dokumenten bereitstellt.

Auf der Konzernwebsite allianz.com wird der Bereich Nachhaltigkeit weiterhin nach folgenden Rollen der Allianz strukturiert und aufbereitet, was eine intensive Beschäftigung mit dem Selbstverständnis in Sachen Verantwortung spiegelt und den User per Mausklick zu den Themen leitet, die ihn interessieren. Diese Rollen werden in der Gliederung des Nachhaltigkeitsberichts 2016 aufgegriffen, was zur Konsistenz der vermittelten Informationen beiträgt:

- Versicherer
- Investor
- Unternehmen
- Arbeitgeber
- Corporate Citizen

1 Wir investieren verantwortungsvoll.

Der Anspruch an unsere eigenen Investitionsprojekte ist hoch: Wir verpflichten uns, langfristige Wertschöpfung zu ermöglichen. Zugleich aber auch, einen Beitrag zu positivem Fortschritt zu leisten. Bestimmte Investitionen schließen wir grundsätzlich aus.

2 Wir wählen zukunfts- und renditestarke Kapitalanlagen.

Unsere Kapitalanlagen wählen wir weltweit aus. Dabei betreiben unsere Anlageexperten professionelles Risikomanagement. Sie verfolgen eine breite Streuung über alle Anlageklassen. Eine stabile Wertentwicklung, Nachhaltigkeit und verantwortungsvolle Geschäftsmodelle sind weitere zentrale Anlagekriterien.

3 Wir engagieren uns für eine lebenswerte Zukunft.

Unsere Unternehmensgröße gibt uns eine Vielzahl an Möglichkeiten, verantwortungsvoll zu handeln. Zugleich ist sie für uns Motivation und Verpflichtung, das „Richtige" zu tun. In unserer Nachhaltigkeitsstrategie haben wir die Grundsätze unseres Handelns festgelegt. Lesen Sie mehr darüber auf den nächsten Seiten.

Die Nachhaltigkeitsstrategie der Allianz. (Quelle: www.allianzdeutschland.de)

Die Landesbank Baden-Württemberg (LBBW) bietet ihren Stakeholdern im Internet auf den Nachhaltigkeitsseiten Orientierung auf einen Blick. Dabei nutzt die LBBW seit mehreren Jahren bereits die oben als „Vermittlungsdokumente" beschriebene Form: Eine übersichtliche Kurzfassung der wesentlichen Themen samt explizitem Verweis auf den Nachhaltigkeitsbericht für mehr Informationen. „Auf einen Blick" heißt das Dokument, das es explizit für die Dienstleistungen der LBBW auch gibt als „Auf einen Blick – Produkte".

Das PDF-Dokument „Auf einen Blick" bietet auf vier Seiten eine 360-Grad-Sicht auf das Geschäftsmodell, die Nachhaltigkeitsstrategie, wichtige Kennzahlen,

Geschäftsbereiche samt den nachhaltigkeitsrelevanten Aktivitäten, Ratingergebnisse und nachhaltige Produkte sowie Policies und Selbstverpflichtungen. Als
nüchternes Dokument in Tabellenform gestaltet besticht es durch die dichte und
gleichzeitig verständliche Darstellung der Informationen. Blau hinterlegte Informationen enthalten Angaben zur LBBW allgemein, bei grün hinterlegten handelt
es sich dezidiert um Nachhaltigkeitsaspekte – eine einfache und wirksame Lese-
anleitung.

3.1.1.3 Anlass und Zweck von Nachhaltigkeitsberichterstattung

Meist gibt es einen konkreten Anlass, der Unternehmen dazu bringt, über das
Aufsetzen eines Berichtswesens nachzudenken oder das existierende auf den
Prüfstand zu stellen.

Anlässe für die Etablierung eines Nachhaltigkeitsberichtswesens können unter
anderem sein:

- Neupositionierung/Wunsch nach Differenzierung
- Wettbewerbsdruck durch direkte Konkurrenz
- Kritische Stakeholder wie NGOs
- Zunehmende Bewertung durch Ratingagenturen/Wunsch nach Verbesserung
  der eigenen Performance
- Kundengruppen, die nach Nachhaltigkeitsinformationen verlangen
- Druck durch Investoren
- Regulatorischer Druck (z. B. durch die CSR-Berichtspflicht der EU oder
  Anforderungen von Rechnungslegungsstandards wie dem DRS 20)
- Wunsch nach belastbaren Nachhaltigkeitskennzahlen für die Unternehmens-
  steuerung

Zentral für den Erfolg der Berichterstattung ist es, an diesem Punkt den beab-
sichtigten Zweck des Reportings gründlich zu durchdenken und nicht bei einer
„Notlösung", einem schnellen Reagieren auf den Anlass, stehen zu bleiben, wie
Tab. 3.1 illustriert.

Ein zu voreiliges Reagieren auf die „Not", die meist den Impuls für das Aufsetzen eines Reportings setzt, führt in der Regel zu Lösungen, die der Compliance
Genüge tun, jedoch dem Unternehmen keinen Mehrwert bringen. Ein solches
Berichtswesen bindet im schlimmsten Falle nur Ressourcen und kostet Geld.
Denn Jahr für Jahr etwas abzuarbeiten, das man als Pflicht empfindet und dessen Chancen man zu keinem Punkt analysiert hat, bietet wenig Raum für Nut-
zenstiftung. Unternehmen sei angeraten, gleich zu Beginn zu definieren, wo auf

Tab. 3.1 Anlässe für Nachhaltigkeitsberichterstattung und Verhaltensweisen

Möglicher Anlass für Nachhaltigkeits-berichterstattung	Notlösung (Abhaken)	Durchdachter Zweck (Glänzen)
Kritische Stakeholder	Schnelles Reagieren auf Anliegen der Kritiker	Langfristige Positionierung als vertrauenswürdiges Unternehmen
Druck durch Investoren	Schnelles Reagieren auf Anliegen der Investoren	Umfassendes Verständnis der Investoreninteressen, um diese perspektivisch proaktiv erfüllen zu können, nicht nur reaktiv
Regulatorischer Druck	Abarbeiten der verlangten Kriterien	Integration der Anliegen weiterer Stakeholder zum umfassenden Reputationsaufbau
Druck durch Rating-agenturen	Manuelles, unterjähriges Abarbeiten der verlangten Kriterien	Aufbau einer integrierten, systematischen Datenerfassung, die Ratings, weiteren externen Zielgruppen gerecht wird und internes Steuern ermöglicht
Aufbau internes Controlling	Aufbau interne Datenerfassung und Definition von Steuerungskennzahlen (siehe auch Inside-out, Abschn. 3.1.1.4)	Berücksichtigung der Ansprüche externer Zielgruppen und Integration in Steuerungs- und Kommunikationsprozesse

der Skala zwischen reiner Regulatorik einerseits und aktivem Reputationsaufbau andererseits das eigene Reporting angesiedelt ist. Dies gilt auch für den Fall, dass ein Unternehmen – was häufiger der Fall ist – zunächst ein internes Berichtswesen zu Nachhaltigkeitsthemen aufbauen möchte, um überhaupt erst einmal belastbare Daten und Kennzahlen für Strategie, Maßnahmenbildung und Controlling zu generieren. Es ist meist nur eine Frage der Zeit, bis der Wunsch wach wird, das interne Reporting auch nach außen zu kommunizieren.

Für Finanzdienstleister spielt das Thema „Regulatorik und Compliance" von Haus aus eine gewichtige Rolle. Ebenso ist in der Branche durch regulatorische und selbst auferlegte Pflichten zum umfassenden Risikomanagement der Risikoblick der dominierende. Dies macht es Finanzdienstleistern nicht immer leicht, eine Chancensicht einzunehmen. Allerdings: Wer nur die Pflicht sieht, kann die Chancen nicht nutzen. Es gilt, nicht nur auf den Anlass für das Reporting zu schauen, sondern den langfristigen Zweck zu definieren. Und der sollte

perspektivisch auch dem Unternehmen zugute kommen. Dies gelingt umso besser, je zielgerichteter das Reporting gestaltet wird:

- Zunächst gilt es präzise zu definieren, welche Stakeholdergruppen mit welchen Themen angesprochen werden sollen. Habe ich dezidiert kritische/inte-
  ressierte Stakeholder, die im Fokus stehen, oder ist meine Zielgruppe breit
  gefächert (siehe Abschn. 3.1.1.5.1)?
- Weiterhin ist hier die im vorangegangen Kapitel getroffene Unterscheidung
  zwischen Nachhaltigkeitskommunikation und Nachhaltigkeitsberichterstattung zentral: Was möchte ich wem mit welchem Ziel kommunizieren? Und für
  welche dieser Botschaften ist mein Reporting der richtige Kanal? Womit über-
  frachte ich gegebenenfalls meinen Bericht oder erreiche meine Zielgruppe erst
  gar nicht?
- Was ist mein Ziel? Möchte ich wirklich nur compliant sein? Möchte ich mich
  als „good corporate citizen" positionieren oder meine Reputation sogar substanziell ausbauen? Ist mir mehr an Marken- und Imagebildung gelegen, die
  auf einem belastbaren Fundament aufbauen soll? Ist mein Interesse kapi-
  talmarktgetrieben, möchte ich besser in Rankings und Ratings abschneiden?
  Habe ich einen internen Fokus, möchte ich Grundlagen für Nachhaltigkeitscontrolling legen und Mitarbeiter ins Boot holen?

Je klarer umrissen der Zweck von Nachhaltigkeitsberichterstattung ist, desto
effizienter die Umsetzung und leichter die Überprüfung der Zielerreichung. Je
definierter die Zielgruppe, desto leichter die Entscheidung, worüber in welcher
Tonalität und mit welchem Detailgrad berichtet wird.

Eine Ausnahme unter den Finanzdienstleistern bildet – wie im Praxisbeispiel
der Munich Re erwähnt – die Rückversicherungsbranche, die schon früh die Auswirkungen von unter anderem dem Klimawandel auf ihr Geschäftsmodell zu spüren bekommen und ihren Umgang mit Nachhaltigkeitsaspekten professionalisiert
hat. Dies illustriert, wie effektiv Nachhaltigkeitsberichterstattung wird, wenn der
Zweck klar umrissen ist.

3.1.1.4 Eine Frage der Perspektive: Worüber wird berichtet?

Das, worüber in Nachhaltigkeitsberichten eigentlich berichtet wird, ist historischen Verläufen unterlegen. Grundsätzlich lassen sich zwei idealtypische Herangehensweisen festmachen (siehe Abb. 3.2), die als Kern die eingangs erläuterte
Frage haben: „Was wird eigentlich übersetzt, wenn wir von Nachhaltigkeit reden,
und für wen?"

Die Inside-out-Perspektive übersetzt Nachhaltigkeit aus der internen Unternehmensperspektive für externe Adressaten. Das Unternehmen hat eine Nachhaltigkeitsstrategie oder ist dabei, eine zu entwickeln. Es kennt seine Stärken und Schwächen und betreibt Nachhaltigkeitsberichterstattung vornehmlich mit dem Ziel, Daten und Kennzahlen für die Unternehmenssteuerung zu generieren. Der Bericht informiert Stakeholder über die gesetzten Prioritäten, über Maßnahmen und Ziele. Das Unternehmen erklärt der Welt gewissermaßen, wie Nachhaltigkeit intern gelebt und organisiert wird.

Bei der *Outside-in-Perspektive* übersetzt das Unternehmen hingegen externe Erwartungen daran, wie Nachhaltigkeitsmanagement auszusehen hat, und versucht, größtmögliche Konformität mit diesen Erwartungen zu erreichen. Dies kann sich ebenso auf „weiche" Aspekte (Reputationsausbau und Markenbildung) beziehen wie auf „harte" messbare Erwartungen: Ratings, Rankings, jedwede Kriterienkataloge relevanter und anspruchsvoller Stakeholdergruppen sowie – noch nicht messbar, aber als Anspruch an Unternehmen gesetzt – gesellschaftspolitisch vereinbarte Nachhaltigkeitsziele wie die Sustainable Development Goals (Global Goals, siehe Abschn. 3.2.3.5) und das Pariser Klimaabkommen.

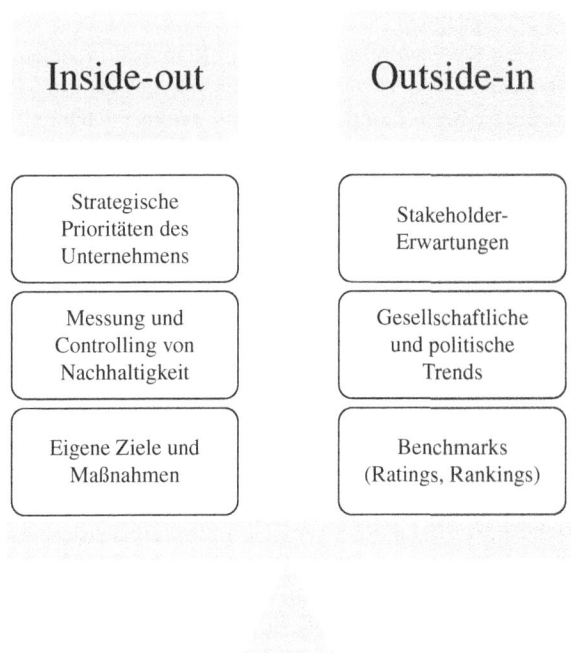

Abb. 3.2 Grundsätzliche Herangehensweise an Nachhaltigkeitsberichterstattung

Keine der beiden Perspektiven ist für sich genommen ideal. Berichtet ein Unternehmen strikt Inside-out, läuft es Gefahr, Trends und Entwicklungen im Nachhaltigkeitsmanagement zu verschlafen und riskiert Reputationsprobleme, weil es zu zentralen Nachhaltigkeitsaspekten nicht sprachfähig ist. Eine reine Outside-in-Perspektive hingegen droht schnell, beliebig zu werden. Wenn Unternehmen unreflektiert zu gesellschaftlich hoch gehandelten Themen wie zum Beispiel dem Klimawandel Stellung nehmen, ohne intern entsprechende Strategien und Prozesse etabliert oder die Wesentlichkeit des Themas für die eigene Geschäftätigkeit überprüft zu haben, werden Berichte unglaubwürdig und phrasenhaft. Auch ist die Outside-in-Perspektive per se reaktiv: Erst muss ein Thema überhaupt in der Welt sein, damit ein Unternehmen dazu Stellung beziehen kann. Gleichzeitig existieren jedoch hohe Erwartungen an innovatives Nachhaltigkeitsmanagement, das Trends antizipiert und ökonomisch zu nutzen weiß. Dies gelingt nur in Kombination mit einer Inside-out-Perspektive.

Historisch betrachtet lässt sich ein klarer Trend feststellen: Berichteten Unternehmen eingangs vorwiegend Outside-in, kehrte sich der Blick mit steigender Professionalisierung des Nachhaltigkeitsmanagements zunehmend nach innen, wie Tab. 3.2 erläutert. Heute ist die kombinierte Anwendung von Outside-in und Inside-out fast unumgänglich.

Die letzte Phase des *Involve me* ist in ihrer Reinform in vielen Unternehmen noch Zukunftsmusik. Dennoch lässt sich klar ablesen, dass die Reise zu einer immer integrierteren Betrachtung interner und externer Faktoren inklusive entsprechender Dialogprozesse geht. Spätestens mit den 2015 verabschiedeten globalen Nachhaltigkeitszielen (auch Global Goals oder Sustainable Development Goals, SDGs, genannt) hat sich die weltweite Staatengemeinschaft einen definierten Kanon an Aufgaben gegeben. Die 17 Ziele mit jeweiligen konkreten Unterzielen decken die gesamte Bandbreite der weltweiten Nachhaltigkeitsherausforderungen ab. Sämtliche Parteien – Politik, Zivilgesellschaft und Wirtschaft – sind aufgefordert, ihren Beitrag zu leisten. Die Bundesregierung hat in einem ersten Schritt ihre Nachhaltigkeitsstrategie an den globalen Nachhaltigkeitszielen ausgerichtet – ein deutliches politisches Signal. Für die nächsten 15 Jahre haben Unternehmen mit den 17 Nachhaltigkeitszielen einen klaren Referenzrahmen und Kompass für ihre Outside-in-Kommunikation.

An dieser Stelle sei kurz vorgegriffen und auf den Berichterstattungsgrundsatz des „Nachhaltigkeitskontexts" verwiesen, der im nächsten Kapitel erläutert wird. Denn er zahlt genau auf das hier Beschriebene ein: Unternehmen sind im Rahmen ihres Reportings dazu angehalten, ihre eigene Nachhaltigkeitsleistung in Bezug zu setzen zu den weltweiten Nachhaltigkeitsherausforderungen. Dass dies oftmals noch nicht messbar und grundsätzlich schwer darstellbar ist, ändert nichts

Tab. 3.2 Entwicklung von Nachhaltigkeitsberichterstattung nach Outside-in und Inside-Out. (Adaptiert nach Schaltegger 2012: 6)

Geschäftsumfeld	Gesell. Erwartung	Bedeutung von Nachhaltigkeitsaccounting	Bedeutung von Nachhaltigkeitsberichterstattung	Art der Berichterstattung
Trust me	Keine	Verbesserung interner Effizienz	Interne Kommunikation zur Verbesserung von Effizienz	Kein externes Reporting nötig, klassische interne Kommunikation
Tell me	Kommuniziere!	Datengrundlage für Themen mit hoher Sichtbarkeit/Regulatorik	Externe Kommunikation wichtiger als interne	PR-getriebenes Reporting
Show me	Kommuniziere und illustriere!	Datengrundlage um Informationsbedürfnisse von Stakeholdern zu befriedigen	Bestandteil der zentralen Kommunikationsaktivitäten, auf freiwilliger Basis	Outside-in-Perspektive und Reporting-getriebenes Accounting
Prove to me	Miss, lege Rechenschaft ab, kommuniziere und illustriere!	Transparenz als Nachweis der eigenen Nachhaltigkeitsleistung	Baustein im Rahmen des systematischen Performance Managements	Inside-out-Perspektive, Performance Management und Accounting-getriebenes Reporting
Involve me	Beteilige, empower, integriere und tausch dich aus!	Grundlage für Dialogprozesse, Kooperationen und geteilte Verantwortlichkeiten	Integriertes Element bei der systematischen Einbindung von Stakeholdern und der Zusammenarbeit mit ihnen	Kombinierter Ansatz von Inside-out und Outside-in unter Beteiligung von Stakeholdern bei Strategiebildung, Reporting und Accounting

an der Tatsache, dass die Rechenschaftspflichten von Unternehmen, wie sie zur Lösung der gesellschaftlichen und ökologischen Probleme beitragen, existieren und perspektivisch zunehmen werden. Glaubhaft wird dies erst in Kombination mit der Darlegung der eigenen Strategie, also der Inside-out-Perspektive.

Ein Beispiel aus der Praxis: Auswirkungen des Pariser Klimaabkommens auf Versicherungen und Banken

Das Pariser Klimaabkommen, das Ende 2015 verabschiedet und von der internationalen Staatengemeinschaft in einer Rekordzeit von unter 12 Monaten ratifiziert wurde und im November 2016 in Kraft trat (zum Vergleich: Der Vorgänger, das Kyoto-Protokoll, wurde erst acht Jahre nach Beschluss wirksam), wird nicht nur direkte Auswirkungen auf CO_2-intensive Branchen haben, sondern auch auf den Finanzdienstleistungssektor. Der neue globale Klimavertrag mit dem Ziel, die durch Treibhausgase verursachte Erderwärmung auf deutlich unter zwei Grad im Vergleich zur vorindustriellen Zeit zu begrenzen, wird dabei gleichzeitig als Outside-in-Referenzpunkt für die (konventionelle) Klimakommunikation von Finanzdienstleistern und als Treiber für neue Finanzprodukte rund um eine Low Carbon Economy wirken (siehe auch Abschn. 3.4.2.2). In dem Maße, in dem sich die globale Wirtschaft zunehmend von CO_2-intensiven Produktionsprozessen verabschiedet, werden auch Finanzdienstleister neue Wege finden (müssen), Klimarisiken ganzer Industrien zu bewerten und zu versichern, Kredite zu vergeben, Investmentchancen auszuloten und Beratung anzubieten. Das ambitionierte Klimaziel des Pariser Abkommens verlangt ein gewaltiges Finanzierungsvolumen und neuartige Versicherungslösungen für durch den Klimawandel verursachte Schäden. Je nach Geschäftsmodell ist dies für Finanzdienstleister eine Chance, ihre Produkte und Dienstleistungen mit innovativen Lösungen auf neues Gebiet auszuweiten. Auf jeden Fall ist mit dem Klimaabkommen der gesellschaftliche und politische Druck gestiegen, jenseits des klassischen betrieblichen Umweltschutzes Umweltleistung nachzuweisen.

Für Banken betrifft dies – neben Dienstleistungen zum Emissionshandel und grünen Geldanlagen wie die aktuell boomenden Green Bonds – vor allem den Umgang mit den sogenannten Scope-3-Emissionen, die indirekten „finanzierten" CO_2-Emissionen, die aktuell noch schwer bis gar nicht zu erfassen und steuern sind. Ob Innovation oder Regulatorik gewinnt, ist noch ungewiss. Entweder, einige First-Mover-Banken werden die Chancen durch neue Klimaschutzfinanzierungsprodukte derart hoch ansiedeln, dass Lösungen gefunden werden und der Banken-Mainstream mitziehen wird, oder es ist zu vermuten, dass regulatorische Vorgaben ab einem bestimmten Punkt zum Ausweis der Scope-3-Emissionen und ggf. weiterer klimabezogener Aspekte im Kerngeschäft verpflichten.

Der Bankensektor scheint die Herausforderung des Klimawandels anzunehmen. Das Financial Stability Board (FSB), eine internationale Organisation, die das globale Finanzsystem überwacht und Empfehlungen ausspricht, hat eine Task Force eingerichtet zur Identifizierung klimabezogener Risiken (Task Force on Climate-related Financial Disclosures). Die Task Force hat es sich zur Aufgabe gemacht, Transparenzkriterien für Unternehmen zu entwickeln, die Kreditgebern, Versicherern, Investoren und weiteren Stakeholdern ermöglichen, Klimarisiken bei Finanzierungsentscheidungen adäquat zu beurteilen. Die in diesem Zusammenhang bereits geleistete Arbeit von NGOs wird explizit gewürdigt. Als Brancheninitiative möchte die Task Force die systematische Betrachtung von Klimarisiken jedoch in den Mainstream tragen und der fundierten Bewertung, Bepreisung sowie dem Management von Klimarisiken zu einem neuen Selbstverständnis verhelfen.

2016 erschien weiterhin der „G20 Green Finance Synthesis Report" der G20 Finance Study Group (GFSG), als deren Sekretariat die UNEP (United Nations Environmental Programme) fungiert. Das GFSG war von den G-20-Ländern beauftragt worden, Vorschläge zu entwickeln, wie das Finanzsystem mehr Gelder für ökologische Investitionen mobilisieren kann. Auf dem G-20-Gipfeltreffen 2016 in Zürich haben die Wirtschaftsmächte erstmals die Notwendigkeit höherer „grüner" Investitionen anerkannt – ein deutliches Zeichen dafür, wie ernst es Zentralbanken und Finanzministerien mit einer nachhaltigen Finanzpolitik ist.

Diese steigenden Outside-in-Anforderungen an Banken in Sachen Klimaschutz spiegeln sich bereits in der Kommunikation von Banken. Zunehmend sind konkrete Stellungnahmen zur Klimastrategie einzelner Häuser öffentlich zugänglich – über die Regelkommunikation im Rahmen des Nachhaltigkeitsreportings hinaus. Beispielhaft sei hier das Positionspapier der UBS zur Klimastrategie genannt, dass auf der Internetseite der Bank einsehbar ist.

Wir sind entschlossen, unsere Kunden darauf vorzubereiten, in einer Welt mit immer strengeren CO_2-Begrenzungen erfolgreich zu bestehen. Als ein führendes globales Finanzdienstleistungsunternehmen legen wir bei unserer Klimawandelstrategie den Fokus auf Risikomanagement, Investments, Finanzierung, Research und unser eigenes operatives Geschäft. Wir verpflichten uns:

- Transaktionen in den Bereichen erneuerbare Energien und Cleantech zu unterstützen

- keine neuen Kohlekraftwerkprojekte in OECD Ländern mit hohem Einkommen zu finanzieren

- nur neue Kohlekraftwerkprojekte ausserhalb von OECD Ländern mit hohem Einkommen zu finanzieren, die hocheffiziente und emissionsarme Technologien einsetzen

- andere Transaktionen mit Kohlekraftwerkbetreibern nur zu unterstützen, falls deren Strategie vorsieht, den Kohleverbrauch zu verringern, oder falls sie international empfohlene, strenge Treibhausgas- Emissionsstandards einhalten

- Kredit- und Kapitalmarktaktivitäten für den Kohlebergbausektor deutlich einzuschränken und Unternehmen, die bei der Kohleförderung MTR (mountaintop removal, eine Form des Kohle-Tagebaus) einsetzen, nicht zu unterstützen

- bis 2020 unseren gesamten Strombedarf aus erneuerbaren Quellen zu decken und unseren Treibhausgas- Fussabdruck gegenüber dem Stand von 2004 um 75% zu reduzieren.

Auszug aus der UBS-Klimastrategie. („Our Climate Commitment" auf www. ubs.com/climate

Die Versicherungsbranche ist im Pariser Klimavertrag sogar direkt adressiert. Einerseits bewegen sich einige Versicherer bereits jetzt schon freiwillig und dekarbonisieren unter Risikoaspekten die Portfolios ihres investierten Eigenkapitals, wie zum Beispiel die Barmenia Versicherung und die Allianz. Andererseits sind die Versicherer aktiv dazu aufgerufen, Risikotransferlösungen in bislang ungeahnten Ausmaßen zu liefern. Gerade in Schwellenländern wird eine enorme Nachfrage nach klimabezogenen Versicherungsleistungen prognostiziert. Auch hier ist wie bei den Banken zu vermuten, dass Geschäftschancen und steigender politischer Druck Hand in Hand gehen.

Die Allianz Versicherung hat sich bereits der Portfolio Decarbonization Coalition (PDC) angeschlossen, einer handlungsorientierten Initiative von CDP, des UN Environment (UNEP) und der UNEP Finance Initiative (UNEP FI). Mitglieder verpflichten sich auf konkrete Dekarbonisierungsziele in Bezug auf ihre Portfolios.

3.1.1.5 Grundsätze der Berichterstattung

Für die Bereitstellung von Kapitalmarktinformation und die finanzielle Rechnungslegung von Unternehmen existieren allgemeine Grundsätze, die auch für die Transparenz bezüglich nichtfinanzieller Aspekte der Geschäftstätigkeit gelten. Sie sind teils als die „Grundsätze ordnungsmäßiger Buchführung" im Handelsgesetzbuch geregelt (HGB, § 239, Absatz 2). Für die Nachhaltigkeitsberichterstattung existieren zwar keine gesetzlich vorgegebenen Grundsätze, de facto sind sie vor allem durch die internationale Verbreitung der Richtlinien der Global Reporting Initiative (GRI) „soft law" geworden.

Die meisten Grundsätze gelten für sowohl finanzielle als auch nichtfinanzielle Informationen. Einige sind jedoch eigens für die Nachhaltigkeitsberichterstattung entworfen worden. Unabhängig davon, ob ein Unternehmen sein Reporting nach einem Berichtsstandard wie der GRI ausrichtet, hilft die Einhaltung der in Tab. 3.3 stehenden Grundsätze maßgeblich dabei, ein belastbares und glaubwürdiges Berichtswesen zu Nachhaltigkeit auf- und auszubauen. Bei Grundsatzentscheidungen bezüglich der eigenen Nachhaltigkeitsberichterstattung sollten sie zurate gezogen werden.

3.1.1.5.1 Definition von Wesentlichkeit

Der Grundsatz der Wesentlichkeit für die Nachhaltigkeitsberichterstattung hat spätestens seit den G4-Richtlinien der Global Reporting Initiative (GRI), die 2013 veröffentlicht wurden, an Relevanz gewonnen und ist aktuell der Grundsatz, der die meiste Beachtung bekommt. Er hängt direkt mit den angrenzenden Grundsätzen zur Bestimmung der Berichtsqualität zusammen, der Stakeholdereinbindung und dem Nachhaltigkeitskontext. Es etabliert sich zunehmend im Berichtswesen, dass auch Unternehmen, die nicht strikt nach GRI berichten, sich zum Thema

Wesentlichkeit äußern. Die Definition der Wesentlichkeit ist weiterhin im Deutschen Nachhaltigkeitskodex (DNK) ein eigenes Kriterium.

Die Betonung der Wesentlichkeit erklärt sich ein Stück weit aus der Historie von Nachhaltigkeitsberichterstattung. Die Transparenz zum gesamten Kanon an Nachhaltigkeitsthemen führte zu sehr umfassenden Nachhaltigkeitsberichten und auch der Frage, ob sich jedes Unternehmen – unabhängig von Größe, Branche und Geschäftsmodell – zu allen Themen äußern muss. Das Prinzip der Wesentlichkeit wurde betont, um die Aussagekraft von Nachhaltigkeitsberichten zu stärken, um sie kürzer und relevanter zu machen. Der Auftrag an Unternehmen ist, diejenigen Nachhaltigkeitsaspekte zu identifizieren, die für das Unternehmen und die Stakeholder zentral sind. Nur über diese Aspekte soll/muss berichtet werden.

Auch wenn das Wesentlichkeitsprinzip aus der Berichterstattung stammt, ist es nicht losgelöst vom Nachhaltigkeitsmanagement zu betrachten. Es ist keine reine Pflichtübung für einen guten Nachhaltigkeitsbericht, sondern ist idealerweise an Strategie und Prozesse rund um Nachhaltigkeit und das Geschäftsmodell gekoppelt. Denn natürlich soll das Reporting – trotz berechtigter Einbindung von Stakeholdern – weiterhin ein Spiegel dessen sein, was im Unternehmen tatsächlich geschieht und nicht nur ein Dienst an den wie auch immer gearteten Interessen der Zielgruppen. Will sagen: Ein Unternehmen soll nicht nur über wesentliche Aspekte berichten, sondern sich prioritär auch um diese kümmern.

Zur Bestimmung der Wesentlichkeit gibt vor allem die GRI Empfehlungen, definiert jedoch keinen strikten Prozess. Stakeholder sollen eingebunden werden, sodass die interne Definition dessen, was als wesentlich erachtet wird (Inside-out), den Informationsinteressen der Stakeholder sowie dem allgemeinen Nachhaltigkeitskontext (internationale Leitlinien, maßgebliche Standards zu Nachhaltigkeit etc.) gegenübergestellt wird (Outside-in). In welchem Ausmaß und auf welche Art die Befragung der Stakeholder vorgenommen wird, obliegt dem Unternehmen, ebenso die Darstellung der Wesentlichkeit im Nachhaltigkeitsbericht. Etabliert hat sich die sogenannte Wesentlichkeitsmatrix (oder Materiality Matrix), bei der auf der X-Achse die wesentlichen Themen aus Sicht des Unternehmens und auf der Y-Achse aus Sicht der Stakeholder verortet werden. Im Fokus der Berichterstattung stehen diejenigen Themen, die sowohl für das Unternehmen als auch für die Stakeholder eine hohe Priorität haben (Abschn. 3.3.7).

Eine gut gemachte Wesentlichkeitsanalyse ist keine Wiederholung von Gemeinplätzen (z. B., dass Klimawandel „irgendwie" wichtig ist), sondern erhöht die Sprachfähigkeit von Unternehmen. „Sprachfähigkeit" bedeutet dabei nicht, dass ein Finanzdienstleister zu sämtlichen Themen der Nachhaltigkeit ein Positionspapier in der Tasche hat, sondern dass begründet dargelegt werden kann, warum gewisse Themen, auch wenn sie im gesellschaftlichen Diskurs

Tab. 3.3 Grundsätze zur Bestimmung der Berichtsinhalte und -qualität

Berichterstattungsgrundsatz	Quelle	Anforderung in Bezug auf Nachhaltigkeitsberichterstattung	Herausforderungen bei der Umsetzung
Grundsätze zur Bestimmung der Berichtsinhalte			
Wesentlichkeit	FBE, GRI	Ein Nachhaltigkeitsbericht soll diejenigen Aspekte abdecken, die die relevanten wirtschaftlichen, ökologischen und gesellschaftlichen Auswirkungen wiedergeben und die die Beurteilungen und Entscheidungen von Stakeholdern maßgeblich beeinflussen	Im Nachhaltigkeitskontext ist die Definition der wesentlichen Aspekte, über die berichtet wird, eine zentrale Herausforderung. Für Details siehe unten und Abschn. 3.3.7
Vollständigkeit	FBE, GRI	Die bedeutenden wirtschaftlichen, ökologischen und gesellschaftlichen Auswirkungen sollen wiedergegeben werden, damit Stakeholder die Leistung des Unternehmens im Berichtszeitraum beurteilen können. Die Betonung liegt hier, ergänzend zur Wesentlichkeit, auf einer ganzheitlichen Darstellung. Willkürliche Setzung von Highlights oder Auslassung zentraler Themen gilt es zu vermeiden	Im Zusammenspiel mit den Grundsätzen der Wesentlichkeit und Klarheit sowie dem Wunsch nach kurzer und stringenter Berichterstattung oftmals eine Gratwanderung. Wie viel ist nötig? Was ist redundant?
Stakeholder-einbeziehung	GRI	Ein Unternehmen soll seine Stakeholder angeben und erläutern, inwiefern sie auf deren angemessene Erwartungen und Interessen eingegangen ist	Kommunikations- und Managementherausforderung. Sofern keine Dialogkanäle existieren, um die Erwartungen zentraler Stakeholder zu erfassen, sind entsprechende Maßnahmen angebracht. Siehe auch unten Erläuterungen zu „Wesentlichkeit"

(Fortsetzung)

Tab. 3.3 (Fortsetzung)

Berichterstattungsgrundsatz	Quelle	Anforderung in Bezug auf Nachhaltigkeitsberichterstattung	Herausforderungen bei der Umsetzung
Nachhaltigkeitskontext	GRI	Ein Nachhaltigkeitsbericht sollte die Leistung eines Unternehmens im größeren Zusammenhang von nachhaltiger Entwicklung darstellen	Die Beurteilung, wie groß die Wirkung der eigenen Maßnahmen im Gesamtkontext von nachhaltiger Entwicklung ist, ist schwierig bis aktuell teils noch nicht darstellbar. Dieser Aspekt wird jedoch perspektivisch sehr relevant für Unternehmen (Abschn. 3.1.1.4)
Grundsätze zur Bestimmung der Berichtsqualität			
Richtigkeit/Genauigkeit	FBE, GRI	Sämtliche Angaben haben inhaltlich korrekt zu sein. Die Informationen im Bericht haben weiterhin so genau und detailliert zu sein, dass Stakeholder die Leistung des Unternehmens bewerten können	Keine Kommunikations-, sondern eine Managementherausforderung. Für korrekte Daten braucht es definierte Prozesse und Strukturen sowie Kontrollmechanismen
Vergleichbarkeit	FBE, GRI	Informationen sollen konsistent ausgewählt, zusammengetragen und in Berichtsform gebracht werden. Die Informationen im Bericht sollten so dargestellt werden, dass die Stakeholder Veränderungen der Leistung im zeitlichen Verlauf analysieren und mit anderen Organisationen vergleichen können	Vergleichbarkeit ist dann in Gefahr, wenn Reportingstrukturen grundlegend erneuert werden oder wenn Unternehmen aufhören, Kennzahlen zu kommunizieren, weil sich ihre Performance verschlechtert hat. Vergleichbarkeit mit anderen Unternehmen (einer Branche) steht oft in Konflikt mit der Wesentlichkeit

(Fortsetzung)

Tab. 3.3 (Fortsetzung)

Berichterstattungsgrundsatz	Quelle	Anforderung in Bezug auf Nachhaltigkeitsberichterstattung	Herausforderungen bei der Umsetzung
Ausgewogenheit	GRI	Der Bericht sollte sowohl positive als auch negative Aspekte der Leistung beinhalten, um eine fundierte Beurteilung der Gesamtleistung zu ermöglichen. Die gesamte Darstellung des Berichtsinhalts sollte ein wertfreies Bild der Leistung liefern. Der Bericht sollte eine selektive Darstellung, Auslassungen oder Präsentationsformate vermeiden	Die Bereitschaft von Unternehmen, sich zu negativen Aspekten der Geschäftstätigkeit zu äußern, ist (noch) sehr gering. Dies fördert jedoch nicht die Glaubwürdigkeit. Die Öffentlichkeit ist mittlerweile sehr sensibel geworden für Verdachtsmomente auf Greenwashing, ausgewogene Berichterstattung kann dem entgegenwirken
Stetigkeit		Der Grundsatz der Vergleichbarkeit beinhaltet den Stetigkeitsgrundsatz: Ein Bericht sollte in einem regelmäßigen Turnus veröffentlicht werden	Was ein sinnvoller Turnus ist (jährlich, alle zwei Jahre) ist individuell zu entscheiden. Dabei sind nicht nur Fragen der Erwünschtheit von Reporting zu berücksichtigen, sondern auch Machbarkeit (Zeit, Ressourcen) und der Nutzen
Klarheit	FBE, GRI	Ein Bericht sollte verständlich, übersichtlich, eindeutig und systematisch aufgebaut sein, sodass ein sachkundiger Dritter in der Lage ist, sich in einer angemessenen Zeit ein Bild von der Lage des Unternehmens machen zu können	Die Entscheidung, welche Informationen bei der oft sehr heterogenen Zielgruppe vorausgesetzt werden können, ist nicht leicht, zumal oft Experten und Nicht-Sachkundige gleichermaßen angesprochen werden sollen durch einen Nachhaltigkeitsbericht

(Fortsetzung)

Tab. 3.3 (Fortsetzung)

Berichterstattungsgrundsatz	Quelle	Anforderung in Bezug auf Nachhaltigkeitsberichterstattung	Herausforderungen bei der Umsetzung
Wirtschaftlichkeit	FBE	Die Berichterstattung zu finanziellen und nichtfinanziellen Aspekten dient vor allem externen Adressaten als Informationsquelle. Wenn der Informationsgehalt so hoch und/oder die Datenbeschaffung derart komplex ist, dass sie aus ökonomischer Sicht nicht sinnvoll ist, ist niemandem geholfen	Dieser Grundsatz ist nicht gesetzlich verankert und objektiv schwer zu fassen. Bei der Finanzberichterstattung wird als Hilfsmittel die Wesentlichkeit des Sachverhalts herangezogen bei der Frage, wie komplex/umfassend ein Bericht werden darf
Aktualität	FBE, GRI	Ein Bericht sollte rechtzeitig erscheinen: Die Nützlichkeit von Informationen ist eng daran gekoppelt, ob diese so zeitig veröffentlicht werden, dass Stakeholder sie effektiv in ihren Entscheidungsfindungsprozess einbeziehen können	Was „Aktualität" für welche Stakeholder konkret bedeutet, ist individuell zu entscheiden. Als Faustregel gilt, dass die meisten Unternehmen binnen zehn Monaten nach Bilanzstichtag veröffentlichen (bei jährlichem Reporting)
Verlässlichkeit	GRI	Daten und Prozesse sollten so gesammelt, aufgezeichnet, analysiert und weitergegeben werden, dass sie einer Überprüfung unterzogen werden können, die die Qualität und die Wesentlichkeit der Informationen feststellt	Dieser Grundsatz hat die fehlende Pflicht zur externen Prüfung von Nachhaltigkeitsberichten als Hintergrund. In der Praxis ist er vor allem für solche Unternehmen relevant, die ihren Bericht wirtschaftsprüfen lassen. Saubere Prozesse und korrekte Daten sind davon abgesehen für alle Unternehmen ein Muss

Legende: FBE = Finanzberichterstattung, GRI = Global Reporting Initiative

hoch gehandelt werden, für das jeweilige Unternehmen mit seinem spezifischen Geschäftsfeld gegebenenfalls nicht wesentlich sind. Dies ist der Nutzen einer sorgfältigen Bestimmung wesentlicher Aspekte. Er entfaltet sich jedoch nur, wenn die wesentlichen Themen nicht einfach nur als Schlagworte genannt, sondern auch begründet dargelegt werden. Hier greift wieder das Prinzip des Nachhaltigkeitskontexts. Informationen werden erst dann verständlich und begreifbar, wenn sie ausreichend kontextualisiert – also in Sinnzusammenhängen verortet werden. Dies ist bei vielen Darstellungen von Wesentlichkeit aktuell noch unzureichend der Fall und schmälert die Aussagekraft.

Dass es sich für Unternehmen finanziell auszahlt, sich um die wesentlichen – und nur um die wesentlichen! – Aspekte ihrer Geschäftstätigkeit zu kümmern und darüber zu berichten, weist die 2016 veröffentlichte, umfassende Studie „Corporate Sustainability. First Evidence on Materiality" nach (siehe Tab. 3.4). Basierend auf Daten des MSCI KLD, einem Index, der für amerikanische Firmen auch historisch weit zurückreichende Nachhaltigkeitsdaten vorhält (ausgewertet wurden die Jahre 1991–2013), und in Anlehnung an die Wesentlichkeitsdefinition des amerikanischen, branchenbasierten SASB-Standards (Sustainability Accounting Standards Board) wurde untersucht, ob und wie der Markt auf den Umgang mit wesentlichen und nicht-wesentlichen Nachhaltigkeitsthemen reagiert. Als Ergebnis wurde jeweils das Alpha ausgewiesen, eine Kennziffer, die die abweichende Wertentwicklung gegenüber dem Benchmark ausweist. Je stärker das Alpha im Plus ist, desto größer die Outperformance gegenüber dem Durchschnitt. Die Ergebnisse sind verblüffend.

Zum einen zeigt sich, dass Unternehmen, die sich weder um wesentliche noch unwesentliche Themen kümmern oder intensiv um unwesentliche Themen, vom Markt abgestraft werden mit einer unterdurchschnittlichen Performance (negatives Alpha gegenüber dem Benchmark). Weiterhin ist bemerkenswert, dass Unternehmen, die sich um ganz viele Themen (wesentliche und unwesentliche Themen) kümmerten, den Benchmark nur leicht übertrafen (1,50 %). Die überdurchschnittliche Performance von 4,38 % konnte nur Unternehmen nachgewiesen werden, die sich ausschließlich mit wesentlichen Themen beschäftigen.

Tab. 3.4 Auswirkung von Wesentlichkeit auf den Marktwert amerikanischer Firmen. (Quelle: Khan et al. 2016: 46)

Wesentliche CSR	Nicht-wesentliche CSR	Alpha
Schwach	Schwach	−2,20 %
Schwach	Stark	−0,38 %
Stark	Stark	1,50 %
Stark	Schwach	4,38 %

Diese Zahlen dürften Unternehmen dazu animieren, die strukturierte Analyse von Wesentlichkeit perspektivisch stärker in Strategieüberlegungen einzubeziehen und nicht länger lediglich als Element eines belastbaren Reportings zu verstehen.

3.1.1.5.2 Ziele der Berichterstattungsgrundsätze
Glaubwürdigkeit

Die Berücksichtigung der oben genannten Berichterstattungsgrundsätze sind wesentliche Bausteine bei der Herstellung von Glaubwürdigkeit. Es ist eines der wichtigsten Ziele von Reporting, glaubwürdig zu sein. Die Glaubwürdigkeit eines Unternehmens oder einer Marke lässt sich jedoch nicht allein durch ein belastbares Reporting herstellen, das immer nur ein Baustein sein kann, nicht die alleinige Lösung. Gerade Banken, die seit der Finanzkrise mit Reputationsproblemen kämpfen, kennen die Problematik. Die Nachhaltigkeitsleistung und die Transparenz der Berichterstattung mögen hervorragend sein – und dennoch verbessert dies oft genug nur geringfügig oder nur bei bestimmten Stakeholdergruppen die Außenwahrnehmung. Vor allem für die in den Häusern mit Berichterstattung befassten Personen kann dies zu großer Frustration führen und auch zu einem Abwerten der Bedeutung von Berichterstattung. Zu Unrecht, denn Berichterstattung ist und bleibt der Kern, die belastbare Grammatik, auf die die Sprache des Unternehmens – über wie auch immer geartete Kanäle – aufbaut. Es gilt somit der in Abschn. 3.1.1.2 getroffene Unterschied zwischen Nachhaltigkeitsberichterstattung und Nachhaltigkeitskommunikation.

Beim Thema Nachhaltigkeit ist jedoch stets auch die Verbindung zum Nachhaltigkeitsmanagement mitzudenken. Wenn ein Unternehmen mit seiner Strategie, seinen Prozessen und Maßnahmen schlicht nicht genug tut, nicht genug Leistung bringt, um anspruchsvolle Stakeholder zufriedenzustellen, wird auch ein nach allen Regeln der Kunst und unter Berücksichtigung der Reportinggrundsätze erstellter Bericht die Meinung von Stakeholdern nicht ändern. Oft führt jedoch genau dies zu den größten Konflikten in Unternehmen: Wenn von der Kommunikation, deren Teil Berichterstattung ist, etwas verlangt wird, das über die tatsächliche Leistung des Unternehmens hinausgeht. Auch deshalb, weil Nachhaltigkeit meist erst dann bemüht wird, wenn der Reputationsschaden bereits entstanden ist. Hier gilt es für Berichterstatter, ihre eigenen Erwartungen an den Effekt von Reporting einem Realitätscheck zu unterziehen.

Glaubwürdigkeit entsteht, wenn Stakeholder das Gefühl haben, dass echte Transparenz stattfindet. Dass ein Unternehmen mit der Außenwelt teilt, wo es in Sachen Nachhaltigkeit steht – und warum. Es ist auf eine Art ein (selten offensiv genutzter) Luxus, dass in Bezug auf Nachhaltigkeit nicht allein die Leistung des Unternehmens den „Gewinn" bringt, sondern auch die Glaubwürdigkeit, die oft als Ehrlichkeit empfunden wird. Die meisten Stakeholder reagieren empfindlich auf Greenwashing-Versuche, auf Bemühungen, mehr zu scheinen als zu sein. Eine authentische und transparente Standortbestimmung – zu der die Grundsätze der Berichterstattung einladen – kann somit für die Glaubwürdigkeit ebenso viel tun wie eine z. B. durch Ratingergebnisse und Auszeichnungen belegbare exzellente Nachhaltigkeitsleistung. Dies ist für Banken und Versicherungen angesichts ihrer substanziellen Imageprobleme ein relevanter und zu berücksichtigender Punkt. Die Chance dahinter ist, dass umfassende Transparenz bereits glaubwürdigkeitssteigernd wirkt, auch wenn noch nicht auf alle Nachhaltigkeitsherausforderungen Antworten gefunden worden sind.

Verständlichkeit

Ein weiteres Ziel hinter den – auf den ersten Blick bürokratisch anmutenden – Berichtsgrundsätzen ist das Thema „Verständlichkeit". „Wenn etwas leicht zu lesen ist, dann war es schwer zu schreiben", heißt ein Sprichwort, und das gilt insbesondere für Banken und Versicherungen, deren Geschäftstätigkeit und Kommunikation weiten Teilen der Stakeholderlandschaft oft hermetisch erscheint. Verständlichkeit von Berichterstattung ist sogar im Handelsgesetzbuch geregelt. In Paragraf 238 HGB, Führung der Handelsbücher, heißt es: „Bei der Führung der Handelsbücher und bei den sonst erforderlichen Aufzeichnungen hat sich der Kaufmann einer lebenden Sprache zu bedienen. Werden Abkürzungen, Ziffern, Buchstaben oder Symbole verwendet, muss im Einzelfall deren Bedeutung eindeutig festliegen."

Dies bezieht sich auf die formale Verständlichkeit der verwendeten Sprache. Damit Inhalte und Bedeutungen vollends verständlich werden, braucht es noch ein bisschen mehr an Anstrengung, an Übersetzungsleistung. Die Berichtsgrundsätze (siehe Abb. 3.3) können helfen, dass es Finanzdienstleistern im Sinne einer auf Verstehbarkeit hin orientierten Experten-Laien-Kommunikation gelingt, ihre Inhalte so zu transportieren, dass sie das Branchen-Silo überwinden. Dies gilt natürlich nicht nur für Finanzdienstleister, ist hier jedoch aufgrund der Komplexität der Geschäftsvorgänge und des benötigten Hintergrundwissens besonders zentral. Der Begriff Experten-Laien-Kommunikation bezieht sich dabei auch nicht nur auf „Laien" im dem Sinne, dass es sich um uninformierte Stakeholder handelt. Auch ein in Finanzthemen bewanderter Investor kann bei schwer verständlicher Kommunikation wie ein „Laie" vor dem Geschäftsmodell und den Nachhaltigkeitsherausforderungen einer Bank, einer Versicherung stehen, wenn es dem Unternehmen nicht gelingt, seine interne Sicht der Dinge für einen allgemeinen Adressatenkreis aufzubereiten. Prinzipien wie Klarheit, Genauigkeit, Stetigkeit, Vergleichbarkeit, Vollständigkeit, Angemessenheit und Wesentlichkeit helfen enorm bei der schnellen Erfassbarkeit, bei der Orientierung und korrekten Bewertung der im Bericht gemachten Angaben. Sie helfen, dass Kommunikation gelingt. Denn Kommunikation ohne Verständnis ist zwecklos.

Ein Beispiel aus der Praxis: Verständliche Kommunikation bei der Commerzbank

Die Commerzbank ist als eine der führenden Geschäftsbanken Deutschlands mit über 17,5 Mio. Privat- und Unternehmenskunden sowie mehr als 60.000 Firmenkunden. Bis zum Jahr 2014 hat die Commerzbank in einem jährlichen Nachhaltigkeitsbericht über ihre Aktivitäten berichtet. Seit dem Berichtsjahr 2015 wurde das Reporting zielgruppenspezifischer gestaltet: In einem 40-seitigen Magazin zur unternehmerischen Verantwortung (Print und Online) widmet sich die

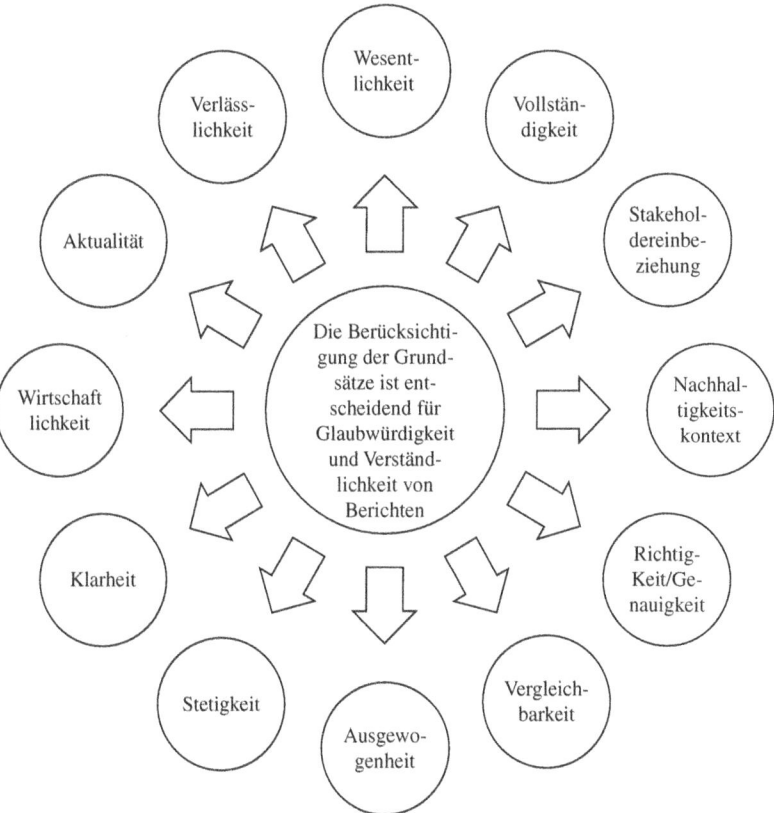

Abb. 3.3 Grundsätze der Berichterstattung

Commerzbank der verständlichen Darstellung zentraler Themen, die für externe Stakeholder (und oft genug auch Bankmitarbeiter) nicht auf Anhieb klar sind[2]:

- Wie nachhaltig kann eine Bank sein?
- Wann sind Geschäfte legitim und fair? Und wie lassen sich Risiken erkennen?
- Wie wird aus Anspruch Wirklichkeit? Und was nützen dabei Leitlinien?
- Was geht eine Bank der Klimawandel an? Und was haben die Kunden davon?
- Was heißt eigentlich moderne Führung? Und wie wird sie dem einzelnen Mitarbeiter gerecht?
- Was macht eine Gesellschaft zukunftsfähig? Und was kann eine Bank dazu beitragen?
- Wie lässt sich Nachhaltigkeit messen? Und wie schneidet die Commerzbank dabei ab?

Hierbei kommen externe Experten zu Wort, wie die Ratingagentur Imug, und es werden auch kritische Worte geäußert, zum Beispiel zum Umgang mit kontroversen Geschäftsfeldern wie Rüstungsfinanzierung. Verständlichkeit ist nämlich mehr als „leichte Sprache". Es bedeutet, einen Leser anhand der vermittelten Informationen zu befähigen, sich ein realistisches Bild zu machen. Dies gelingt zu einem guten Teil über das Erklären und Kontextualisieren von Fakten. Am Ende braucht es jedoch auch Ehrlichkeit.

Am Ende der Broschüre verweist die Commerzbank auf ihre Online-GRI-Bilanz für weiterführende Informationen. Dieses PDF enthält Detailinformationen zu Nachhaltigkeit, die den Rahmen eines Magazins sprengen würden und ist – analog dem Beispiel der GLS, siehe Abschn. 3.1.1.2 – ein bewusst auf Fakten orientiertes, schmuckloses PDF für eine kleine Fachzielgruppe.

Die Commerzbank hat zwei Kanäle geschaffen: einen für die Heranführung an das hermetische Feld „Banken und Nachhaltigkeit" und einen, der als Proof Point fungiert. Das wirkt nicht nur verständlich, sondern auch glaubwürdig, und das wurde belohnt: Im Ranking der deutschen Nachhaltigkeitsberichte 2016 (siehe auch Abschn. 3.3.14) hat die Commerzbank mit diesem Ansatz als eines von zwei Unternehmen volle Punktzahl in der Kategorie „Glaubwürdigkeit" erzielt. Das verständnisorientierte Prinzip, Fragen zu stellen, von der Wirkung her zu denken und externe Meinungen miteinzubeziehen, schreibt die Commerzbank auch in ihrer aktuellen Ausgabe des Magazins 2017 weiter fort.

---

[2]Commerzbank 2015.

3.1.2 CSR-Berichtspflicht der EU

Über 500 deutsche Unternehmen und 6000 Unternehmen europaweit müssen neuerdings jährlich über Nachhaltigkeit berichten. Die CSR-Berichtspflicht basiert auf einer EU-Richtlinie (Richtlinie 2014/95/EU) und gilt für sogenannte „Unternehmen öffentlichen Interesses". Dazu zählen auch Finanzdienstleister mit mehr als 500 Mitarbeitern, einer Bilanzsumme von 40 Mio. EUR und/oder 20 Mio. Umsatz (an zwei aufeinanderfolgenden Bilanzstichtagen). Maßgeblich für deutsche Unternehmen ist die Umsetzung in nationales Recht, die seit Anfang 2017 als das CSR-Richtlinie-Umsetzungsgesetz vorliegt. Die Pflicht gilt für nach dem 31. Dezember 2016 beginnende Geschäftsjahre. Das heißt, dass 2018 erstmals rückwirkend für dieses Geschäftsjahr berichtet werden muss. Bei Nichterfüllung droht ein stattliches Bußgeld von bis zu zehn Millionen Euro – ein Zeichen dafür, dass es der Politik ernst ist mit Transparenz zu nichtfinanziellen Aspekten der Geschäftätigkeit. Unternehmenstöchter sind von der Pflicht befreit, ein Reporting auf Konzernebene ist ausreichend, sofern dieses alle Aspekte der Berichtspflicht abdeckt.

Inhaltlich werden wenig konkrete Vorgaben gemacht. Gefragt sind mindestens Informationen zu den Risiken, den Strategien (samt den Ergebnissen) sowie zu den Due-Diligence-Prozessen hinsichtlich:

- Umwelt-, Sozial- und Arbeitnehmerbelange
- Achtung der Menschenrechte
- Bekämpfung von Korruption und Bestechung

Weiterhin wird eine Erläuterung verlangt zu:

- den verfolgten Konzepten (einschließlich der angewandten Due-Diligence-Prozesse)
- den Ergebnissen der verfolgten Konzepte
- den wesentlichen mit der eigenen Geschäftätigkeit verbundenen Risiken und der Umgang damit
- den wesentlichen mit den Geschäftsbeziehungen sowie den eigenen Produkten und Dienstleistungen verknüpften Risiken und der Umgang damit
- den relevanten nichtfinanziellen Leistungsindikatoren
- Hinweise auf die im Jahresabschluss ausgewiesenen Beträge und zusätzliche Erläuterungen, sofern für das Verständnis erforderlich

Bestimmte Unternehmen unterliegen weiteren Auskunftspflichten zu den angewandten Diversitätskonzepten (neu geregelt in § 289 f. Abs. 2 Nr. 6 HGB). Das Diversitätskonzept soll in Bezug auf Aspekte wie z. B. Alter, Geschlecht, Bildungs- oder Berufshintergrund sowie die Ziele, die Umsetzung und die im Geschäftsjahr erreichten Ergebnisse beschrieben werden. Der Anwendungsbericht für die Pflichtangaben ist nicht deckungsgleich mit dem des CSR-Richtlinie-Umsetzungsgesetzes. Er umfasst lediglich Kapitalgesellschaften in den Rechtsformen der Aktiengesellschaft, der Kommanditgesellschaft auf Aktien und der Europäischen Gesellschaft sowie börsennotierte Gesellschaften und bestimmte kapitalmarktorientierte Gesellschaften (siehe § 289 f. Abs. 1 HGB).

Die Anwendung eines Reportingstandards ist nicht verpflichtend. Ein solcher kann jedoch wertvolle Orientierung geben. Zudem müssen Unternehmen eine Begründung angeben, wenn sie ihr Reporting nicht nach einem Standard ausrichten. Übernommen wurde auch bei weiteren Aspekten das im Nachhaltigkeitsreporting bekannte Comply-or-Explain-Prinzip: Es ist möglich, zu einem Punkt keine Angaben zu machen, jedoch nur begründet.

Folgende Transparenzrahmenwerke helfen bei der Umsetzung:

• der weltweit etablierte Standard der GRI (Global Reporting Initiative)
• der Deutsche Nachhaltigkeitskodex (DNK), der auch europaweit zunehmend Anklang findet
• die zehn Prinzipien des UN Global Compact
• die ISO-26000- und EMAS-Norm

Der Aufsichtsrat ist laut CSR-Umsetzungsgesetz zur Prüfung der nichtfinanziellen Erklärung verpflichtet. Er kann einen externen (Wirtschafts)prüfer beauftragen, diese Prüfpflicht für ihn auszuführen. Darüber hinaus ist die Prüfung der nichtfinanziellen Erklärung nicht verpflichtend. Ab dem Jahr 2019 müssen Unternehmen, die ihre nichtfinanziellen Erklärungen freiwillig wirtschaftsprüfen lassen, die Ergebnisse der Prüfung offen legen[3].

3.1.2.1 Eine Pflicht – drei Wege, sie zu erfüllen

Bezüglich der Erfüllung der Berichtspflicht haben Unternehmen Gestaltungsspielraum und können entsprechend ihrem individuellen Branchenkontext, ihrer Größe, ihren Ressourcen und Erfahrungen mit Nachhaltigkeit sowie ihrem Sendungsbewusstsein bestimmen, welches Format den meisten Nutzen stiftet. Bei

---

[3]Rat für nachhaltige Entwicklung 2017b.

näherer Betrachtung stellt sich jedoch oft heraus, dass die Frage, ob Berichtspflicht ja oder nein, nicht den Kern trifft. Zahlreiche Unternehmen sind von der
Berichtspflicht nicht betroffen, „müssen" aber freiwillig über Nachhaltigkeit
berichten, weil die Kapitalgeber oder der Markt schlichtweg mehr Transparenz
einfordern. Sei es der Verbraucher, der kritischer als früher nachfragt, oder der
B2B-Kunde, der von seinen Lieferanten Nachweise über Non Financial Information fordert. Bei den Finanzdienstleistern sind es vor allem kritische Stakeholder
wie NGOs, institutionelle Investoren und Ratingagenturen, die nach belastbaren
Nachhaltigkeitsinformationen verlangen (Abschn. 3.1.1.3).

Auf der rein regulatorischen Ebene gibt es drei Formate, aus denen Unternehmen zur Erfüllung der Berichtspflicht wählen können (für Details siehe Abb. 3.5):

- Integration in den Lagebericht
- Online-Entsprechenserklärung zum Deutschen Nachhaltigkeitskodex (DNK)
- eigenständiger Nachhaltigkeitsbericht

Sofern nicht im Lagebericht integriert oder zeitgleich mit diesem als separate
Publikation im Bundesanzeiger hinterlegt, müssen die Informationen spätestens
vier Monate nach dem Bilanzstichtag online auf den Unternehmensseiten verfügbar gemacht werden. Sowohl Lagebericht als auch die Entsprechenserklärung
zum Deutschen Nachhaltigkeitskodex (DNK) sind schlanke Lösungen, die auch
für Erstberichterstatter oder kleinere Unternehmen mit überschaubarem Aufwand
zu bewerkstelligen sind. Der Vorteil des DNK liegt in seiner klaren Struktur: Die
Entsprechenserklärung gewährleistet, dass die Anforderungen der Berichtspflicht
erfüllt sind. Auch generiert ein Unternehmen mit dem DNK mehr Sichtbarkeit als
durch die Integration in den Lagebericht (Abschn. 3.2.1.2) (Tab. 3.5).

Bereits Ende 2018 wird die EU den Status Quo zur Berichtspflicht betrachten
und gegebenenfalls neue Weichen stellen. Es ist zum Beispiel nicht ausgeschlossen, dass perspektivisch die Berichtspflicht ausgeweitet wird. So war zu Beginn
der Diskussionen um die EU-Richtlinie im Gespräch, Unternehmen mit mehr als
250 Mitarbeitern einzubeziehen statt Unternehmen mit über 500 Mitarbeitern.
Auch könnten künftig Tochterunternehmen europäischer Konzerne miteinbezo-
gen werden. Finanzdienstleister, die aktuell nicht unter die Pflicht fallen, sollten
somit vorbereitet sein.

Um Unternehmen die Umsetzung der CSR-Berichtspflicht zu erleichtern, hat
die EU im Sommer 2017 Leitlinien veröffentlicht[4]. Diese berücksichtigen unter

---

[4]EU Kommission 2017.

Tab. 3.5 Erfüllungsmöglichkeiten der CSR-Berichtspflicht der EU

Format	Ausgestaltung	Vorteil	Nachteil
Lagebericht	Nichtfinanzielle Erklärung (+ Veröffentlichung im Bundesanzeiger)	• Kurz, pragmatisch • Integration in existierendes Format	• Marginale Sichtbarkeit • Datenbeschaffungsaufwand oft nicht im Verhältnis zur geringen Wirkungserzielung
Nachhaltigkeitsbericht	Spätestens 4 Monate nach Bilanzstichtag auf Unternehmenswebsite zu veröffentlichen (z. B. als PDF)	• Gestaltungsfreiheit • Sichtbarkeit • Markenbildung durch • Schrift + Bild	• Sehr aufwendig • Perspektivisch kein Alleinstellungsmerkmal mehr
Deutscher Nachhaltigkeitskodex (DNK)	Online-Entsprechenserklärung auf Website des DNK, spätestens 4 Monate nach Bilanzstichtag	• Strukturiert + pragmatisch • Wenig redaktioneller Aufwand • Große Reichweite + Signalwirkung • Deckt die Berichtspflicht ab	• Nur online • Nicht als Print verteilbar • Begrenzte Markenbildung

anderem die jüngsten Arbeiten der Task Force des Financial Stability Board zur klimabezogenen Risiken von Finanzdienstleistern (Abschn. 3.1.1.4 – Praxisbeispiel). Die Leitlinien sind unverbindlich und erweitern nicht den Geltungsbereich der Richtlinie. Unternehmen, die unter die Berichtspflicht fallen, können die Leitlinien verwenden, sie können aber auch anerkannte Standards nutzen.

3.1.2.2 Berichtspflichten international

Mit der Entscheidung zur verpflichtenden Berichterstattung liegt die EU im Trend: Schweden (2007) und Dänemark (2008) gehörten zu den ersten Ländern, die eine umfassende Berichtspflicht zu nichtfinanziellen Informationen umgesetzt haben[5]. In Frankreich sind seit 2003 börsennotierte Unternehmen verpflichtet, im Geschäftsbericht qualitative und quantitative Angaben zum Umweltschutz und zu den Mitarbeiterinteressen zu veröffentlichen, 2012 wurde die Pflicht auch auf nicht-börsennotierte Unternehmen ausgedehnt, und seit 2015 sind institutionelle Investoren zu einem umfassenden CO_2-Reporting verpflichtet[6]. Auch in

---

[5]GRI 2010.
[6]BSR 2012.

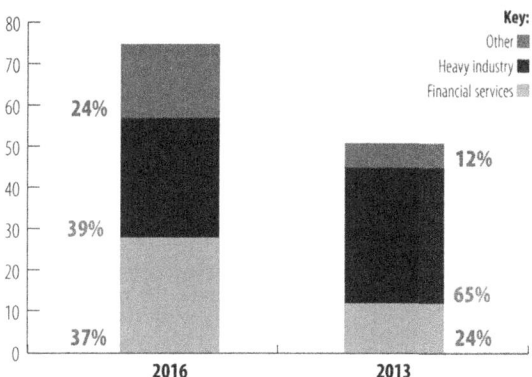

Abb. 3.4 Sektorspezifische Reportinginstrumente international. (Quelle: KPMG 2016:17)

Deutschland müssen bereits seit 2006 große Unternehmen, die Geschäftsberichte veröffentlichen, innerhalb des Lageberichts zu Umwelt- und Arbeitnehmerbelangen berichten – sofern diese für den Geschäftserfolg relevant sind. Spanien folgte im Jahr 2012 mit Verpflichtungen für alle staatseigenen Unternehmen und solche mit mehr als 1000 Mitarbeitern[7]. Einen großen Schritt weiter ist Südafrika: Seit dem Jahr 2010 müssen die mehr als 470 an der Johannesburger Börse gelisteten Unternehmen integrierte Berichte vorlegen, die finanzielle und nichtfinanzielle Aspekte der Geschäftstätigkeit ganzheitlich darstellen. Die integrierten Berichte sollen einen umfassenden Blick auf die Geschäftslage der Unternehmen ermöglichen und somit eine fundiertere Grundlage für Kapitalmarktentscheidungen als klassische Geschäftsberichte bieten. Auch außerhalb Europas – so zum Beispiel seit vielen Jahren in China und Malaysia – wird von Unternehmen Transparenz zu Nachhaltigkeitsaspekten verlangt, häufig auf Druck von Börsen.

Auch wenn der Umgang mit Berichtspflichten international noch heterogen ist – es ist ein deutlicher Trend zu mehr Regulatorik erkennbar (siehe auch Abb. 3.4): In einer Studie aus dem Jahr 2016 kommt die Wirtschaftsprüfungsgesellschaft KPMG zu dem Ergebnis, dass aktuell in 64 Ländern weltweit rund 400 (wie auch immer geartete) Instrumente zur Regulierung von Nachhaltigkeitsreporting implementiert sind. Zum Vergleich: 2013 waren es 180 Instrumente in 44 Ländern. Zwei Drittel dieser Instrumente sind verpflichtend und nur ein Drittel auf freiwilliger Basis. Vor allem in Europa, Südostasien und Lateinamerika hat die Regulatorik stark zuge-

---

[7]GRI 2011.

nommen. Der größte Treiber hierbei sind die Börsen und Finanzmarktregulatoren, die von Unternehmen mehr Transparenz einfordern. Den Mythos, dass Nachhaltigkeit nicht kapitalmarktrelevant sei, wird es Zeit zu begraben. Für Finanzdienstleister ist interessant, dass die Reportinginstrumente für den Finanzsektor sich zwischen 2013 und 2016 mehr als verdoppelt haben. Eines von fünf Instrumenten betrifft die Finanzbranche[8].

3.2   Rahmenwerke zum Nachhaltigkeitsreporting

Rahmenwerke zum Nachhaltigkeitsreporting – oft „Standards" genannt – sind sinnvolle Übersetzungshilfen zum Aufbau und zur Weiterentwicklung von Reportingprozessen. Durch die Orientierung an einem Rahmenwerk oder auch die gewissenhafte Befolgung hat man als Unternehmen die Sicherheit, kein relevantes Thema zu vergessen und sich nicht aus Unwissenheit angreifbar zu machen. Nach mehr als 20 Jahren von Berichterstattung zu Nachhaltigkeitsthemen und zahlreichen Greenwashing-Vorfällen sind Stakeholder häufig mit einer Grundskepsis ausgestattet. Hier helfen entsprechende Rahmenwerke, die Seriosität der gemachten Angaben zu belegen.

Wie eingangs in Abschn. 3.1.1.1 beschrieben, ist das Erfüllen eines Standards allein noch kein Garant für ein erfolgreiches Berichtswesen. Eine Übersetzungshilfe kann den Weg weisen – laufen lernen muss das Unternehmen selbst. Hinzu kommt, dass Berichte, die spürbar mit dem Anspruch verfasst wurden, einem Standard zu genügen, einen apologetischen Duktus haben. Stakeholder überzeugt man heute jedoch nicht mehr mit einer Tonalität, die signalisiert, dass man „nichts falsch gemacht" hat, sondern dass das Unternehmen über einen Kurs und eine Mission in Sachen Nachhaltigkeit verfügt und Mehrwert schafft, der nicht auf Kosten von Umwelt und Menschen geht.

„Das gute an Standards ist, dass es so viele von ihnen gibt", lautet ein Witz. Und in der Tat gibt es eine ganze Reihe an Standards und Leitlinien zu Nachhaltigkeit. Im Folgenden sind die gängigsten Orientierungshilfen kurz beschrieben. Sie lassen sich grob unterteilen nach ihrem jeweiligen Schwerpunkt: Transparenz und Berichterstattung einerseits oder Management von Nachhaltigkeit andererseits. Und auch dezidiert für Finanzdienstleister konzipierte Rahmenwerke existieren. Auf eine Art gehören ebenfalls die Kriterienkataloge von Nachhaltigkeitsratingagenturen zu den „Rahmenwerken", denn Unternehmen, die regelmäßig

---

[8]KPMG 2016: 9.

von Ratingagenturen bewertet werden, richten ihr Management und ihre externe Kommunikation mit der Zeit oft an den entsprechenden Anforderungen aus. Der Vorteil an der Vielzahl von Rahmenwerken ist, dass sich Unternehmen mittlerweile individuell das Nachhaltigkeitsreporting zusammenstellen können, das zu ihrem Leistungsstand passt und den Ansprüchen der Zielgruppen genüge tut. Der anspruchsvollere Part besteht darin, als Unternehmen die Kriterien, die man erfüllen will oder muss, zu erfassen und einen Überblick zu gewinnen über das eigene „Transparenzuniversum". Von daher geht mit der Wahlfreiheit eine größere Eigenverantwortung von Unternehmen einher, zu wissen, was man will und benötigt.

3.2.1 Transparenzrahmenwerke

Als Transparenzrahmenwerke sind im Folgenden solche bezeichnet, deren vornehmliches Ziel es ist, die Qualität unternehmerischer Transparenz zu Nachhaltigkeit zu verbessern. Sie dienen dezidiert als Hilfestellung für die Nachhaltigkeitsberichterstattung. Natürlich ist den Entwicklern solcher Standards am Ende daran gelegen, dass sich auch das unternehmerische Management von Nachhaltigkeit professionalisiert und verbessert, nicht nur die Kommunikation. Nur wird hier – anders als bei den Managementnormen – der Weg über (meist freiwillige) Transparenz gewählt. Das Ziel ist ein gewisses Maß an Standardisierung und Vergleichbarkeit für an Nachhaltigkeitsinformationen interessierte Stakeholder.

Oft ist zu lesen, dass sich Transparenzstandards auch eignen, das Management von Nachhaltigkeit systematisch auf- und auszubauen. Es ist richtig, dass Unternehmen durch die Befolgung eines Standards für die eigenen Stärken und Schwächen sensibilisiert werden, viel über Nachhaltigkeitsmanagement lernen und eine Art Garantie haben, relevante Themen abzudecken. Doch kommt ein auf Berichterstattungsgrundsätzen aufgebautes Management schnell an seine Grenzen. Zum Beispiel eignen sich Transparenzkennzahlen nicht per se zur internen Steuerung von Nachhaltigkeit. Der Aufgabe, zu entscheiden, nach welchen Kriterien Nachhaltigkeit intern sinnvollerweise gemanagt und gemonitort wird, können Unternehmen durch die Befolgung eines Transparenzstandards nicht enthoben werden.

Transparenzrahmenwerke – allen voran die der Global Reporting Initiative – prägen seit vielen Jahren Art und Umfang von Nachhaltigkeitsberichterstattung sowie die gesellschaftliche Diskussion. Unternehmen, die sich entscheiden, nicht strikt gemäß einem Standard zu berichten, tun gut daran, zumindest einen Blick in eben diese zu werfen und sich daran zu orientieren.

3.2.1.1 Standards der Global Reporting Initiative (GRI)

Die Leitlinien und Standards der Global Reporting Initiative (GRI) sind weltweit die etabliertesten und gebräuchlichsten Orientierungshilfen für Nachhaltigkeitsberichterstattung. Seit 1997 entwickelt die Multistakeholder-Initiative Transparenzrichtlinien, die für alle Organisationsarten Geltung haben: internationale Konzerne, kleine wie große Unternehmen und auch den Nonprofitsektor. Allein im Jahr 2016 wurden weltweit knapp 10.000 Berichte nach GRI veröffentlicht[9]. Dreiviertel der 2015 in Deutschland veröffentlichten Berichte orientierten sich an den GRI-Leitlinien[10]. Viele der unter Abschn. 3.1.1.5 genannten Prinzipien der Berichterstattung gelten explizit auch für die Anwendung des GRI-Rahmenwerks. Seit dem Jahr 2013 ist mit den GRI-G4-Richtlinien die mittlerweile vierte Generation in Kraft, die vor allem das Prinzip der Wesentlichkeit deutlich gestärkt hat (Abschn. 3.1.1.5.1). Unternehmen sollen – anstatt über alle Themen zu berichten – diejenigen Themen im Rahmen einer Wesentlichkeitsanalyse bestimmen, die sowohl für das Unternehmen als auch für die Stakeholder die größte Relevanz haben. Das Ziel dahinter ist eine stärkere Fokussierung und auch deutliche Straffung von Nachhaltigkeitsberichten.

Diesem Trend folgen auch die 2016 veröffentlichten GRI-Standards, die Mitte 2018 die G4-Richtlinien ersetzen werden. Bis zu diesem Zeitpunkt können beide Versionen verwendet werden. Die Aufteilung in 3 Basis- und 33 themenspezifische Standards aus dem Bereich Umwelt, Soziales und Ökonomie wird der Tatsache gerecht, dass Unternehmen je nach Branche, Geschäftsmodell und Stakeholderumfeld unterschiedlichen Transparenzanforderungen begegnen, was Inhalte und Detailtiefe anbelangt. Mit dem nun vorliegenden modularen „Standard-Baukasten" können sich Unternehmen leichter als zuvor individuell zusammenstellen, zu welchen Themen sie in die Tiefe gehende Information veröffentlichen möchten (siehe Abb. 3.5).

Bei der Anwendung können Unternehmen sowohl bei den G4-Richtlinien als auch bei den GRI-Standards zwischen zwei Optionen wählen: Einer Basisvariante „Core" und einem umfassenden Erfüllungsgrad „Comprehensive". Weiterhin existieren branchenspezifische Ergänzungen, die Zusatzangaben für ausgewählte Branchen verlangen. Waren diese bei den G4-Leitlinien noch verpflichtend anzuwenden, sind sie mit den GRI-Standards eine Orientierungshilfe, um Nachhaltigkeit für Unternehmen stärker zu kontextualisieren. In Sachen externe Prüfung bietet die GRI eine Reihe unterschiedlicher Prüfformate an, wobei lediglich eine formale Prüfung

---

[9]GRI 2016b: 22.
[10]BSD Consulting 2016: 5.

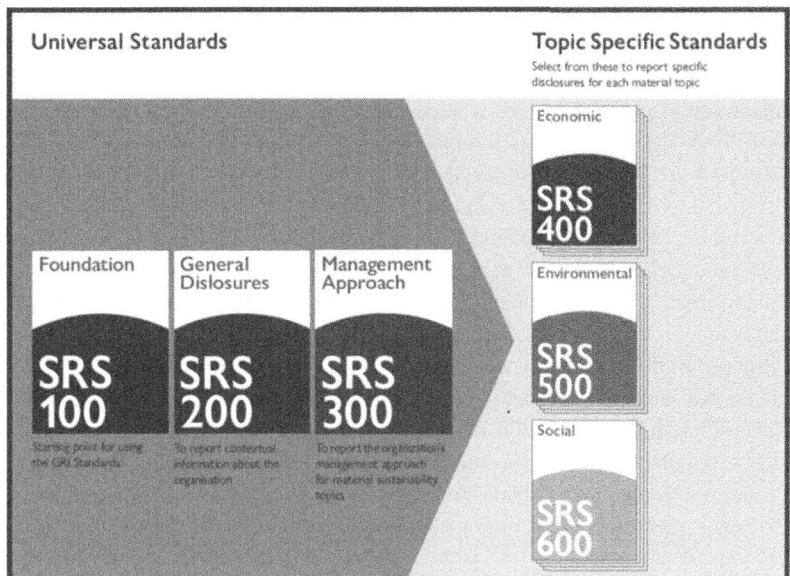

Abb. 3.5 Modularer „Standard-Baukasten" des GRI

erfolgt. Viele Unternehmen nehmen diesen (kostenpflichtigen) Service in Anspruch, um die Glaubwürdigkeit des Berichts zu erhöhen. Ein GRI-Check ersetzt dabei keine „external assurance" zum Beispiel durch einen Wirtschaftsprüfer, der auch die inhaltliche Qualität und Richtigkeit der Angaben prüft.

Weiterhin bietet die GRI zahlreiche sogenannte „linkage documents" an, die es Organisationen erleichtern, die Anforderungen der GRI mit anderen Standards/ Richtlinien abzugleichen, wie zum Beispiel ISO 26000, CDP, UN Global Compact, aber auch den SDGs (globale Nachhaltigkeitsziele) und der CSR-Berichtspflicht der EU.

3.2.1.2 Der Deutsche Nachhaltigkeitskodex (DNK)

Der Deutsche Nachhaltigkeitskodex (DNK) ist ein Transparenzstandard, der aufgrund seines überschaubaren Umfangs auch für kleinere Unternehmen geeignet ist. Der DNK verlangt keinen eigenen Nachhaltigkeitsbericht – Unternehmen legen sich auf der Website des DNK ein Profil an und geben online ihre Entsprechenserklärung ab. Im Gegenzug erhalten sie ein Signet, das sie für ihre Kommunikation nutzen können. Initiiert wurde der DNK vom Rat für Nachhaltige Entwicklung der Bundesregierung.

Mit der Einführung im Jahr 2011 ist der DNK ein vergleichsweise junger Standard. Er besteht aus 20 Kriterien mit qualitativen Angaben (siehe Tab. 3.6). Die Kriterien sind wiederum hinterlegt mit 28 GRI-Indikatoren und 16 EFFAS-Indikatoren. Anwender können wählen, ob sie nach GRI oder EFFAS berichten. Die EFFAS-Kriterien sind stark quantifizierte Kennzahlen, die von der European Federation of Financial Analysts Societies entwickelt wurden, um Umwelt- und Sozialaspekte in die Finanzberichterstattung zu integrieren. Sie sind längst nicht so verbreitet wie die GRI-Kennzahlen, die qualitativer und quantitativer Natur sind. Beim DNK sind es vornehmlich Finanzdienstleister, die die EFFAS-Kriterien anwenden, und dies auch meist in der Kombination mit den GRI-Indikatoren. Man könnte den DNK in der Praxis somit abstrahiert als „Kurz-GRI" bezeichnen.

Bei den Berichtsprinzipien wendet der DNK das aus der Corporate Governance – und im Nachhaltigkeitskontext durch die GRI bekannt gemachte – Comply-or-Explain-Prinzip an. Das heißt, dass Anwender entweder die geforderte Angabe machen (Comply) oder begründen, warum keine Aussage möglich ist (Explain). Von der Anwendung des Explain-Prinzips sollte – auch wenn es praktisch erscheinen mag – nicht unbedacht Gebrauch gemacht werden. So ist häufiger zu lesen, dass „aus Wettbewerbsgründen" keine Angabe gemacht werden kann. Wenn nun jedoch Wettbewerber besagten Indikator berichten, wird schnell ersichtlich, dass das Unternehmen schlichtweg keine Transparenz zeigen wollte. Dies fällt bei einem auf leichte Vergleichbarkeit ausgelegten Standard wie dem DNK schneller (und vor allem negativ) auf, als würde man einzelne Nachhaltigkeitsberichte nebeneinander legen und vergleichen. Durch die Einbettung in die DNK-Datenbank sind die einzelnen Kriterien und Indikatoren des DNK nach zum Beispiel Berichtsjahr und Branche filterbar. Dadurch wird der DNK seinem Anspruch der hohen Kapitalmarktorientierung gerecht. Investoren, Analysten und andere an strukturierten Nachhaltigkeitsinformationen interessierte Zielgruppen können sich mit dem DNK einen schnellen Überblick verschaffen. Ende 2016 wurde der DNK um eine Universalschnittstelle erweitert, die künftig den Export an Datenbanken, Rating-Agenturen und Wettbewerbe wie zum Beispiel den Deutschen Nachhaltigkeitspreis ermöglicht (Unternehmen können dem bei Abgabe ihrer Erklärung widersprechen).

Für den deutschen Markt hat sich der DNK gerade im Zuge der CSR-Berichtspflicht zu einem attraktiven Standard entwickelt. Der DNK verspricht Anwendern, dass die Berichtspflicht mit einer Entsprechenserklärung vollständig abgedeckt ist und garantiert diese Rechtskonformität auch perspektivisch mit einem juristischen Gutachten, das 2017, nach Vorlage des finalen Gesetzes zur Berichtspflicht, in Auftrag gegeben wird. Der DNK prüft jede Entsprechenserklärung vor der Veröffentlichung auf formale Richtigkeit, d. h. daraufhin, ob das Comply-or-Explain-Prinzip durchgängig angewandt wurde und ob vollständige

Tab. 3.6 Die 20 Kriterien des Deutschen Nachhaltigkeitskodex

Strategie Kriterien 1–4	Prozessmanagement Kriterien 5–10	Umwelt Kriterien 11–13	Gesellschaft Kriterien 14–20
Strategische Analyse und Maßnahmen	Verantwortung	Inanspruchnahme natürlicher Ressourcen	Arbeitnehmerrechte
Wesentlichkeit	Regeln und Prozesse	Ressourcenmanagement	Chancengerechtigkeit
Ziele	Kontrolle	Klimarelevante Emissionen	Qualifizierung
Tiefe der Wertschöpfungskette	Anreizsysteme		Menschenrechte
	Beteiligung von Anspruchsgruppen		Gemeinwesen
	Innovations- und Produktmanagement		Politische Einflussnahme
			Gesetzes- und richtlinienkonformes Verhalten

Angaben gemacht wurden. Ende 2016 lagen 345 Entsprechenserklärungen vor – vor allem aus dem Finanzdienstleistungssektor (68 Entsprechenserklärungen). Rund 250.000 Nutzer haben 2016 auf die DNK-Datenbank zugegriffen. Auch in weitere europäische Sprachen ist der DNK bereits übersetzt – der Rat für Nachhaltige Entwicklung macht sich für eine über Deutschland hinausgehende Verbreitung des „Sustainability Code" stark.

3.2.1.3 Integrated Reporting (IIRC)

Das Rahmenwerk (Framework) für integriertes Reporting (IR) wurde 2013 vom International Integrated Reporting Council (IIRC) veröffentlicht, mit dem Ziel, das noch recht junge, herausfordernde und oft auch nebulöse Feld der integrierten Berichterstattung finanzieller und nichtfinanzieller Aspekte der Geschäftstätigkeit abzustecken. Gleich vorneweg: Das Rahmenwerk des IIRC bietet keine konkrete Handreichung zur Umsetzung von integrierten Reporting analog dem GRI-Standard für die klassische Nachhaltigkeitsberichterstattung, sondern wesentliche Prinzipien und Inhaltselemente. Unternehmen wird bei der Ausgestaltung bewusst viel Freiheit eingeräumt. Damit verbleibt Anwendern jedoch auch ein hohes Maß an eigener Interpretationsleistung in Bezug auf Erhebungsmethoden, Darstellungsarten und Indikatoren. Das IR-Rahmenwerk eignet sich für Berichterstatter mit ausreichend Erfahrung mit nichtfinanziellen Informationen und belastbaren Prozessen im Nachhaltigkeitsmanagement. Es betont die Bedeutung eines ganzheitlichen „integrierten Denkens" von Unternehmen als Prämisse für erfolgreiches integriertes Berichten. Der Gedanke einer integrierten Darstellung der Wertschöpfung eines Unternehmens geht also weit über den Bereich des Berichtswesens heraus, wie das IIRC auch selbst formuliert:

> <IR> is a process founded on integrated thinking that results in a periodic integrated report by an organization about value creation over time and related communications regarding aspects of value creation.[11]

Die ganzheitlich gedachte Wertschöpfung wird durch ein erweitertes Kapitalmodell greifbar gemacht (siehe Abb. 3.6). Zusätzlich zum Finanzkapital werden weitere Kapitalformen definiert, anhand derer integrierte Wertschöpfung im Sinne von Inputs, Outputs und Outcomes zunächst einmal von der anwendenden Organisation verstanden (integrated thinking) und im nächsten Schritt berichtet werden soll (integrated reporting).

Die sechs Kapitalarten sind:

• Financial capital
• Manufactured capital
• Human capital
• Intellectual capital
• Social and relationship capital
• Natural capital

Die Prinzipien und Inhaltselemente des Rahmenwerks greifen zahlreiche, aus der Nachhaltigkeitsberichterstattung bekannte Elemente auf, wie Stakeholder-Einbeziehung, Darstellung der Chancen und Risiken sowie des Geschäftsmodells, Wesentlichkeit, Prägnanz, Verlässlichkeit, Vollständigkeit, Konsistenz und Vergleichbarkeit. Ein prägendes – neues – Element der Prinzipien ist dabei die sogenannte „Konnektivität der Informationen" (connectivity of information). Damit ist das Inbezugsetzen der einzelnen Kapitalarten und Informationen zu Geschäftsmodell, Strategie, Governance, Zukunftschancen und Auswirkungen auf Umwelt und Gesellschaft gemeint. Was für Abhängigkeiten bestehen zwischen den Kapitalien? Was befruchtete sich gegenseitig? Wo bestehen Zielkonflikte und müssen Kompromisse gemacht werden? Eine derart holistische Darstellung der Wertschöpfung

---

[11]https://integratedreporting.org (letzter Zugriff: 22.05.2017).

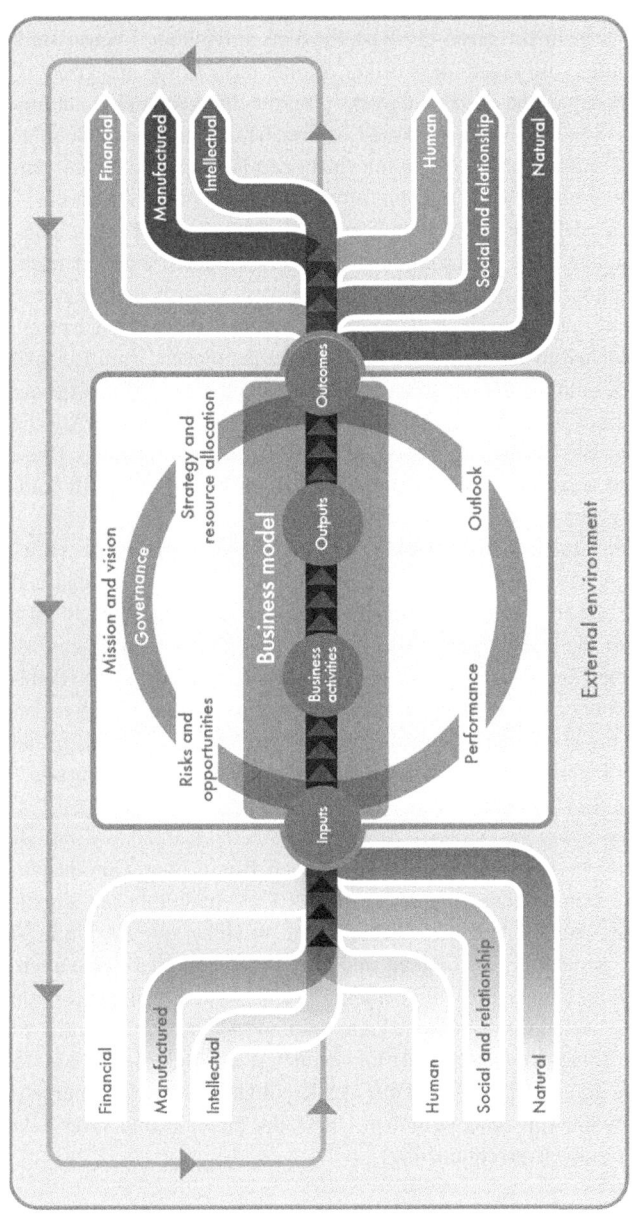

Abb. 3.6 The value creation process. (Quelle: www.integratedreporting.org)

eines Unternehmens ist für viele Neuland. Zwar werden einige integrierte Berichte großer Unternehmen gerne als Best Practice aufgeführt. Ebenso stark sind hingegen Stimmen, die sagen, dass es zur Stunde noch keine „integrierten" Berichte im eigentlichen Sinne des Frameworks gibt, die diese Konnektivität hinreichend darstellen. Sondern dass wir aktuell zahlreiche „kombinierte" Berichte sehen, die finanzielle und nichtfinanzielle Informationen in einem Dokument darstellen, deren Aufbereitung den integrativen Gedanken jedoch vermissen lässt.

Das IR-Rahmenmodell bietet Unternehmen – und insbesondere Finanzdienstleistern – einen Zugang, ihre Wertschöpfung in einem breiteren Kontext nachvollziehbar zu kommunizieren. Für Institute, die ihre gesellschaftliche „licence to operate" fortwährend unter Beweis stellen müssen, ergeben sich klare Chancen, den geschaffenen Mehrwert für die Gesellschaft zu verdeutlichen. Zum Beispiel lässt sich mit dem Kapitalmodell der gesellschaftliche/ökologische Mehrwert der Geschäftstätigkeit eines finanzierten Unternehmens darstellen – auf eine Art, die herausstellt, dass erst die Finanzierung diesen Mehrwert generieren konnte. Diese Chance muss jedoch vom Unternehmen erarbeitet werden, nachdem das IR-Rahmenmodell nur die groben Koordinaten vorgibt.

In einer aktuellen Studie des IR Banking Network werden praktische Hilfestellungen aufgezeigt, wie Banken den geschaffenen Mehrwert ihres „Social and relationship capital" erheben und kommunizieren können. Es wird deutlich, dass Kommunikation über die „Outcomes" – also die internen und externen Ergebnisse und Auswirkungen der Geschäftstätigkeit – ein komplexes Unterfangen ohne einfache Antworten ist. Dennoch ist es möglich, selbst folgenden Geschäftsvorfall in seiner konkreten Wirkung klar zu umreißen, ohne auf Gemeinplätze wie „Banken sind in ihrer Funktion als Finanzintermediäre unverzichtbar" zurückgreifen zu müssen.

Beispiel

Bank A ist alleiniger Kreditgeber an Unternehmen B, ein Pharmaproduzent. Bank A vergibt einen 5-Jahreskredit über 100 US$ zu marktüblichen Konditionen. Unternehmen B verfügt über Eigenkapital in Höhe von 100 US$, 20 gut ausgebildete Mitarbeiter, ein Patent und eine Reihe weiterer Ressourcen. Im Verlauf der fünf Jahre stellt Unternehmen B zehn weitere Mitarbeiter ein, entscheidet sich nach zwei Jahren jedoch, seine Produktion effizienter zu gestalten (Investitionen in Maschinen) und reduziert die Belegschaft um 15 Personen in Jahr drei. Über die fünf Jahre der Kreditlaufzeit macht Unternehmen B einen Gewinn von zehn Millionen US-Dollar pro Jahr und verursacht externe Effekte (Umweltverschmutzung).[12]

---

[12]IR Banking Network 2016: 8.

Frage: Welchen Wert hat die Bank durch ihre Kreditvergabe geschaffen? Was darf sie sich in ihren integrierten Bericht schreiben, ohne sich den Vorwurf anhören zu müssen, sich die Leistung ihrer Kunden anzumaßen? Hat die Bank überhaupt einen Mehrwert in Form von Arbeitsplätzen, technischen Innovation etc. geschaffen? Oder wäre dies nur dann der Fall, wenn keine andere Bank im Land dem Unternehmen einen Kredit gegeben hätte? Was ist mit den negativen ökologischen Auswirkungen? Was mit dem Stellenabbau in Jahr drei? Fehlplanung oder sinnvolle Neuausrichtung im Hinblick auf Zukunftsfähigkeit? Die Antworten auf diese Fragen sind fürwahr nicht einfach, aber möglich. Nötig ist dafür, dass ein Unternehmen, das nach IR berichten möchte, sich darüber, was gemessen und kommuniziert werden soll, im Klaren ist und konsequent die eigene Wertschöpfung monitort. Insofern ist das IR-Prinzip deutlich zu unterscheiden von Ansätzen wie dem der GRI, wo ein Stückweit immer noch „Checklisten-Reporting" möglich ist, also das Abarbeiten vorgegebener Kriterien. Nachdem der gesellschaftliche Druck auf Unternehmen, ihren Mehrwert für die Gesellschaft auch für das Kerngeschäft darlegen zu können, steigt (bislang sind Finanzdienstleister auch mit betrieblichem Umweltschutz und Gesundheitsmanagement durchgekommen), werden die Unternehmen künftig Vorreiter sein, die auf obige Fragen gute Antworten finden und interne Strategie- und Controllingprozesse etablieren, die ein integriertes Handeln ermöglichen.

3.2.1.4 UN Global Compact

Auch der Global Compact der Vereinten Nationen (UN) ist – wie das Rahmenwerk zum integrierten Reporting – kein Standard in dem Sinne, dass Prozesse und Indikatoren konkret vorgegeben werden. Der UN Global Compact (UNGC) trat 1999 in Kraft und ist die weltweit größte Initiative für verantwortungsvolle Unternehmensführung. Mit der Unterzeichnung verpflichten sich Unternehmen zur Einhaltung der in Tab. 3.7 aufgeführten zehn Prinzipien.

Die Prinzipien sind als allgemeine Gebote formuliert und stellen keine Verpflichtungen dar. Wichtigstes Instrument des UNGC ist die sogenannte Fortschrittsmitteilung (Communication on Progress [CoP]). Jedes teilnehmende Unternehmen ist angehalten, jährlich in ihrer CoP über den Stand der Umsetzung der zehn Prinzipien zu informieren. Die CoP muss eine Erklärung der Geschäftsführung enthalten, Aussagen zu den konkreten Aktivitäten sowie qualitativen und/oder quantitativen Indikatoren in den vier Themenfeldern. Die CoP ist eine formale Anforderung, die nicht auf ihre Qualität und Richtigkeit hin geprüft wird. Für KMU mit weniger als 250 Mitarbeitern existiert seit 2016 auch die Express-CoP – eine deutlich vereinfachte Variante. In den meisten Fällen wird die CoP von Unternehmen in existierende Berichtsformate (Nachhaltigkeitsbericht, Umwelterklärung,

Geschäftsbericht) integriert und nicht separat veröffentlicht. Dies empfiehlt der UNGC auch. Weltweit bekennen sich über 8000 Unternehmen zum Global Compact, in Deutschland sind es über 300.

3.2.2 Managementrahmenwerke

Managementrahmenwerke haben – wie der Name schon vermuten lässt – zum Ziel, Orientierung bei der internen Organisation von Nachhaltigkeitsaspekten zu geben. Oft geht mit diesen Managementrahmenwerken die Pflicht oder die Empfehlung zur regelmäßigen externen Kommunikation über Fortschritte einher. So sinnvoll es auch ist, zuerst das Management anzugehen und dann die Berichterstattung in Angriff zu nehmen – in der Praxis ist es oft anders herum. Zuerst kommt der Nachhaltigkeitsbericht, und mit entsprechenden Lerneffekten durch den Reportingprozess wird in den Folgejahren das Management von Nachhaltigkeit gestärkt. Aus einer reinen Berichterstattungsperspektive lässt sich feststellen, dass Managementrahmenwerke Unternehmen eine erhebliche Übersetzungsleistung für die Berichterstattung abverlangen, da ihr vornehmlicher Zweck nicht Kommunikation und Transparenz sind. Nachdem sie jedoch oft als Referenzdokumente für die Berichterstattung genannt werden, sind sie hier der Vollständigkeit halber aufgeführt.

Tab. 3.7 Die zehn Prinzipien des UN Global Compact

Menschenrechte	Prinzip 1: Schutz und Achtung der internationalen Menschenrechte
	Prinzip 2: Sicherstellung, dass sich das Unternehmen nicht an Menschenrechtsverletzungen schuldig macht
Arbeitsnormen	Prinzip 3: Wahrung der Vereinigungsfreiheit und die wirksame Anerkennung des Rechts auf Kollektivverhandlungen
	Prinzip 4: Einsatz für die Beseitigung aller Formen der Zwangsarbeit
	Prinzip 5: Einsatz für die Abschaffung der Kinderarbeit
	Prinzip 6: Einsatz für die Beseitigung von Diskriminierung bei Anstellung und Beschäftigung
Umwelt und Klima	Prinzip 7: Anwendung des Vorsorgeprinzips beim Umgang mit Umweltproblemen
	Prinzip 8: Einsatz für die Förderung eines größeren Umweltbewusstseins
	Prinzip 9: Beschleunigung der Entwicklung und Verbreitung umweltfreundlicher Technologien
Korruptionsprävention	Prinzip 10: Einsatz gegen alle Formen von Korruption, einschließlich Erpressung und Bestechung

3.2.2.1 Norm ISO 26000

Die ISO-Norm 26000 der International Organization for Standardization gehört zu den Managementstandards der ISO-Familie. Sie ist die Norm für „gesellschaftliche Verantwortung" von Organisationen und als solche ein ungewöhnliches Unterfangen, denn sie ist, anders als ihre ISO-Geschwister, bewusst als nicht zertifizierbare Norm angelegt, wie z. B. die ISO 14001 für Umweltmanagement und ISO 9001 für Qualitätsmanagement. Weiterhin legt die Norm weder konkrete technische Vorgaben noch Anforderungen an Managementprozesse fest. Sie ist somit keine Norm im strengeren Sinn, sondern ein Leitfaden mit Empfehlungscharakter, der zwar Orientierung bieten möchte, aber es den Anwendern freistellt, wie bzw. mit welchen Instrumenten sie die Empfehlungen im eigenen Kontext umsetzen.

Die ISO 26000 besteht aus sieben Kapiteln (den Normabschnitten) und zwei Anhängen mit Verweisen auf Standards, Normen, Richtlinien und Initiativen, die als ausgesuchte Beispiele gesellschaftliche Verantwortung thematisieren. Die Grundsätze (Normabschnitt 4) und Kernthemen gesellschaftlicher Verantwortung (Normabschnitt 6) bilden das Kernstück der ISO 26000 (siehe Tab. 3.8).

Die ISO 26000, die 2010 in Übereinstimmung mit existierenden Standards (u. a. UN Global Compact, GRI, OECD-Guidelines) veröffentlicht wurde, soll der Nachhaltigkeitsdiskussion vor allem durch die Definition und Auflistung von allgemeingültigen Prinzipien einen Rahmen bieten. Die Norm enthält über 600 Empfehlungen für ein belastbares Nachhaltigkeitsmanagement. Die ISO 26000 und die in der Norm referenzierten Standards sind dabei komplementär zu denken. Die ISO 26000 und die GRI-Standards zum Beispiel decken nahezu dasselbe Themenspektrum ab, haben jedoch einen unterschiedlichen Fokus: Auch, wenn die ISO-Norm die Bedeutung der externen Rechenschaftslegung über den Umgang mit Herausforderungen und Erreichtes sowie die Einbindung von Stakeholdern herausstreicht, beinhaltet sie keinen konkreten Anforderungskatalog im Sinne von Indikatoren. Sie verweist auf die GRI-Leitlinien als Umsetzungsinstrument. Dabei können nicht allen ISO-Empfehlungen GRI-Indikatoren zugeordnet werden. Die ISO 26000 bleibt somit klar ein Managementleitfaden, aus dem eine Berichterstattung systematisch abgeleitet werden kann.

Die ISO 26000 eignet sich vor allem für diejenigen Unternehmen, die bereits Erfahrungen mit ISO-Normen haben und sich in der spezifischen Denk- und Arbeitsweise von Managementnormen sattelfest fühlen. Dann kann es sinnvoll sein, das eigene Managementnorm-Universum um die Nachhaltigkeitskomponente aufzurüsten und über diesen Weg auch ein Reporting aufzubauen. Zu erwähnen ist weiterhin, dass die ISO-Norm – anders als die Transparenzstandards – kostenpflichtig ist. Durch den Wegfall der Zertifizierungskosten fällt der Kostenfaktor jedoch nicht ins Gewicht.

3.2.2.2 EMAS

EMAS (Eco-Management & Audit Scheme) ist ein zertifiziertes Umwelt-
management- und Umwelt-Auditsystem der EU für Organisationen, die ihre
Umweltleistung verbessern wollen. Das Instrument deckt alle Anforderungen
der international bekannten ISO 14001 ab und ist ebenfalls weltweit anwendbar
(wobei sich die Anwendung faktisch auf den europäischen Raum konzentriert).
Anders als bei der ISO 14001 haben Unternehmen bei EMAS zusätzlich öffentlich Bericht zu erstatten, was EMAS anspruchsvoller macht als die ISO-14001-
Norm. In einer Umwelterklärung legen Unternehmen Rechenschaft darüber
ab, was sie im Umweltschutz erreicht haben und wo weiterer Handlungsbedarf
besteht. Zu den Themen gehören Energieverbrauch, Emissionen, Abfall, Abwas-
ser oder Biodiversität, die mittels verbindlicher Kernindikatoren dargestellt
werden. Der Umweltprüfer überprüft im Zuge der Auditierung auch die Rechtskonformität des Umweltmanagements – in Zeiten steigender Rechtsvorschriften
zu Umweltaspekten ein oft willkommener Mehrwert.

EMAS-erfahrene Anwender sind prinzipiell gut aufgestellt, um die umweltbezogenen Aspekte von umfassenden Nachhaltigkeitsstandards zu erfüllen. Teils
sind in EMAS auch schon allgemeine Managementprinzipien anderer Standards
integriert. Von einer Umwelterklärung auf einen umfassenden Nachhaltigkeitsbericht ist es dennoch ein großer Schritt, der der sorgfältigen Vorbereitung und auch
genügend zeitlichen Vorlaufs bedarf.

Mittlerweile existiert mit EMASplus ein integriertes Managementsystem, das
EMAS mit der ISO 26000, ISO 9001 und der ISO 14000 kombiniert und somit
über die Dimension „Umwelt" hinaus auch die sozialen und ökonomischen Auswirkungen von Unternehmen berücksichtigt. EMASplus ist ein offenes und frei
verfügbares System privatrechtlicher Natur, das allen EMAS-Anwendern zugäng-

Tab. 3.8 Grundsätze und Kernthemen der ISO 26000

Die Grundsätze („Verhaltenskodex")	Die Kernthemen (inhaltliche Hauptbereiche)
1. Rechenschaftspflicht	1. Organisationsführung
2. Transparenz	2. Menschenrechte
3. Ethisches Verhalten	3. Arbeitspraktiken
4. Achtung einzelner Anspruchsgruppen	4. Umwelt
5. Achtung der Rechtsstaatlichkeit	5. Faire Betriebs- und Geschäftspraktiken
6. Achtung der Menschenrechte	6. Konsumentenanliegen
7. Achtung internationaler Verhaltensstandards	7. Einbindung und Entwicklung der Gemeinschaft

lich ist (die Validierung läuft dabei weiterhin über den Umweltgutachter gemäß dem herkömmlichen Verfahren).

3.2.2.3 OECD-Leitsätze für multinationale Unternehmen

Die OECD (Organisation für wirtschaftliche Zusammenarbeit und Entwicklung) veröffentlicht seit dem Jahr 1976 (letzte Neufassung im Jahr 2011) die „Leitsätze für multinationale Unternehmen". Die Leitsätze stellen einen Verhaltenskodex für mehr Nachhaltigkeit und Verantwortungsbewusstsein im globalen Handeln dar (Auslandsinvestitionen, Zusammenarbeit mit Zulieferern) und sind Empfehlungen von Regierungen an die Wirtschaft. Sie sind international gültig und richten sich an Konzerne, deren Hauptsitz in einem der Unterzeichnerstaaten liegt. Die Anwendung für Unternehmen ist freiwillig. Unterzeichnende Regierungen verpflichten sich zur Einrichtung einer Nationalen Kontaktstelle (NKS) zur Förderung der Umsetzung der Leitlinien und als Beschwerdestelle bei Verstößen.

Mit einem Umfang von gut 100 Seiten sind die Leitsätze umfangreich und beziehen andere internationale Abkommen wie die ILO-Kernarbeitsnormen der Internationalen Arbeitsorganisation und die Allgemeine Erklärung der Menschenrechte der Vereinten Nationen mit ein. Die Leitsätze werden im Kontext der Nachhaltigkeitsberichterstattung zwar oft referenziert, bemängelt wird jedoch auch ihr geringer Bekanntheitsgrad – teils dadurch zu erklären, dass ihr konkreter Anwendungskreis beschränkt ist. Transparenz und Rechenschaftslegung wird in den Leitlinien ein hoher Stellenwert beigemessen. Wie auch bei der ISO 26000 gibt es jedoch keine Empfehlungen, wie dies konkret zu bewerkstelligen sei.

Nichtsdestoweniger gelten die OECD-Leitsätze neben den ILO-Kernarbeitsnormen und dem UN Global Compact weltweit als eines der wichtigsten Instrumente zur Förderung von verantwortungsvoller Unternehmensführung, vor allem aufgrund der erwähnten Kontrollmechanismen. Die 34 Mitgliedsstaaten der OECD und acht weitere Staaten haben die Leitsätze unterzeichnet.

Die OECD-Leitsätze im Einzelnen:

1. Begriffe und Grundsätze
2. Allgemeine Grundsätze
3. Offenlegung von Informationen
4. Menschenrechte
5. Beschäftigung und Beziehungen zwischen den Sozialpartnern
6. Umwelt
7. Bekämpfung von Bestechung, Bestechungsgeldforderungen und Schmiergelderpressung

8. Verbraucherinteressen
9. Wissenschaft und Technologie
10. Wettbewerb
11. Besteuerung

3.2.3 Branchenstandards und -initiativen

Für Finanzdienstleister existieren eine ganze Reihe eigener „Branchenstandards"
zu Nachhaltigkeitsthemen, die generische Aspekte von Nachhaltigkeit für die
Finanzbranche konkretisieren und operationalisieren. Von Art und Umfang her
sind sie sehr heterogen. Im Folgenden sind diejenigen aufgeführt, die dezidiert
einen Bezug zur Berichterstattung haben, weil sie mit Transparenzpflichten oder
zumindest dahin gehenden Empfehlungen einhergehen (z. B. die Equator Principles). Weiterhin gibt es Beispiele für die branchenspezifische Adaption bestehender, universaler Standards (z. B. Sparkassen und der DNK). Branchenstandards
sind durch ihre kontinuierliche freiwillige Anwendung innerhalb einer Branche
eine Art Soft Law. Einige der Prinzipien und Standards gelten natürlich nur für
ausgewählte Institute.

Für alle Berichterstatter ist es empfehlenswert, einen Überblick über die Transparenzkriterien der eigenen Branche zu haben, um State-of-the-Art-Transparenz
bieten oder im Zweifelsfall im Sinne eines „Comply or Explain" darlegen zu können, weshalb gewisse Standards im eigenen Unternehmen nicht zur Anwendung
kommen. Berichtende Unternehmen sollten gut abwägen, über welche Kanäle den
Transparenzverpflichtungen nachgekommen wird bzw. welche Kanäle, nachdem
die Daten nun einmal erhoben sind, sinnvollerweise ergänzend genutzt werden
können. Denn auch hier gilt: Compliant sein in Bezug auf Reportingpflichten ist
die eine, strategisch durch gute und transparente Kommunikation Vertrauen und
Markenwert aufbauen die andere Seite der Medaille.

3.2.3.1 Berichterstattungsstandards in der Finanzbranche
3.2.3.1.1 Branchenspezifische Ergänzungen der GRI
Die GRI hat – wie in Abschn. 3.2.1.1 erwähnt – für ausgewählte Sektoren branchenspezifische Ergänzungen entwickelt (sogenannte „Sector Disclosures"). Ausgewählt wurden die Branchen, für die spezifische Ergänzungen entwickelt wurden,
auf Grundlage dessen, ob die betreffende Branche über spezifische Themen verfügt, die nicht über den Nachhaltigkeitsdiskurs abgedeckt sind. Ob also für die
Branche eine eigene Übersetzungsleistung von Nachhaltigkeit erbracht werden
muss. Für den Bereich Financial Services sah die GRI Anlass, dies zu tun (siehe

Tab. 3.9). Zwar sind die Sector Disclosures kein Pflichtbestandteil der seit Ende 2016 gültigen, neuen GRI-Standards, die GRI empfiehlt Branchen mit eigenen Sector Disclosures jedoch dringend, diese anzuwenden, weil sie als Kompass für die relevanten Themen der Branche fungieren. Als Teilbranchen definiert die GRI:

- Retail Banking
- Commercial and Corporate Banking
- Asset Management
- Insurance

3.2.3.1.2 EFFAS ESG-KPI

EFFAS steht für „European Federation of Financial Analysts Societies". Sie verfügt über eine Kommission für ESG-Themen, die gemeinsam mit der Deutschen Vereinigung für Finanzanalyse und Asset Management (DVFA) seit 2007 einen Kriterienkatalog für ESG-Themen entwickelt hat, der mittlerweile in der dritten Generation vorliegt. Das ESG 3.0-Framework richtet sich dezidiert an Finanzexperten und verbindet allgemeine ESG-KPI mit umfangreichen branchenspezifischen Kennzahlen. Kennzeichnend für die EFFAS-Kriterien ist, dass sie messbar sind, Unternehmen vergleichbar machen sollen und in den meisten Fällen Risiken abbilden. Die EFFAS-Kriterien sind freiwillig und werden deutlich weniger angewandt als die leichter zu berichtenden GRI-Indikatoren, die in den meisten Fällen qualitativer und nicht quantitativer Natur sind. Auch im Deutschen Nachhaltigkeitskodex (DNK), der sowohl GRI als auch EFFAS-Indikatoren zulässt, berichten die nach EFFAS-erhebenden Unternehmen in den meisten Fällen zusätzlich auch nach GRI. Dies ist weniger der Relevanz der Kriterien zuzurechnen als der Schwierigkeit, EFFAS-Indikatoren belastbar zu erheben. Sie orientieren sich an den Bedürfnissen der Finanzbranche, indem sie Aspekte darstellen, die einen materiellen Einfluss auf die Lage und Entwicklung der Geschäftsergebnisse haben können. Unternehmen müssen nicht sämtliche Indikatoren berichten, sondern können mit einem „entry level" beginnen und sich dann Indikatoren des „mid and high level" vornehmen.

EFFAS spricht sich nicht gegen qualitative/narrative Informationen aus, betont jedoch, dass Investoren bei ihren Entscheidungen zahlengetrieben sind. Daher sollen die ESG-KPI Unternehmen befähigen, Nachhaltigkeit quantitativ darzustellen. Die Indikatoren sind nicht explizit für Nachhaltigkeitsberichterstattung entwickelt worden. EFFAS empfiehlt die Einbindung in Management-Reports und reguläre Kommunikation mit u. a. Investoren.

Für die Finanzdienstleistungsbranche hält EFFAS für zahlreiche Subbranchen spezifizierte Indikatoren vor, wie u. a. „Banks", „Full Line Insurance", „Insurance

Tab. 3.9 Spezifische Nachhaltigkeitsaspekte für Finanzdienstleister gemäß GRI

Kriterium	Erläuterung
Produktport-folio	• Policies mit spezifischen ökologischen und sozialen Aspekten in den Geschäftsbereichen • Prozesse, um ökologische und soziale Risiken zu erfassen und zu bewerten • Prozesse, um die kundenseitige Umsetzung ökologischer und sozialer Aspekte zu überprüfen, die Teil von Vereinbarungen sind • Prozesse, wie Mitarbeiter zur Anwendung von ökologischen und sozialen Policies geschult werden • Austausch mit Kunden/Investoren/Geschäftspartnern zu Chancen und Risiken i.b. auf Nachhaltigkeit • Zusammensetzung des Portfolios je Geschäftsbereich nach Region, Größe und Branche • Geldwert von Produkten und Dienstleistungen, die für einen spezifischen gesellschaftlichen Nutzen entwickelt wurden • Geldwert von Produkten und Dienstleistungen, die für einen spezifischen ökologischen Nutzen entwickelt wurden
Auditierung	• Abdeckungsgrad und Häufigkeit von Auditierungen, um die Implementierung ökologischer und sozialer Policies sowie der Risikomanagementprozesse zu überprüfen • Die Leistungsziele des Unternehmens i. B. auf Auditierungen inkl. relevanter Audit-Ergebnisse
Active Owner-ship	• Anteil der Unternehmen im Portfolio, mit denen bei ökologischen oder gesellschaftlichen Fragen interagiert wurde • Anteil der Vermögenswerte, die einer Prüfung nach ökologischen oder gesellschaftlichen Aspekten unterzogen wurden • Richtlinien für die Stimmrechtsausübung zu ökologischen und gesellschaftlichen Themen in Bezug auf Aktien, an denen die berichtende Organisation Stimmrechte hält oder bei der Ausübung der Stimmrechte berät
Ökonomische Leistung	• Investments in gesellschaftliche Förderung
Emissionen	• Direkte/indirekte Emissionen der Geschäftsreisen • Indirekte Emissionen aus den Portfolios (finanzierte Emissionen)
Abfall	• Papierverbrauch und Entsorgung von IT
Gesundheit und Arbeitssicherheit	• Umgang mit Gewalt und Drohungen gegen Bankmitarbeiter und Angriffen von Kunden (vor allem als Reaktion auf regulatorische Berichtspflichten der Institution i. B. auf Korruption und Geldwäsche) • Umgang mit Banküberfällen
Lokale Gemeinschaften	• Zugang zu Finanzdienstleistungen in schwach besiedelten oder wirtschaftlich benachteiligten Gebieten • Initiativen zur Verbesserung des Zugangs zu Finanzdienstleistungen für benachteiligte Menschen

Brokers", „Property & Casualty Insurance", „Reinsurance", „Life Insurance", „Asset Managers", „Consumer Finance", „Mortgage Finance", „Investment Services", etc.

3.2.3.1.3 „Bericht an die Gesellschaft" der Sparkassen

Die spezifische Organisation der Sparkassen in Deutschland stellt eine koordinierte und einheitliche Nachhaltigkeitskommunikation der „Marke" Sparkasse vor einige Herausforderungen. Denn anders als bei einer klassischen Filialstruktur, kann der Dachverband die einzelnen und selbstständig agierenden Sparkassen nicht verpflichten, sondern lediglich Empfehlungen aussprechen. Der Deutsche Sparkassen- und Giroverband (DSGV) hat daher ein Sparkassen-spezifisches Indikatoren-Set für die Nachhaltigkeitsberichterstattung entwickeln lassen mit rund 60 Indikatoren. Die branchenspezifischen Ergänzungen der GRI für den Finanzsektor sowie weitere GRI-Standard-Angaben sind dort berücksichtigt (siehe Abschn. 3.2.1.1). Das Indikatoren-Set dient den Sparkassen als konkreter und auf ihre Realität gemünzter Leitfaden für die Nachhaltigkeitskommunikation. Dies kommt gelegen, sind doch zahlreiche Sparkassen von der CSR-Berichtspflicht der EU betroffen.

Bereits 2013, in der Anfangsphase des DNK, hat der DSGV in einem weiteren Schritt eine Kooperationsvereinbarung mit dem Rat für Nachhaltige Entwicklung der Bundesregierung, dem Initiator des DNK, getroffen. Der Rat für Nachhaltige Entwicklung hat bestätigt, dass die Sparkassen-Kriterien sämtliche Anforderungen des DNK abdecken.

Das Indikatoren-Set der Sparkassen zeichnet sich jedoch insbesondere dadurch aus, dass es über eine reine Zusammenstellung von Kriterien hinausgeht. Die Sparkassen haben erkannt, dass das Prinzip Nachhaltigkeit und das Geschäftsmodell von Sparkassen viele Berührungspunkte haben. Somit wurden die Indikatoren in eine Struktur gegossen, die es den Sparkassen möglich macht, aus ihrer besonderen, dem Gemeinwohl verpflichteten unternehmerischen Haltung heraus ihre Nachhaltigkeitsaktivitäten zu kommunizieren (siehe Abb. 3.7). Der „Bericht an die Gesellschaft" der Sparkassen ist ein Beispiel dafür, wie es in großem Maßstab gelingen kann, konform mit internationalen und nationalen Standards zu gehen und gleichzeitig ein maßgeschneidertes, individualisiertes Reporting aufzubauen. Zusätzlich zu den GRI- und DNK-Kriterien weisen die Sparkassen bei ihren Indikatoren solche aus, die als „Reporting zum öffentlichen Auftrag" klassifiziert sind. Dadurch können sie Transparenz zu ihrer spezifischen Funktion innerhalb der 3-Säulen-Struktur des deutschen Bankwesens (Genossenschaftsbanken, Sparkassen und Privatbanken) herstellen.

3.2.3.1.4 Empfehlungen der Deutschen Börse zur Kapitalmarktkommunikation

Die Deutsche Börse Group hat – in Kooperation mit dem Deutschen Fondsverband BVI, dem Deutschen Aktieninstitut, dem DIRK (Deutscher Investor Relations Verband) und der DVFA (Deutsche Vereinigung für Finanzanalyse und Asset Management) – einen Leitfaden für die Kapitalmarktkommunikation von Emittenten veröffentlicht. Es handelt sich um sieben Empfehlungen, wie ESG-Aspekte (Environmental, Social, Governance) sinnvoll adressiert werden können. Der Leitfaden versteht sich als Unterstützung zur zielgerichteten Information von Investoren und Analysten und enthält keine Verpflichtungen oder zusätzliche Reportingpflichten. Der Leitfaden führt weiterhin zahlreiche Praxisbespiele auf, die national und international bei Investoren als Best Practice gelten.

Auch wenn mit dem Leitfaden keine Reportingpflichten einhergehen, ist es eine seiner Zielsetzungen, Anreize für mehr Standardisierung in dem noch sehr heterogen bespielten Feld der Kapitalmarktberichterstattung zu Nachhaltigkeit zu geben. Er ersetzt die gängigen Reportingstandards nicht, sondern möchte als eine Art Meta-Richtschnur denjenigen berichtenden Unternehmen Orientierung geben, die effektiver mit Investoren und Analysten kommunizieren möchten. Begrenzte Ressourcen für die Berichterstattung seitens der Emittenten wurden bei der Erstellung des Leitfadens berücksichtigt. Mit 42 Seiten ist der Leitfaden auch vergleichsweise schlank gehalten.

Als zentrale Herausforderungen für die ESG-Kapitalmarktkommunikation definiert der Leitfaden:

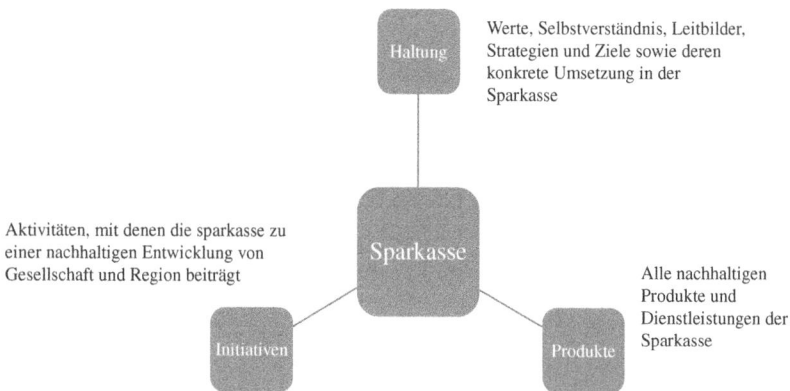

Abb. 3.7 Struktur der Sparkassen-Indikatoren zu Nachhaltigkeit. (Zitiert nach Finanzgruppe Deutscher Sparkassen- und Giroverband e. V. 2014: 7)

- eine überschaubare Anzahl an KPIs zu identifizieren, die sowohl für die Steuerung als auch für die Bewertung des Unternehmens relevant sind
- diese monetär darzustellen, verständlich zu kontextualisieren und dabei das Wirkungsgeflecht zwischen Finanzdaten und ESG-Informationen zu erläutern
- nebensächliche Informationen (die von den wesentlichen Themen ablenken) konsequent nicht zu berichten

Diese Herausforderungen decken sich in großen Stücken mit den auch in diesem Buch skizzierten Zukunftsentwicklungen von Reporting (Abschn. 3.4).

Die sieben Best-Practice-Empfehlungen des Leitfadens lauten:

Inhalte der Berichterstattung
1. Top-down-Ansatz darstellen
2. Stakeholder-Anforderungen berücksichtigen
3. Wesentliche Informationen kommunizieren
4. Auf Risiko-Rendite-Ansatz konzentrieren

Grundsätze für die Berichterstattung
5. Quantitative Daten bevorzugen
6. (Internationale) Standards nutzen
7. Auf formale Aspekte achten

3.2.3.2 Prinzipien für nachhaltige Finanzdienstleistungen und -produkte

An informellen Regelungen – Zertifikate, Siegel, Standards – zu nachhaltigen Finanzprodukten mangelt es nicht. 129 verschiedene hat eine Anfang 2017 erschienene, umfassende Recherche zum Iststand der nachhaltigen Finanzwirtschaft ergeben (herausgegeben vom Forum Nachhaltige Geldanlagen[13]). Auf diese erschöpfende Studie sei für einen Gesamtüberblick verwiesen. Im Folgenden sind lediglich die aus Reportingsicht zentralen Initiativen aufgelistet.

3.2.3.2.1 Equator Principles

Die Equator Principles (EP) sind ein Branchenstandard von Banken zur Einhaltung von Sozial- und Umweltstandards bei der Finanzierung von Großprojekten (Projektfinanzierungen und sogenannte „project related corporate loans"). Die EP gelten für Projekte mit einem Finanzierungsvolumen von min-

---

[13]FNG (Forum Nachhaltige Geldanlagen) 2017.

destens 10 Mio. US$ und basieren auf den Umweltstandards der Weltbank, den Sozialstandards der International Finance Corporation (IFC). Sie stellen Mindeststandards für nachhaltigkeitsbezogene Due Diligence auf freiwilliger Basis dar. Großprojekte wie Kraftwerke oder Staudämme können negative ökologische und soziale Folgen haben – vor allem in Schwellen- und Entwicklungsländern mit unzureichender Umwelt- und Sozialgesetzgebung.

Entwickelt wurden die EP 2003 von 10 international tätigen Banken, darunter die deutsche HypoVereinsbank. Aktuell bekennen sich 87 Banken in 36 Ländern zu den EP und decken damit über 70 % der Projektfinanzierung in Schwellenländern ab. Auch wenn die EP nur für die Finanzierung von Projekten konkret Anwendung finden, haben sie viele nachhaltigkeitsbezogene Initiativen im Bankensektor beeinflusst und vorangetrieben.

Anwenderbanken der EP verpflichten sich gemäß dem letzten der zehn EP-Prinzipien zu einem jährlichen Reporting zum Stand der Umsetzung der EP und zu abgeschlossenen Projekten. Die Gesamtzahl der finanzierten Projekte im Berichtszeitraum wird zunächst den drei Risikokategorien A, B und C zugeordnet (hohes Risiko bis geringes Risiko). Diese Angaben müssen pro Risikokategorie weiter aufgeschlüsselt werden nach:

- Branche
- Region
- designiertem Land (Länder, die über eine belastbare ökologische und soziale Governance, Gesetzgebung sowie über ausreichende Verwaltungskapazitäten verfügen, um Mensch und Natur zu schützen)
- der Frage, ob eine unabhängige Prüfung erfolgt ist

Weiterhin sind Angaben nötig über interne Prozesse und Policies zu den EP, zu Mitarbeiterschulungen und Verantwortlichkeiten sowie zu beratenden Tätigkeiten im Zuge der Anwendung der EP. Die Transparenzberichte der Anwenderbanken werden von der Equator Principles Association formal überprüft. Sie sind auf der Website der EP für sämtliche Stakeholder einsehbar. Die Equator Principles Association begrüßt es, wenn Banken die gemachten Angaben in ihre eigene Nachhaltigkeitsberichterstattung übernehmen, dazu besteht allerdings keine Verpflichtung.

3.2.3.2.2 Green Bond Principles

Die Green Bond Principles der International Capital Market Association (ICMA) wollen die Standardisierung, Integrität und Transparenz im noch jungen und boomenden Markt der Green Bonds (grüne Anleihen) fördern. Die 2014 erstmals veröffentlichten Leitlinien definieren einen freiwilligen Standard für den Emissionsprozess von Green Bonds. Grüne Anleihen finanzieren ausschließlich umweltfreundliche und dem Klimaschutz dienende Projekte, wie Windparks und Solaranlagen, klimaschonende Mobilität und nachhaltige Landwirtschaft. Bei der Finanzierung der Bekämpfung des Klimawandels kommt Green Bonds eine tragende Rolle zu. Die Green Bond Principles erfahren große Akzeptanz im Markt. 117 Organisationen haben sie bislang unterzeichnet, was einer Marktabdeckung gleichkommt.

Die Prinzipien betreffen folgende Aspekte:

1. Verwendung der Erlöse aus Green Bonds
2. Prozesse zur Bewertung und Auswahl von Projekten
3. Management der Erlöse aus Green Bonds
4. Reporting

Unterzeichner der Green Bond Principles werden nicht direkt verpflichtet, aber dazu angehalten, regelmäßig Bericht zu erstatten. Hierzu geben die Green Bond Principles Empfehlungen: Emittenten sollen jährlich über die Verwendung der Erlöse aus Green Bonds berichten, bis diese vollständig zugeteilt sind, zum Beispiel in Form:

- einer Liste der Projekte, in die Green-Bond-Erlöse geflossen sind
- einer Beschreibung der Projekte samt Höhe der zugeteilten Beträge und der erwarteten Wirkung/Ergebnisse

Qualitative wie quantitative Indikatoren sollten verwendet werden, und Emittenten werden dazu angehalten, in Form eines Impact Reportings die Auswirkungen der durch Green Bonds finanzierten Projekte konsequent zu monitoren und zu kommunizieren.

Berichterstattung über Impacts, also die Wirkungsmessung der eigenen Maßnahmen, ist etwas, das oft gewünscht und selten direkt eingefordert wird, nachdem eine belastbare Wirkungsmessung selten einfach zu bewerkstelligen ist. Dennoch bewegt sich die Nachhaltigkeitsdiskussion immer mehr dahin, dass nicht nur über getätigte Maßnahmen, sondern über die damit erreichte Wirkung bei den Stakeholdern oder in Bezug auf Klima- und Naturschutz berichtet wird/ werden soll. Die Global Goals der Vereinten Nationen (siehe Abschn. 3.2.3.5) zum Beispiel sind ein Referenzkatalog, im Zuge dessen Wirtschaft und Politik in den nächsten 15 Jahren zunehmend gefragt werden, inwiefern sie nicht nur tätig geworden sind, sondern welche konkreten Wirkungen auf die 17 globalen Nachhaltigkeitsziele sie erwirkt haben.

Ein Beispiel aus der Praxis: Das Green-Bond-Reporting der Berlin Hyp
Die Berlin Hyp, eine der führenden deutschen Immobilien- und Pfandbrief-
banken, hat 2015 den ersten Grünen Pfandbrief am Kapitalmarkt emittiert und
finanziert damit als Pionier grüne Immobilien. Der Grüne Pfandbrief verbindet
das Deckungsprinzip des Pfandbriefs mit dem Green-Bond-Prinzip. Die Berlin
Hyp ist Unterzeichnerin der Green Bonds Principles und erfüllt die damit einher-
gehenden Reportingpflichten nicht nur, sondern nutzt sie zur Schaffung umfassender Transparenz und zur aktiven Positionierung.

Im Zuge ihres ersten Jahresreportings zum Grünen Pfandbrief 2015/2016
hat mit der Berlin Hyp zum ersten Mal eine deutsche Geschäftsbank ein
Impact Reporting vorgelegt, also eine geschätzte Quantifizierung der erzielten
CO_2-Einsparung in Verbindung mit den seit der Erstemission ermittelten
Green Buildings. Dabei geht die Berlin Hyp offen mit den Schwierigkeiten
um, die sich bei der Quantifizierung ergeben. Anstatt aufgrund bestehender
Unsicherheiten auf ein Impact Reporting zu verzichten, stellt die Berlin Hyp
größtmögliche Transparenz her, in dem sie die Schätzung der eingesparten
CO_2-Emissionen an zwei unterschiedlichen Benchmarks ausrichtet: einmal an
dem europäischen Durchschnitt und einmal an der Energieeinsparverordnung
(EnEV). Weiterhin werden zwei unterschiedliche Annahmen durchgerechnet:
a) die eingesparten CO_2-Emissionen werden der Berlin Hyp vollständig zugeordnet und b) die eingesparten CO_2-Emissionen werden anteilig gemäß der
anfänglichen Beteiligungshöhe der Berlin Hyp an der Finanzierung zugeordnet.

Eingesparte tCO$_2$/Mio. Euro/Jahr	100%-Zuordnung zur Finanzierung der Berlin Hyp	Anteilig nach Höhe der anfänglichen Beteiligung der Berlin Hyp an der Finanzierung zugeordnet
Vergleich mit europäischem Durchschnitt	34,8	20,1
Vergleich mit aktuellen EnEV-Standards	11,2	6,9

Die erheblichen Unterschiede zwischen den Schätzungen zeigen die Bedeutung von Benchmarks und Berechnungsannahmen für das Impact Reporting (eingesparte CO$_2$-Emissionen).

Auszug aus dem Impact Reporting zum Grünen Pfandbrief der Berlin Hyp.
(Quelle: Berlin Hyp 2016)

Nachdem weiterhin die Berechnungsmethodik nachvollziehbar erläutert wird,
versetzt die Berlin Hyp ihre Anleger in die Lage, sich auf fundierter und gut aufbe-
reiteter Grundlage selbst eine Meinung zu bilden und zu entscheiden, welchem der
Benchmarks und welcher Berechnungsgrundlage sie angesichts der doch erheblichen Unterschiede zwischen den Schätzungen folgen möchten. Ihre Berechnun-
gen hat sich die Berlin Hyp von oekom research auf Plausibilität prüfen lassen.

Im Nachhaltigkeitsbericht der Berlin Hyp wird der Grüne Pfandbrief vorgestellt. Das eigentliche Impact Reporting jedoch ist ausgegliedert auf die Themenwebsite www.grüner-pfandbrief.de der Berlin Hyp. Dort finden sich umfassende Informationen zum Produkt sowie das Green-Bond-Reporting in gebündelter Form. Die Berlin Hyp zeigt, wie man ein an Standards/Prinzipien gebundenes „Regelreporting" nutzen kann, um die Nachhaltigkeitswirksamkeit der eigenen Nachhaltigkeitsaktivitäten nachvollziehbar zu promoten. Das Beispiel zeigt auch, dass es durchaus sinnvoll ist, gewisse Reportingteile nicht im Nachhaltigkeitsbericht zu versammeln. Der Nachhaltigkeitsbericht der Berlin Hyp ist mit 56 Seiten erfreulich schlank. Die Integration der detaillierten Aufschlüsselung im Impact Reporting hätte den Nachhaltigkeitsbericht unproportional aufgebläht und außerdem die Pionierleistung des Impact Reportings unnötig versteckt.

3.2.3.2.3 Principles for Responsible Investment

Die Principles for Responsible Investment (PRI) sind eine Investoreninitiative in Partnerschaft mit der UNEP Finance Initiative und dem UN Global Compact. Gemeinsam mit ihrem internationalen Netzwerk an Unterzeichnern widmet sich die PRI-Initiative der praktischen Umsetzung der sechs Prinzipien für verantwortliches Investieren nach ESG-Kriterien (Environmental, Social, Governance), siehe Tab. 3.10.

Entwickelt wurden die sechs Prinzipien im Jahr 2006 von einer Reihe institutioneller Investoren. Sie werden durch die UN gefördert. Der Initiative gehören rund 1700 Mitglieder aus 50 Ländern an (Kapitaleigner, Vermögensverwalter und Finanzdienstleister), darunter rund 60 aus Deutschland, die zusammen über ein Anlagekapital von mehr als 60 Billionen US$ verfügen.

Tab. 3.10 Die sechs Prinzipien der Principles for Responsible Investment (PRI)

Prinzip	Inhalt
1.	Wir werden ESG-Themen in die Analyse- und Entscheidungsprozesse im Investmentbereich einbeziehen
2.	Wir werden aktive Anteilseigner sein und ESG-Themen in unserer Investitionspolitik und -praxis berücksichtigen
3.	Wir werden Unternehmen und Körperschaften, in die wir investieren, zu einer angemessenen Offenlegung in Bezug auf ESG-Themen anhalten
4.	Wir werden die Akzeptanz und die Umsetzung der Prinzipien in der Investmentbranche vorantreiben
5.	Wir werden zusammenarbeiten, um unsere Wirksamkeit bei der Umsetzung der Prinzipien zu steigern
6.	Wir werden über unsere Aktivitäten und Fortschritte bei der Umsetzung der Prinzipien Bericht erstatten

Transparenzpflichten ergeben sich aus dem Prinzip 6. Die UN PRI nennen folgende Punkte als mögliche Maßnahmen in Bezug auf die Offenlegung:

- Offenlegung der Art und Weise der Integration von ESG-Themen in die Investitionspraxis
- Offenlegung der aktiven Anlageaktivitäten (Wahl, Engagement und/oder politischer Dialog)
- Offenlegung der in Zusammenhang mit den Prinzipien an Dienstleister gestellten Anforderungen
- Kommunikation mit Nutznießern über ESG-Themen und die Prinzipien
- Berichterstattung über den Fortschritt und/oder die Erfolge in Zusammenhang mit den Prinzipien gemäß dem Grundsatz, dass Prinzipien einzuhalten oder Abweichungen davon zu erklären sind
- Bestreben, die Auswirkungen der Prinzipien festzustellen
- Nutzung der Berichte zum Zwecke der Sensibilisierung einer größeren Gruppe von Akteuren

Die Offenlegungspflichten beinhalten nicht, dass alle Prinzipien von Anfang an vollständig umgesetzt sein müssen. Eine Analyse der PRI kommt zu dem Schluss:

> Schon der Begriff ‚Fortschrittsbericht' für die jährliche Berichterstattung legt nahe, dass davon ausgegangen wird, dass sich die Umsetzung der PRI über die Zeit entwickelt. Gleichwohl offenbaren sich bei der Frage, wie weit man im Bereich der nachhaltigen Kapitalanlagen gekommen sein muss, um „legitimiert" zu sein, die PRI zu unterzeichnen, kulturelle Unterschiede. Die vergleichsweise geringe Anzahl deutscher Unterzeichner hat ggf. auch damit zu tun, dass deutsche Investoren erst dann unterschreiben, wenn alle „Hausaufgaben" gemacht sind, während andere Mitglieder die Unterzeichnung der PRI eher als ‚work in progress' verstehen.[14]

Ein Beispiel aus der Praxis: Die Barmenia Versicherungen und die UN PRI

Die Barmenia hat als einer der wenigen deutschen Versicherer die UN PRI unterzeichnet und eine eigene Nachhaltigkeitsstrategie für Kapitalanlagen entwickelt. Im Hinblick auf nachhaltiges Investieren möchte die Barmenia schrittweise den Anteil nachhaltiger Kapitalanlagen steigern und die Versicherungsbeiträge auch unter ESG-Kriterien verantwortungsbewusst anlegen.

---

[14]Häßler, R./Jung. T. 2016: 141.

Die Barmenia kommt mit ihren Angaben der Transparenzpflicht gemäß Prinzip 10 der UN PRI nach. Sie berichtet im Nachhaltigkeitsbericht nicht nur ausführlich über Strategie, Prozesse, konkrete Ausschlusskriterien und nächste Schritte, sondern möchte spürbar erreichen, dass das Verständnis für die Notwendigkeit nachhaltigen Investierens bei den Stakeholdern steigt (siehe letzter Punkt der PRI-Empfehlungen für Transparenz: „Nutzung der Berichte zum Zwecke der Sensibilisierung einer größeren Gruppe von Akteuren"). Unter dem Link www.unpri.barmenia.de, auf den im Nachhaltigkeitsbericht verwiesen wird, bündelt die Barmenia gut aufbereitete Informationen zu den PRI für eine breite Zielgruppe, samt Investitionspolitik und konkretem Zeitplan zur Umsetzung. Vor allem die ausführliche FAQ-Sektion erlaubt es Experten wie interessierten Laien, sich einen raschen Überblick über die PRI zu verschaffen sowie die Motivation der Barmenia, diese zu unterstützen und umzusetzen. Dabei ist die Barmenia ebenso verständlich wie konkret:

Fragen und Antworten zum Thema UNPRI

> Was sind UNPRI?
> Warum hat die Barmenia die UNPRI gezeichnet?
> Wer hat die UNPRI gezeichnet?
> Wo kann man sehen, dass die Barmenia die Richtlinien beachtet?
> Wurde vorher nicht auf eine verantwortungsvolle Kapitalanlage geachtet?
> Gibt es keine Siegel, die Investitionen als nachhaltig einstufen?
> Wann ist die Kapitalanlage nachhaltig?
> Wie wollen Sie verantwortungsbewusste Investitionen sicherstellen?
> Stellen Sie Ihre gesamte Kapitalanlage um?
> In der Versicherungsbranche gibt es nicht viele Unternehmen, die die UNPRI gezeichnet haben. Warum ist die Barmenia Vorreiter?
- Werden Sie Ihre gesamte Kapitalanlage offenlegen?

Für Wirtschaftsunternehmen gibt es natürlich auch ein Betriebsgeheimnis. Wir zeigen aber analog unseres Geschäftsberichtes – erstmals für das Geschäftsjahr 2015 - insgesamt unsere prozentuale Verteilung nach Anlageklassen auf und versehen diese mit Beispielen. Die Zeichnung der UNPRI verpflichtet aber auch dazu, die Investitionen gegenüber dem UNPRI-Sekretariat offenzulegen. Zumindest ein Teil dieser Informationen wird auch der breiten Öffentlichkeit zugänglich gemacht. So können unsere Kunden nachvollziehen, dass wir verantwortungsbewusst investieren.

Auszug aus den FAQ der Barmenia-Versicherung zu den Principles for Responsible Investment (UN PRI). (Quelle: www.unpri.barmenia.de)

3.2.3.2.4 Principles for Sustainable Insurance

Auch für Versicherungen existieren seit dem Jahr 2012 – gemäß dem Ansatz der Principles for Responsible Investment für Kapitalanlagen – Nachhaltigkeitsprinzipien der Vereinten Nationen: Die Principles for Sustainable Insurance (PSI; siehe Tab. 3.11). Aktuell haben weltweit über 90 Organisationen die PSI unterzeichnet, die Versicherern als Leitfaden für die Berücksichtigung von Nachhaltigkeitskriterien in ihrem Kerngeschäft dienen sollen. Sie beinhalten Kriterien für Umwelt, Soziales und gute Unternehmensführung (ESG: Environmental, Social, Governance). Die Prinzipien sind mittlerweile Bestandteil der Branchenkriterien der Ratings für die Dow-Jones-Sustainability-Indexreihe und FTSE4Good.

Als konkrete Maßnahme mit Bezug auf das dritte Kriterium der PSI hat sich Ende 2016 das Sustainable Insurance Forum for Supervisors (SIF) formiert, eine Initiative für Regulatoren in der Assekuranz des Umweltprogramms der Vereinten Nationen (UNEP und der Principles for Sustainable Insurance). Das Ziel: Die Förderung von Kooperation zum Umgang mit Nachhaltigkeitsherausforderungen für Versicherer, wie dem Klimawandel.

Das letzte Prinzip beinhaltet – analog der PRI – Transparenzpflichten für Unterzeichner. Auch hier werden konkrete Empfehlungen für die Art der Berichterstattung gegeben:

Tab. 3.11 Die vier Prinzipien der Principles for Sustainable Insurance (PSI)

Prinzip	Inhalt
1.	Wir werden ESG-Themen in die Analyse- und Entscheidungsprozesse im Versicherungsbereich einbeziehen
2.	Wir werden gemeinsam mit unseren Kunden und Geschäftspartnern das Bewusstsein für ESG-Themen erhöhen, wir werden die Risiken managen und Lösungen entwickeln
3.	Wir werden uns gemeinsam mit der Politik, Regulatoren und weiteren Stakeholdern in der Breite der Gesellschaft dafür einsetzen, dass ESG-Themen adressiert werden
4.	Wir werden über unsere Aktivitäten und Fortschritte bei der Umsetzung der Prinzipien regelmäßig öffentlich Bericht erstatten

- Regelmäßige Offenlegung der Art und Weise der Integration von ESG-Themen in die Versicherungspraxis (Bewertung, Messung und Monitoring des Fortschritts)
- Anwendung von relevanten Berichtsstandards
- Dialog mit Kunden, Regulatoren, Ratingagenturen und weiteren Stakeholdern, um ein einheitliches Verständnis bezüglich des Werts von Transparenz zu den Prinzipien zu generieren

Ein Beispiel aus der Praxis: Munich RE und die UN PSI und PRI

Der Rückversicherer Munich RE hat bereits 2006 als erstes Unternehmen in Deutschland die PRI unterzeichnet und unterstützt als einer der Erstunterzeichner seit 2012 auch die PSI. Bei der Berichterstattung zu beiden Prinzipien macht sich Munich RE das Online-Corporate-Responsibility-Portal (CR-Portal) zunutze, das den bisherigen jährlichen Nachhaltigkeitsbericht ersetzt – siehe Abschn. 3.1.1.2.

Unter dem Punkt „Kennzahlen" erleichtern im CR-Portal eigene Reiter zu jeweils den PSI und PRI die Orientierung und das schnelle Auffinden der gewünschten Informationen. Die Informationen sind den einzelnen Kriterien der PRI und PSI direkt zugeordnet und können per aufklappbarem Untermenü abgerufen werden. Hier nun zeigt sich der Vorteil der Online-Lösung. Gewisse Transparenzanforderungen der PSI und PRI betreffen Aspekte, die bereits an anderer Stelle im jährlichen Nachhaltigkeitsreporting der Munich RE auf dem CR-Portal hinterlegt sind. Durch entsprechende Querverweise müssen die Informationen nicht doppelt hinterlegt und können die Angaben zu den PRI und PSI kurz gehalten werden, ohne an Informationsgehalt und Übersichtlichkeit einzubüßen. Das CR-Portal ist ein Bespiel dafür, wie es gelingen kann, unterschiedliche Transparenzanforderungen so zu bündeln, dass der Datenbereitstellungsaufwand für das Unternehmen überschaubar bleibt und gleichzeitig Transparenz und Orientierung für Stakeholder gewährleistet sind.

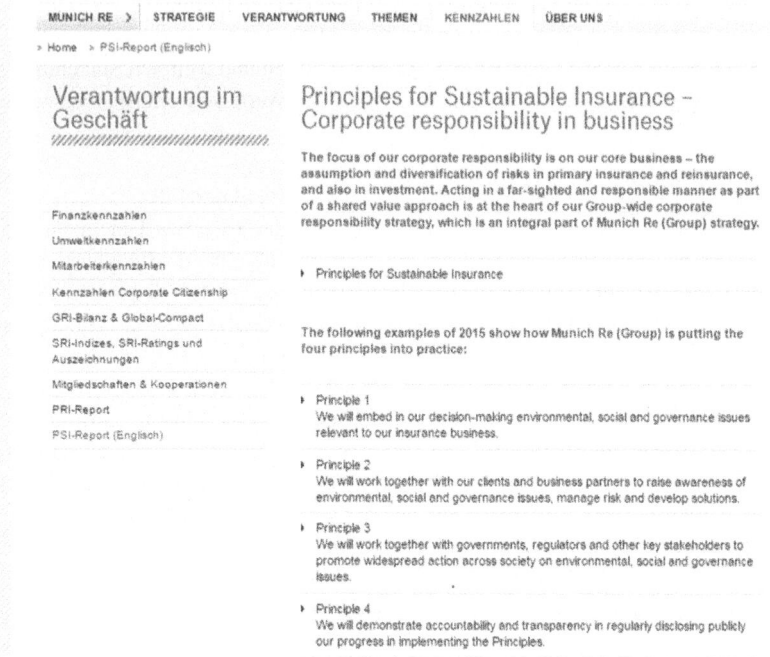

Auszug aus dem Corporate-Responsibility Portal der Munich RE, Bereich
Kennzahlen. (Quelle: https://www.munichre.com/corporate-responsibility/de
[Januar 2017])

3.2.3.2.5 Transparenzkodex und -logo von Eurosif

Eurosif (European Sustainable and Responsible Investment Forum) ist der europäische Branchenverband für nachhaltige Kapitalanlagen. Über seine Mitglieder repräsentiert Eurosif ein Vermögen in Höhe von rund einer Billion Euro.
Für Nachhaltigkeitsfonds hat Eurosif einen Transparenz-Kodex entwickelt, der
für in Europa zum Vertrieb zugelassene Fonds gilt und zahlreiche Asset-Klassen
abdeckt, etwa Aktien und Anleihen. Seit 2013 liegt die Version 3.0 vor. Unterzeichner sollen „offen und ehrlich sein und genaue, angemessene und aktuelle
Informationen veröffentlichen, um den Stakeholdern, der breiten Öffentlichkeit

und insbesondere den Anlegern zu ermöglichen, die ESG-Strategie eines Fonds und deren Umsetzung zu verstehen[15]".

Auf folgende Prinzipien verpflichten sich Unterzeichner:

• Die Reihenfolge und der genaue Wortlaut der Fragen sollen beachtet werden.
• Antworten sollen informativ und klar formuliert sein. Grundsätzlich sollen die erforderlichen Informationen (Instrumente und Methoden) so detailliert wie möglich beschrieben werden.
• Fonds sollen die Daten in der Währung bereitstellen, die sie auch für andere Berichterstattungszwecke verwenden.
• Gründe, die eine Informationsbereitstellung verhindern, müssen erklärt werden. Die Unterzeichner sollten systematisch darlegen, ob und bis wann sie hoffen, die Fragen beantworten zu können, die sie beim Ausfüllen des Transparenz Kodex nicht beantworten konnten.
• Antworten müssen mindestens jährlich aktualisiert werden und das Datum der letzten Aktualisierung tragen.
• Antworten zum Kodex müssen leicht zugänglich auf der Internetseite des Fonds, der Fondsgesellschaft oder des Fondsmanagers stehen. In jedem Fall müssen die Unterzeichner angeben, wo die Informationen zu finden sind, welche vom Kodex gefordert werden.
• Die Unterzeichner sind für die Antworten verantwortlich und sollen dies auch deutlich machen.

Der Kodex selbst verlangt die Beantwortung von 20 Kriterien in den Kategorien:

• Grundlegende Informationen
• Vorgehensweise zur ESG-Evaluierung von Unternehmen
• Der Fondsmanagement-Prozess
• Kontrollen und ESG-Berichterstattung

Unterzeichner des Kodex erhalten das Eurosif-Transparenzlogo als Produktinformation, das Anlegern schnelle Orientierung in Sachen ESG ermöglicht.

---

[15]Eurosif o. J.

3.2.3.3 Initiativen auf Verbandsebene

Neben dem bereits erläuterten Berichterstattungs-Framework des Deutschen Sparkassen- und Giroverbands (vgl. Abschn. 3.2.3.1) existieren weitere Initiativen auf Verbandsebene, die es aus Berichterstattungssicht zu kennen lohnt.

3.2.3.3.1 Verein für Umweltmanagement und Nachhaltigkeit in Finanzinstituten e. V. (VfU)

Der Verein für Umweltmanagement und Nachhaltigkeit in Finanzinstituten e. V. (VfU) ist ein Netzwerk von Finanzdienstleistern aus Deutschland, Österreich, Schweiz und Liechtenstein, das Kompetenz zu Themen des nachhaltigen Managements in der Finanzbranche bündelt. Der VfU zählt mittlerweile zu den drei „UNEP FI Supporting Institutions", die das Ziel verfolgen, verantwortliches und nachhaltiges Wirtschaften im und über den Finanzsektor zu fördern und in diesem Zusammenhang mit UNEP FI zusammenarbeiten.

Transparenz und Berichterstattung waren die Gründungsthemen des VfU. Aus dem Umgang mit frühen Umweltmanagementansätzen und der Aufgabe, die eigenen Ressourcenflüsse messbar und vergleichbar zu machen, entstand der Verein im Jahr 1995. Das sichtbarste Ergebnis dieser Arbeit ist das VfU-Kennzahlen-System, eine Logik zur Erfassung, Bilanzierung und Berichterstattung betriebsökologischer Kennzahlen, in Übereinstimmung mit internationalen Berichtsanforderungen. Es wird von ca. 100 Finanzinstituten in Europa angewendet und wurde zuletzt 2015 einem Update unterzogen.

In zwei Foren, dem Forum Betriebsökologie und dem Forum Nachhaltigkeitsberichterstattung, beschäftigen sich die Mitglieder des VfU kontinuierlich mit den Themen „Transparenz" und „Berichterstattung". Weiterhin wurde das Finanzforum: Klimawandel, ein Zusammenschluss von Unternehmen und Verbänden der Finanzwirtschaft (Banken, Sparkassen, Investmenthäuser, Versicherer, Rückversicherer), im Jahr 2013 in den VfU überführt und bildet dort den klimabezogenen Arbeitsstrang.

3.2.3.3.2 Bundesverband Deutscher Banken (BDB)

Der Bundesverband Deutscher Banken (BDB) ist der wirtschaftspolitische Spitzenverband der über 200 privaten Banken in Deutschland. Er bündelt, gestaltet und vertritt die Interessen des privaten Kreditgewerbes und ist Mittler zwischen den privaten Banken, Politik, Verwaltung, Verbrauchern und Wirtschaft. So hat er 2016 für die deutsche Kreditwirtschaft Stellung bezogen zum Referentenentwurf des Bundesministeriums der Justiz und für Verbraucherschutz zur CSR-Berichtspflicht der EU.

Der BDB kooperiert mit dem Rat für Nachhaltige Entwicklung bei der Anwendung des Deutschen Nachhaltigkeitskodex (DNK), siehe auch Abschn. 3.2.1.2. Im Kontext der CSR-Berichtspflicht (siehe Abschn. 3.1.2) hat der Bankenverband im Frühjahr 2017 eine Orientierungshilfe zum DNK veröffentlicht, der Banken bei der Erfüllung des CSR-Richtlinie-Umsetzungsgesetzes unterstützt[16].

3.2.3.3.3 Gesamtverband der Deutschen Versicherungswirtschaft e. V. (GDV)

Der Gesamtverband der Deutschen Versicherungswirtschaft e. V. (GDV) ist die Dachorganisation der privaten Versicherer in Deutschland mit rund 450 Mitgliedsunternehmen. Neben zahlreichen versicherungsrelevanten Publikationen veröffentlicht der GDV seit dem Jahr 2012 einmal jährlich den Naturgefahrenreport – eine Bilanzierung der Naturgefahrenschäden an Gebäuden, Gewerbe, Industrie und Fahrzeugen. Der Naturgefahrenreport 2016 beziffert die Schäden aus Naturgewalten auf 2,6 Mrd. EUR in der Sach- und Kfz-Versicherung und geht schwerpunktmäßig der Frage nach, wie Deutschland und die Versicherungswirtschaft dem Klimawandel entgegentreten können. Zusätzlich steht ein ausführlicher statistischer Serviceteil bereit mit Grafiken, Tabellen und zahlreichen Langzeitauswirkungen, der Versicherern hilft, die Auswirkungen für ihr Kerngeschäft konkret nachzuvollziehen.

Der Verhaltenskodex für den Versicherungsvertrieb des GDV – veröffentlicht im Jahr 2012 – ist eine freiwillige Selbstverpflichtung der Versicherungswirtschaft, die eine hohe Qualität und Seriosität der Kundenberatung sicherstellen soll (u. a. verständliche Beratung mit dem Kundennutzen im Fokus, standardisierte, faire Prozesse, das Einhalten von Regeln zu Compliance und Datenschutz). Wirtschaftsprüfer prüfen, ob der Verhaltenskodex von den beigetretenen Versicherungsunternehmen umgesetzt wurde. Der Kodex selbst, eine Liste der Unterzeichner sowie die Prüfungsberichte der Wirtschaftsprüfer sind auf der Website des GDV einsehbar.

3.2.3.3.4 AMC

Der 1994 gegründete AMC ist mit über 150 teilnehmenden Unternehmen das moderierte Netzwerk für die Assekuranz und deren Partner. Der AMC bietet seinen Mitgliedern Trends, Best Practices und Erfahrungen für Marketing und Vertrieb. Dazu zählen auch zahlreiche AMC-Studien, die in Bezug auf die Nach-

---

[16]Bankenverband 2017.

haltigkeitsberichterstattung von großem Mehrwert für Versicherer sind. Sie greifen zentrale Themen bezüglich Nachhaltigkeit und Kommunikation explizit für Versicherer auf und liefern fundierte Hinweise für Optimierungspotenzial und Best Practices:

- „CSR-Kommunikation der Versicherer", 3. Auflage 2017
- „Unternehmerische Verantwortung in der Assekuranz", 2. Auflage 2014
- „Nachhaltigkeit in der Assekuranz 2011", 1. Auflage 2011
- „Verständlichkeit in der Assekuranz", 5. Auflage 2016

3.2.3.4 Nachhaltigkeitsratings und -indizes

Nachhaltigkeitsratings und -indizes haben Konjunktur. Sie zählen nicht per se zu den Standards und Normen für Nachhaltigkeitsmanagement und -kommunikation, geraten in der Praxis jedoch indirekt zu solchen (siehe auch Abschn. 2.12). Wenn relevante Ratings Jahr für Jahr einer Branche dieselben Kriterien abverlangen, entwickelt es sich mit der Zeit zum Status Quo dieser Branchen, entsprechende Informationen extern vorzuhalten. Sei es, weil ein Unternehmen mit dem (transparenter agierenden) Wettbewerb mithalten möchte. Oder weil es den internen Aufwand bezüglich Transparenzpflichten gering halten will und in einem Nachhaltigkeitsbericht möglichst umfassend berichtet, in der Hoffnung, dass die Informationsbedürfnisse der Analysten damit weitestgehend abgedeckt sind. Welcher Art diese via Ratings „standardisierten" Informationen sind, ist von bewertender Institution und Art des Ratings (Branche, Teilbranche) abhängig.

Es ist weiterhin der Trend zu beobachten, dass Ratingagenturen zunehmend Transparenzpflichten einfordern. Bekam man – beispielsweise – bei einigen Ratingagenturen als Bank in der Vergangenheit noch volle Punktzahl für die Existenz einer umfassenden Policy zum sozial- und umweltverträglichen Verhalten in einem sensiblen Geschäftsfeld, müssen die entsprechenden Dokumente heute oft extern verfügbar sein, um weiterhin eine gute Bewertung zu bekommen. Andere, wie die ESG-Indexreihe von MSCI, bewerten gleich ausschließlich auf Basis extern verfügbarer Informationen. Unternehmen, die gut bewertet werden möchten, sind somit in der Pflicht, maximale Transparenz zu zeigen. Dies geschieht immer häufiger auch außerhalb von Nachhaltigkeitsberichten – zum Beispiel durch Aufwertung des Internetauftritts –, doch der Bericht ist und bleibt erste Anlaufstelle und Referenzpunkt für Informationssuchende.

3.2.3.5 SDG – Globale Nachhaltigkeitsziele

Ebenfalls keine Norm oder Richtlinie, sind die Sustainable Development Goals (SDGs) der Vereinten Nationen ein Novum in der globalen Nachhaltigkeitsdiskussion. Formal sind die SDGs lediglich die Nachfolger der Millennium Development Goals, die von 2000 bis 2015 in Kraft waren und von der UN, der Weltbank, dem internationalen Währungsfonds und der OECD entwickelt wurden. Die Millenniumsziele hatten das übergeordnete Ziel, die weltweite Armut bis 2015 zu halbieren. Dadurch lag der Fokus stark auf den Entwicklungs- und Schwellenländern. Die SDGs hingegen, die Ende 2015 verabschiedet wurden, haben auch in den entwickelten Nationen in kürzester Zeit eine gesellschaftspolitische Relevanz erlangt, dass sie auf dem Weg sind, zum Quasi-Standard für die Transparenz über weltweite Nachhaltigkeitsaktivitäten zu werden – inklusive der von Unternehmen (siehe auch Abschn. 3.1.1.4). Die Bundesregierung hat ihre Nachhaltigkeitsstrategie bereits überarbeitet und auf die SDG ausgerichtet.

Aktuell sprießen die Ansätze aus dem Boden, wie Unternehmen ihr Nachhaltigkeitsmanagement und ihre Kommunikation an den SDGs ausrichten können. Einer davon ist der SDG Compass, der Unternehmen dabei hilft, die SDGs zu verstehen und Strategie, Prozesse und Kommunikation auf die auszurichten. Entwickelt wurde er unter Einbeziehung zahlreicher Stakeholder von der GRI, dem UN Global Compact und World Business Council for Sustainable Development (WBCSD) und ist kostenlos online verfügbar unter www.sdgcompass.org.

Die SDGs umfassen 17 globale Ziele für Nachhaltigkeit (siehe Tab. 3.12) in den Kategorien „People", „Planet", „Prosperity", „Peace" und „Partnership". Sie sind weiter spezifiziert in 169 Unterziele. An den SDGs wird deutlich, dass Nachhaltigkeit in ihrer Gesamtheit zuallererst eine Übersetzungsleistung ist, siehe auch Abschn. 3.1.1.1.1. Die 17 Ziele bilden Nachhaltigkeit auf volkswirtschaftlicher, humanitärer und ökologischer Ebene ab. Bei der konkreten Übersetzung in den Unternehmenskontext sind dabei innovative Ansätze ebenso gefragt wie Vorsicht: Jedes Unternehmen zahlt – kommunikativ und kreativ über drei Ecken gedacht – auf jedes der 17 Ziele ein. Und derartige Stilblüten lesen sich auch bereits in Berichten, als ginge es um einen Wettlauf, welches Unternehmen die meisten Ziele abgedeckt bekommt. Im Sinne der Glaubwürdigkeit und Belastbarkeit von Informationen sei Unternehmen empfohlen, Referenzierungen auf die SDGs nicht nur kommunikativ herzuleiten, sondern auf das Geschäftsmodell hin zu überprüfen. Ganz im Sinne eines „integrierten Denkens" und einer ganzheitlichen Betrachtung der eigenen Wertschöpfung (siehe auch Abschn. 3.2.1.3). Oft ist Unternehmen nicht klar, welcher Art die eigene Wertschöpfung genau ist. Finanzdienstleister haben an dieser Stelle besondere Hausaufgaben zu machen, nachdem die gesellschaftliche Wertschöpfung durch Finanzierungen, Finanz- und Versicherungsprodukte meist indirekter Natur und schwer messbar ist.

Zur Unterstützung einer solchen Übersetzungsleistung hat der UN Global Compact gemeinsam mit der Wirtschaftsprüfungsgesellschaft KPMG Ende 2015

Tab. 3.12   Die 17 globalen Nachhaltigkeitsziele (SDGs)

Ziel 1	Keine Armut
Ziel 2	Keine Hungersnot
Ziel 3	Gute Gesundheitsversorgung
Ziel 4	Hochwertige Bildung
Ziel 5	Gleichberechtigung der Geschlechter
Ziel 6	Sauberes Wasser und sanitäre Einrichtungen
Ziel 7	Erneuerbare Energie
Ziel 8	Gute Arbeitsplätze und wirtschaftliches Wachstum
Ziel 9	Innovation und Infrastruktur
Ziel 10	Reduzierte Ungleichheiten
Ziel 11	Nachhaltige Städte und Gemeinden
Ziel 12	Verantwortungsvoller Konsum
Ziel 13	Maßnahmen zum Klimaschutz
Ziel 14	Leben unter dem Wasser
Ziel 15	Leben an Land
Ziel 16	Frieden und Gerechtigkeit
Ziel 17	Partnerschaften, um die Ziele zu erreichen

eine „SDG Industry Matrix" für Financial Services erstellt[17]. Das Dokument bietet zu dem Zeitpunkt verfügbare Praxisbeispiele von Finanzdienstleistern zu den 17 Nachhaltigkeitszielen und kann einen Einstieg in die Thematik bieten.

Ein Beispiel aus der Praxis: Die UBS Bank und die Sustainable Development Goals
Die UBS hat sich bereits Ende 2015, noch vor der offiziellen Verabschiedung der Sustainable Development Goals (SDGs), mit den Geschäftschancen beschäftigt, die sich aus den SDGs ergeben. In der hauseigenen Publikationsserie „Sustainable Investing Quarterly" erläutert das Chief Investment Office des UBS Wealth Managements den Hintergrund der SDGs, die Investmentchancen sowie Möglichkeiten der Implementierung[18].

---

[17]UN Global Compact et al. 2015.
[18]UBS 2015.

Anfang 2017, im Zuge des Weltwirtschaftsforums in Davos, hat die UBS das White Paper „Mobilizing private wealth for public good" veröffentlicht[19]. Darin spricht die UBS Empfehlungen aus, wie Privatkapital zur Finanzierung der SDG-Ziele nutzbar gemacht werden kann. Zudem hat sich UBS im White Paper dazu verpflichtet, in den nächsten fünf Jahren neue, auf die SDG ausgerichtete Impact Investments aufzulegen und dafür Kundengelder in Höhe von mindestens 5 Mrd. US$ zu mobilisieren. Die UBS positioniert sich mit ihren Beiträgen zur Umsetzung der SDGs als lösungsorientierte Bank, die mit ihrem Fachwissen bei der großen Frage, wie sich die SDGs finanzieren lassen, unterstützend wirken möchte. Ihre Haltung und ihr Know-how zu den SDGs kommuniziert die UBS sichtbar an ihre Stakeholder. Sie gehört zu den First Movern im Finanzdienstleistungssektor, die über abstrakte Absichtserklärungen hinausgehen und auch weitere Finanzdienstleister auffordern, die SDGs in ihre Aktivitäten zu integrieren.

3.3 Umsetzung

Grau, teurer Freund, ist alle Theorie! Auch wenn für solide Nachhaltigkeitsberichterstattung ein gerüttelt Maß an Theorie notwendig ist, stellen sich die Dinge aus der Sicht eines Praktikers oft anders dar. In diesem Kapitel werden daher umsetzungsbezogene Hilfestellungen im Umgang mit Nachhaltigkeitsberichterstattung gegeben, die vor allem auch auf Pragmatik und Effizienz hin orientiert sind. Denn eine wiederkehrende Frage bei Nachhaltigkeitsberichterstattung ist tatsächlich: Wie viel ist nötig?

Das ist nicht allein ein Wahlspruch von Transparenzkritikern, wie man sie im von Risikobetrachtungen geprägten Finanzdienstleistungssektor häufiger anfindet. Es ist insofern eine berechtigte Frage, als das höhere Ziel auch der größten Transparenzbefürworter eine Verbesserung der Nachhaltigkeitsleistung ist – eben mittels (oft noch) freiwilliger Transparenz. Nachhaltigkeitsberichterstattung ist ein Mittel zum Zweck. Ressourcen sind allerorts begrenzt in Unternehmen. Zu entscheiden, wie viel Aufwand für das Reporting betrieben werden muss/soll/ darf, sodass noch Kapazitäten freibleiben für das eigentliche Management von Nachhaltigkeit, ist somit eine Pflichtübung professioneller Berichterstatter.

---

[19]UBS 2017a.

3.3.1 Der Berichterstattungszyklus

Nach dem Bericht ist vor dem Bericht. Diese Einstellung zu verinnerlichen ist nötig, um eine gute Berichterstattungspraxis zu etablieren. Berichterstattung zu Nachhaltigkeit ist ein fortlaufender Prozess und kein auf wenige Monate begrenztes Kommunikationsprojekt mit einem Bericht als Ergebnis. Je etablierter und eingespielter Berichterstattungsprozesse im Unternehmen sind, desto effizienter werden sie und desto hochwertiger ist die Informationsqualität.

Dies bedeutet nicht, dass die Berichterstattung ganzjährig im gleichen Maße Kapazitäten bündelt. Wichtig ist jedoch, den Managementanteil am „Kommunikationsprodukt" Bericht zu erkennen. Die zahlreichen Anforderungen an Nachhaltigkeitsberichterstattung bringen es mit sich, dass über die reine Datenerfassung zu Aktivitäten im Berichtsjahr hinaus Prozesse vorbereitet, gesteuert und ausgewertet werden müssen, zum Beispiel zu den Themen „Wesentlichkeit", „Strategie" und „Stakeholderanliegen". Diese Themen lohnt es sich in der Zeit vor der eigentlichen Reportingphase anzugehen, um den Berichtsprozess nicht zu überfrachten. Auch entwickelt sich die Berichtslandschaft aktuell schnell weiter. Unterjährig sollte Zeit eingeplant werden zum Screening aktueller Trends zu Best Practice und Regulatorik sowie zum Status Quo der Branche.

Abb. 3.8 stellt einen idealtypischen Prozess dar. Je nach Größe, Unternehmensstruktur und Erfahrungsstand mit Nachhaltigkeit kann der Berichterstattungszyklus Schwerpunkte erhalten, es können Elemente wegfallen oder auch neue hinzukommen. Viele Unternehmen kümmern sich vornehmlich um die Etappen drei bis neun – den Berichterstellungsprozess im eigentlichen Sinne. Im Verlauf der Zeit sind es jedoch diejenigen Unternehmen, die sich ausreichend Zeit für die Etappen zehn bis zwei im Berichtszyklus nehmen, die effiziente und effektive Kommunikation betreiben. Diese unterjährigen Etappen beinhalten das Einholen und Aufbereiten von Feedback, die Nachbereitung des Reportingprozesses, Recherchen, Optimierungen im Hintergrund – zum Beispiel zur Art der Datenerfassung, sei es manuell oder IT-gestützt. Auch geschieht es, dass das Vorjahresreporting im nächsten Jahr fortgeschrieben wird, ohne dass die Unternehmensziele im Hinblick auf die Berichterstattung überprüft und adaptiert wurden. Selten ist die Welt jedoch noch exakt die gleiche.

Wie viel Zeit für die Phasen drei bis neun veranschlagt werden, kann nicht pauschal beantwortet werden. Dies hängt mit der Effizienz der etablierten Prozesse zusammen, der Komplexität der Datenbeschaffung und -aufbereitung und auch damit, ob der Bericht extern geprüft wird oder nicht. Unabhängig vom Zeitbedarf ist es wichtig, eine gewisse Kontinuität in Bezug auf die

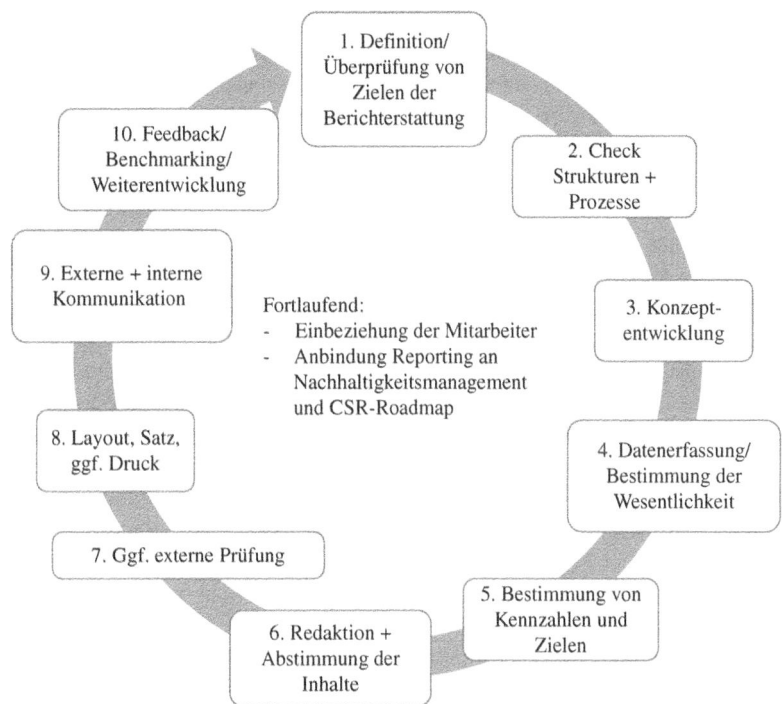

Abb. 3.8 Der idealtypische Berichterstattungszyklus

Erscheinungstermine zu wahren und entsprechend realistisch zu planen. Wann der frühestmögliche Zeitpunkt nach Ende eines Geschäftsjahrs ist, zu dem alle Daten vorliegen, gilt es ebenso zu prüfen wie den spätestmöglichen Zeitpunkt, der sich meist nach den Informationsbedürfnissen zentraler Stakeholder richtet. Selten wird man einen Zeitkorridor finden, der allen Bedürfnissen gerecht wird. Hier gilt es zu priorisieren.

3.3.2   Ziele der Berichterstattung

Es erscheint wie eine Binsenweisheit im unternehmerischen Kontext festzu-stellen, dass man keine großen Investitionen tätigen sollte, ohne sich des Ziels bewusst zu sein, das man damit verfolgt. Und dennoch begegnen einem in der

Praxis Unternehmen, die, wenn gefragt, nicht genau wissen, was sie mit ihrem Nachhaltigkeitsreporting eigentlich bezwecken wollen. Angesichts der Tatsache, dass eine gute Nachhaltigkeitsberichterstattung nennenswerte Personal- und finanzielle Ressourcen beansprucht, ist das verwunderlich. „Irgendwie" gehöre es zum guten Ton, hört man. Zwar müsse man nicht qua Regulatorik, aber nicht berichten gehe heute auch nicht mehr. Seine Stakeholder wolle man zufriedenstellen, Transparenz zeigen, guten Willen. Freunde der Nachhaltigkeit mögen darin den lang ersehnten Druck erkennen, den die Nachhaltigkeitsdiskussion mittlerweile auf Unternehmen ausübt. Dieses Phänomen scheint Unternehmen mancherorts jedoch in ein für sie nachteiliges Vakuum zu manövrieren. Einerseits ein Druck, ein Pflichtgefühl – anderseits vielfach die Abwesenheit von Ideen, Inspiration, Ansporn, diese vage Pflicht in etwas zu verwandeln, das dem eigenen Unternehmen dienen kann und darf. Dahinter mag noch der alte, aber hartnäckige Glaubenssatz stecken, dass Nachhaltigkeit Geld kostet, und mehr nicht.

Insbesondere Banken und Versicherungen tun sich häufig schwer damit, den eigenen Gestaltungsspielraum zu erkennen und bewusst auszufüllen. Zu fern erscheinen oftmals die Standardthemen der Nachhaltigkeit vom eigenen Kerngeschäft, zu klein der eigene Handlungsspielraum im Finanzsystem, zu drückend die bereits existierende Regulatorik. Und dennoch. Was ohne konkretes Ziel verfolgt wird, kostet einfach nur Geld.

Um es noch plakativer zu formulieren: Einen Nachhaltigkeitsbericht „irgendwie" zu wollen ist kein hinreichendes Ziel für gute Kommunikation. Der Bericht ist ein Mittel zum Zweck. Was dieser Zweck, was dieses Ziel konkret ist, gilt es für Unternehmen zu bestimmen bzw. zu überprüfen. Und zwar idealerweise vor jeder Berichtsperiode aufs Neue. Auf den bedeutenden Unterschied zwischen Anlass von Nachhaltigkeitsberichterstattung und langfristigen Zielen sowie auf mögliche Unternehmensziele von Reporting wurde in Abschn. 3.1.1.3 eingegangen. An dieser Stelle sei nochmals betont, dass die eigene Zielsetzung eine der zentralen Stellschrauben für den Auf- und ggf. Ausbau des Reportings ist. Berichterstattung von der Stange gibt es mittlerweile zwar zu kaufen, empfehlenswert ist es indes nicht.

Deshalb findet sich in diesem Buch auch keine Unterscheidung zwischen Pflicht- und Kürelementen eines Berichts. Diese – oft anzutreffende – Zweiteilung suggeriert, man könne einen (klar umrissenen) Pflichtteil erstellen (mit wenig Aufwand, so die Hoffnung) und dann, wenn noch Kapazitäten und Sendungswille übrig ist, ein paar Kürelemente einstreuen. In der Praxis gestaltet es sich jedoch so, dass Berichte, denen man ansieht, dass sie als „Pflicht" erstellt wurden, auch schlichtweg nicht überzeugen. Eine solche polare Zweiteilung von „Notwendigkeit" und angeblichem „Beiwerk" wird den komplexen Anforderungen von

Unternehmenskommunikation und Nachhaltigkeitsmanagement nicht gerecht. Nota bene: Das Gesagte gilt für eigenständige Nachhaltigkeitsberichte und Integrierte Berichte. Eine „Pflicht" im Sinne von „CSR-Berichtspflicht" mit ein paar wenigen Angaben im Lagebericht zu erfüllen ist selbstverständlich möglich. Dann ist das Ziel auch klar: mit dem geringstmöglichen Aufwand compliant sein mit regulatorischen Anforderungen. Die folgenden Ausführungen sind an Unternehmen gerichtet, die verstanden haben, dass Transparenz zu Nachhaltigkeit noch mehr Ziele verfolgen kann als Rechtskonformität.

3.3.3 Prozesse und Strukturen

Ein Nachhaltigkeitsbericht ist Teamwork. Die sinnvolle und systematische Einbindung von Mitarbeitern ist ein zentrales Erfolgskriterium für gute Berichterstattung (siehe Abschn. 3.3.8). Dies gelingt mit durchdachten, verzahnten Prozessen, die Synergien nutzen und Doppelarbeit vermeiden. Ebenfalls notwendig sind klare Zuständigkeiten. Es gibt viele Wege, wie dies gut gelingen kann. Entscheidend ist, dass die Lösungen an der Realität des Hauses entlang gestrickt sind. Auch wenn Nachhaltigkeit im Unternehmen noch nicht verankert sein mag – Prozesse und Strukturen zur Erfassung von Daten existieren. Kein Unternehmen startet in dieser Hinsicht auf der grünen Wiese. Somit geht es zunächst einmal um die Anschlussfähigkeit an Existierendes in Bezug auf Nachhaltigkeitsmanagement, Datenerfassung und Controlling (siehe Abschn. 2.5).

Je nach Größe des Unternehmens, Leistungsstand in Sachen Nachhaltigkeitsmanagement und eigenem Anspruch an das Nachhaltigkeitsreporting lassen sich Prozesse und Strukturen skalieren. Die Entscheidung, ob ein Bericht wirtschaftsgeprüft wird oder nicht und nach welchem Reportingstandard man sich richtet, hat zum Bespiel weitreichende Konsequenzen in Bezug auf Prozesssicherheit und Notwendigkeit eines strukturellen Überbaus. Einige Aspekte sind jedoch auf jeder Skalierungsstufe zu bedenken. Nachhaltigkeitsberichterstattung findet an der Schnittstelle von Management und Kommunikation statt und ist eingebunden in die Prozesse und das Selbstverständnis der gesamten Organisation.

Es lohnt sich, die Frage nach notwendigen und sinnvollen Prozessen auf drei Ebenen zu stellen (siehe auch Abb. 3.9):

- Projekt- und Nachhaltigkeitsmanagement
- konkrete Datenerfassung
- übergreifende Kommunikation

Abb. 3.9 Generischer Überblick über Prozesse und Strukturen der Nachhaltigkeitsbericht-erstattung

Meist wird die Nachhaltigkeitsabteilung/der Nachhaltigkeitsmanager das Projekt-management innehaben. Nachdem diese Instanz oft Stabstellenfunktion hat, gilt es rechtzeitig für die einzelnen Etappen des Reportings (siehe auch den Bericht-erstattungszyklus in Abschn. 3.3.1) das Commitment der Unternehmensführung sowie gegebenenfalls Weisungsbefugnisse einzuholen. Wer bei welchen Etappen (Konzept, Daten, Texte) den Stichentscheid hat, ist keine triviale Frage, die, wenn nicht geklärt, in der Abstimmung unnötig Zeit und Ressourcen benötigt.

3.3.4 Format(e)

Die Frage nach dem Format oder gar den Formaten von Nachhaltigkeitsbericht-erstattung ist eine zentrale. Ihr sollte in der Konzeptionierungsphase genug Raum gegeben werden. Dabei ist es kein Zeichen schlechter Planung, wenn ein Unterneh-men nach ein paar Jahren feststellt, dass die Formate einer Überarbeitung bedürfen. Auch erfahrene Berichterstatter optimieren ihre Formate regelmäßig im Hinblick auf neue Entwicklungen, auf gesteigerte Effizienz und die Transparenzbedürfnisse der Stakeholder. Im Folgenden einige Aspekte, die bei der Entscheidung über For-mate bedacht werden sollten.

3.3.4.1 Braucht es ein eigenes Berichtsformat?

Eine Auswertung der deutschen Nachhaltigkeitsberichterstattung für das Jahr
2015 der Nachhaltigkeitsberatung BSD Consulting hat ergeben, dass mit dem
Jahr 2015 nach vielen Jahren des Anstiegs die Anzahl der veröffentlichten
Berichte erstmals rückläufig ist: von 182 Berichten im Jahr 2014 auf 163 Berichte
für das Berichtsjahr 2015[20]. Als Gründe hierfür werden einerseits eine gewisse
Sättigung bezüglich Nachhaltigkeitsberichterstattung angeführt, aber auch Unsi-
cherheiten im Hinblick auf die CSR-Berichtspflicht der EU und einen effizien-
ten Umgang damit. Es ist durchaus denkbar, dass Unternehmen hinsichtlich der
Formate ihrer Berichterstattung zögerlich sind, bis die Rahmenbedingungen der
Berichtspflicht final sind.

Gleichzeitig ist jedoch auch ein rasanter Anstieg bei den Online-Entsprechens-
erklärungen zum Deutschen Nachhaltigkeitskodex zu verzeichnen. Allein 2016
haben 58 neue Anwender nach dem DNK berichtet, was einen Anstieg von etwa
30 % bedeutet. Es ist durchaus möglich, dass der DNK für den Rückgang der
Stand-alone-Nachhaltigkeitsberichte verantwortlich ist und sich in Deutschland
eine zunehmende Digitalisierung der Berichterstattung abzeichnet.

Aktuell berichten zahlreiche der DNK-Anwender noch doppelt – die Entsprechenserklärung wird zusätzlich zum eigenen Nachhaltigkeitsbericht erstellt.
Zunehmend wählen Unternehmen den DNK jedoch auch als alleiniges Format
und ergänzen ihre Nachhaltigkeitskommunikation zum Beispiel um Broschüren,
Handouts oder mit einem umfassenden Internetauftritt.

Weiterhin werden rund ein Fünftel der in Deutschland registrierten GRI-
Berichte aktuell in den Geschäftsbericht des Unternehmens eingebunden und nutzen somit ein existierendes Format für die Nachhaltigkeitskommunikation. Mit
dem Vormarsch der integrierten Berichterstattung ist zu erwarten, dass die Zahl
der Unternehmen, die kein eigenes Stand-alone-Format für Nachhaltigkeitsberichterstattung mehr haben, zunimmt.

3.3.4.2 Online oder Print?

Es findet sich kaum noch ein Unternehmen, dass seine Berichte nicht online veröffentlicht. Präziser heißt die Frage also: „Braucht es noch Printexemplare?" Der Trend
geht ganz klar zur Digitalisierung, und auch aus Nachhaltigkeitsgesichtspunkten
ist es absolut zu befürworten, dass weniger Berichte gedruckt und durch die Lande
verschickt werden. Und es gilt trotzdem: Jeder Trend provoziert einen Gegentrend.

---

[20]BSD Consulting 2016: 4.

„Analog ist das neue Bio" heißt das Motto, mit Bezug auf einen aktuellen Buchtitel zur Digitalisierung. Will sagen: Print bekommt in Zeiten der Digitalisierung eine neue Wertigkeit. Das bedeutet nicht, dass es immer klug ist, seine Berichte oder einen Teil davon auch drucken zu lassen. Vielleicht sind es eher andere Kommunikationsformate zu Nachhaltigkeit, ein Magazin, eine gut gestaltete Kurzbroschüre oder ähnliches, die in Print funktionieren. Oft möchten Unternehmen Berichte drucken lassen, um bei Veranstaltungen etwas zum „In-die Hand-Drücken" zu haben. Nur – wer überreicht seinen Kunden zum Beispiel Geschäftsberichte als Erinnerung oder Lektüreempfehlung? Die Frage, ob gedruckt wird, geht somit einher mit der Frage, was gedruckt wird im Hinblick auf das Ziel.

Den meisten Online-Berichten im Finanzdienstleistungssektor sieht man an, dass sie ursprünglich als Printversion gestaltet wurden und nun zusätzlich als PDF ins Internet gehängt wurden. Keine Angst, nicht jedes gute Online-Format verlangt gleich eine aufwendig gestaltete Microsite. Aber ein wenig mehr Berücksichtigung von Online-Nutzerverhalten würde sich auf die Zugriffsrate der Berichte sicher nicht nachteilig auswirken. Wenn der Bericht schon als A4 hochkant ins Netz gestellt wird, dann bitte wenigstens als einseitig formatiertes PDF. Die Zeiten, in denen „digital" die billige Zweiverwertung von „print" ist, sind längst vorbei. Jeder Internetnutzer weiß, wie anstrengend es ist, PDF-Doppelseiten am Bildschirm zu lesen – zumal die Internetnutzung zunehmend von mobilen Endgeräten mit kleinen Displays aus geschieht. Weitaus lesefreundlicher und kostengünstig zu haben, sind a) Querformate, die b) auf mobile Nutzung hin optimiert wurden und sich der Displaygröße anpassen (responsive design). Querformate entsprechen den gängigen Monitor-/Displayformaten und verhindern lästiges Scrollen auf jeder Seite. Auch eine Verlinkung von PDF-Formaten (Inhaltsverzeichnis, Querverweise) ist keine Raketentechnik und erhöht die Online-Nutzung deutlich. Auch diese leicht zu bewerkstelligende Online-Optimierung ist bei Finanzdienstleistern noch selten anzutreffen.

Bei der Darstellung als eBook mittels entsprechender Software ist zu beachten, dass die Navigation leicht zu erfassen sein sollte. Die Aufmerksamkeitsspanne im Internet ist gering. Wenn ein Leseformat erst einmal in seiner individuellen Funktionsweise durchdrungen werden muss, hat man den Leser meist schon wieder verloren. Hierbei ist zunehmend das Kommunikationsverhalten der Digital Natives zu berücksichtigen, die eine wichtige Zielgruppe auch für das Reporting von Unternehmen werden und teils schon sind. Unternehmen, die konsequent auf digitale Kanäle setzen, sollten sich perspektivisch komplett von der PDF-Perspektive lösen, die noch sehr dem Print-Gedanken verhaftet ist. Moderne Datenberichterstattung wird zunehmend die Möglichkeiten des Internets ausschöpfen: Interaktivität, Bewegtbild, geplante Inszenierung der Inhalte auch

über eine Doppelseite hinaus. Im Bereich der Geschäftsbericht- und Nachhaltigkeitsberichterstattung anderer Branchen sieht man bereits innovative Formate, die
konsequent „digital first" konzipiert sind – zum Beispiel Migros in der Schweiz,
Merck AG (siehe auch Abschn. 3.4.1 zur Zukunft der Nachhaltigkeitsberichterstattung in Zeiten der Digitalisierung).

Ein Beispiel aus der Praxis: Digitale und Printformate bei Finanzdienstleistern

Die **HypoVereinsbank** veröffentlicht ihren jährlichen Nachhaltigkeitsbericht
seit dem Berichtsjahr 2014 als reinen Online-Bericht. 2015 und 2016 erschienen
parallel zum Bericht das aufwendig gestaltete Printmagazin „Mehr als Geld" mit
redaktionell aufbereiteten Artikeln zur Nachhaltigkeit bei der HypoVereinsbank,
in dem auch Kunden und Mitarbeiter zu Wort kommen. Digital im Bericht sind
die Fakten, im Magazin das Storytelling gebündelt. Das Magazin wurde in sämtlichen Filialen der HypoVereinsbank ausgelegt und auch vom Vertrieb genutzt.

Der Online-Bericht der HypoVereinsbank ist ein klickbares PDF im Quer-
format, das in der Marginalienspalte eine intuitiv erfassbare Navigation zum
schnellen Springen im Dokument bietet, sodass das Blättern im Bericht auch
bei der digitalen Nutzung nachempfunden werden kann. Dies ist eine einfache, aber effiziente Lösung der Online-Darstellung. Unabhängig von der
Bildschirmgröße oder dem Endgerät (PC, Tablet, Handy) wird jede Seite Dis-
play-füllend angezeigt.

Die **Barmenia Versicherungen** planen ihren Nachhaltigkeitsbericht als
Printpublikation. Für die Online-Nutzung wird der Bericht einmal als klassi-
sches PDF zur Verfügung gestellt sowie online-optimiert als eBook. Weiterhin
bietet die Barmenia ihren Nachhaltigkeitsbericht seit dem Jahr 2013 als App
für Tablet-Nutzer an. Diese bietet zusätzliche Grafiken, Verweise auf Internetseiten und Videos. Zu der Weiterführung der App hat sich die Barmenia beim
Nachhaltigkeitsbericht 2015 entschlossen, nachdem die erstmalige Bereitstellung im Jahr 2013 sehr gut angenommen wurde. Damit begegnet die Barmenia
dem veränderten Leseverhalten vieler Stakeholder: digital, aber nicht am PC
oder Laptop, sondern am Tablet.

Auch die **DZ BANK** geht deutlich über die PDF-Bereitstellung ihres Nachhaltigkeitsberichts hinaus und bietet umfassende Optionen für eine Online-Nutzung. Auf ihrem Nachhaltigkeitsportal – der Microsite www.nachhaltigkeit.
dzbank.de – werden die jeweils aktuellen Berichtsthemen online bereitgestellt und
durch weitere Dokumente, wie den Verhaltenskodex oder die Zuliefererstandards,
ergänzt. Dabei werden die Berichtsinhalte auf der Microsite nicht 1:1 analog der
Berichtsstruktur übernommen, sondern nach den Navigationspunkten „Themen

im Fokus", „Produkte im Fokus" und „Standards im Fokus" für eine leicht erfassbare Kommunikation außerhalb des Berichts aufbereitet.

3.3.4.3 Konzertierung der Formate

Wie bereits an mehreren Stellen erläutert, umfasst moderne Nachhaltigkeitsberichterstattung in den meisten Fällen mehr als nur ein Format in Form eines Nachhaltigkeitsberichts. Es ist somit in vielen Fällen auch über eine Konzertierung von
Formaten nachzudenken, über ein sinnvolles Ineinandergreifen für mehr Effizienz
und Sichtbarkeit. Ausgehen sollte eine solche Orchestrierung von der Entscheidung für ein Hauptformat. In den meisten Fällen wird dies der Nachhaltigkeitsbericht sein, oder in der Abwesenheit eines solchen der integrierte Bericht, der
Geschäftsbericht mit umfassenden Nachhaltigkeitsinformationen oder die Erklärung zum Deutschen Nachhaltigkeitskodex (DNK). Dies kann (und sollte) von
weiteren Formaten flankiert werden. Sei es ein ansprechendes Magazin, eine Kurzfassung des Berichts, eine Broschüre mit den Key Facts zum Nachhaltigkeitsmanagement oder weitere Formate, die Stakeholder auf die Nachhaltigkeitsaktivitäten
und das Hauptmedium (für weitergehende Informationen) aufmerksam machen.

Einige Unternehmen, wie die Munich RE, die UBS oder auch die Commerzbank, gehen einen Schritt weiter und denken strategisch von ihrer Website her als
einem Portal, das sämtliche Informationen bündelt, entweder gleich online bietet
oder übersichtlich auf die Dokumente verweist, wo die Informationen hinterlegt
sind. Dies wird in Zeiten multipler unterjähriger Transparenzanforderungen zunehmend die effizienteste Form der Datenbereitstellung. Wenn gewisse Zwänge verhindern, dass einmal jährlich sämtliche aktuelle Informationen in einem Dokument
gebündelt werden (sei es, dass die Informationen zu detailreich und umfassend
sind oder dass zeitlich Zwänge bestehen, Informationen früher oder später als das
Regelreporting bereitzustellen), lohnt sich die Aufteilung auf separate Dokumente.
Dies ist keine Rückkehr zur Loseblattsammlung, wenn die spezifischen Dokumente in einem Portal auf der Website übersichtlich dargeboten und verlinkt sind.

Bei einer guten Konzertierung von Formaten ist gesteigerte Effizienz und
Sichtbarkeit das Ergebnis für das Unternehmen, eine gesteigerte Benutzer-
freundlichkeit das Ergebnis für Stakeholder. Zu Letzterem gehört vor allem eine
leichtere Orientierung und zielgerichtete Auffindbarkeit der jeweils gewünschten Informationen. Kaum ein Stakeholder interessiert sich für alles. Bei einer
gebündelten Online-Darstellung ist zu bedenken, dass einige zentrale Stakeholdergruppen wie Ratingagenturen für ihre Arbeit zumindest eine Downloadmöglichkeit, wenn nicht sogar Druckmöglichkeit benötigen. Die Munich RE bietet
zum Beispiel die Downloadmöglichkeit sämtlicher Contents ihres CR-Portals an.

Letzteres wird einmal jährlich umfassend aktualisiert und entspricht dem Nachhaltigkeitsbericht (vgl. auch Abschn. 3.2.3.2.4 und 3.1.1.2).

3.3.5 Aufbau

Zum Aufbau eines Berichtes gehören seine Struktur, die Gliederung und die Gewichtung von Inhalten. Im Grunde sind Unternehmen frei in der Gestaltung ihrer Berichte, und gerade im Zuge vom integrierten Reporting findet man viele individuelle Lösungen. Mit der Zeit haben sich gewisse Bestandteile für Finanzdienstleister als „Pflichtelemente" etabliert – und auch aus Stakeholdersicht tut man gut daran, die Kreativität beim Aufbau von Berichten ein wenig zu zügeln. Ein Bericht soll schnelle und leichte Orientierung ermöglichen. Wenn der Aufbau des Berichts zwar innovativ, aber fern gelernter Denkmuster in Bezug auf Nachhaltigkeitsmanagement ist, erschwert dies den Zugang zu den Inhalten erheblich. Der durchaus vorhandene Wunsch nach Abwechslung seitens berichtender Unternehmen ist legitim. Und Aufbau und Struktur von Nachhaltigkeitsberichterstattung darf sich mit der Zeit verändern. Doch wiegt die Lust auf Neuheit und Innovation weniger schwer als die Berichtsprinzipien der Klarheit, Stetigkeit, Verlässlichkeit und Vergleichbarkeit (siehe Abschn. 3.1.1.5). Stakeholder vergleichen Berichte. Und es verwirrt und irritiert, wenn sich der Berichtsaufbau zu oft ändert. Es verringert sogar die Glaubwürdigkeit, weil man Unternehmen unterstellen kann, Vergleichbarkeit bewusst zu verhindern. Oft steckt dahinter nur der gut gemeinte, jedoch wenig hilfreiche Versuch, die Berichterstattung von Jahr zu Jahr attraktiver zu gestalten. Es ist und bleibt jedoch ein Bericht mit klar definierten Grenzen dessen, was Sinn ergibt.

3.3.5.1 Struktur

Die Struktur eines Berichts orientiert sich zunächst an den Zielen des Nachhaltigkeitsberichts. Ist er alleiniges Format? Oder gibt es flankierende Formate, zum Beispiel für Storytelling? Wie viel Reputationsauf- und -ausbau soll mit dem Bericht aktiv betrieben werden? Und gelingt dies eher über Schlichtheit oder Glanz? Viele Berichte orientieren sich an bekannten Strukturen der Geschäftsberichterstattung: Imageteil, gefolgt von den harten Fakten. Auch findet man oft eine Dreiteilung: Imageteil (redaktionelle Geschichten o. ä.), gefolgt vom Faktenteil, der untergliedert ist in Fließtext (qualitative Angaben) und Kennzahlen (quantitative Angaben). Einige Unternehmen verbannen Kennzahlen und weitere Detailangaben sogar in einen separaten Anhang. Es gibt gute Berichte, die kaum redaktionell aufbereitete Inhalte haben (Storys, Interviews mit Mitarbeiten, relevanten Stakeholdern,

Nachhaltigkeitsexperten) und solche, die Redaktionelles in den gesamten Bericht miteinweben, zu Beginn eines jeden Kapitels oder als abgesetzte Elemente im Fließtext.

Es existiert insofern kein Richtig oder Falsch, sondern es gilt, kontextabhängige Lösungen zu entwickeln. Wenn zum Beispiel von vornherein klar ist, dass der Bericht nicht als Push-Medium aktiv kommuniziert und beworben werden soll, braucht es keine aufwendigen Imageteile. Wenn ein Unternehmen Nachhaltigkeit stärker im Unternehmen verankern möchte, ist es wiederum sinnvoll, Mitarbeiter aktiv in den Bericht einzubinden und auch ihre Geschichten rund um Nachhaltigkeit zu erzählen (siehe auch Abschn. 3.3.8).

3.3.5.2 Gliederung

Bei der Gliederung von Nachhaltigkeitsberichten folgt eine Vielzahl von Unternehmen dem Drei-Säulen-Prinzip der Nachhaltigkeit aus Ökonomie, Ökologie und Soziales. Die Säule „Soziales" ist oft weiter unterteilt in „Mitarbeiter" einerseits und „Gesellschaft" andererseits. Diese Grobgliederung wird ergänzt um einleitende Angaben zu Strategie und Management von Nachhaltigkeit. Für Finanzdienstleister sind weiterhin umfassende Angaben zu Risikomanagement, Compliance und transparenter Kundenkommunikation unverzichtbar. Ein Statement der Unternehmenslenkung als Vorwort ist ebenso Pflichtelement wie Angaben zu Kennzahlen und Zielen. Für letztere beiden Elemente gibt es unterschiedliche Lösungen. Kennzahlen und Ziele (als Nachhaltigkeitsprogramm) finden sich oft gebündelt am Ende von Berichten. Sie können aber auch gut den einzelnen Themenabschnitten des Berichts zugeordnet werden. Oft präsentieren Unternehmen die Highlights der Berichtsperiode und/oder der Vergangenheit (als Timeline) einleitend auf ein bis zwei Seiten.

Keine Gliederungsart ist perfekt. Zum Beispiel lassen sich schwerlich sämtliche umweltbezogenen Aspekte unter dem Punkt „Umwelt" bündeln, weil sie auch das Geschäft betreffen (Ökonomie), Risiko- und Nachhaltigkeitsmanagement, gegebenenfalls auch das Thema Mitarbeiter, wenn Schulungen durchgeführt wurden. Hier helfen Querverweise und in Onlineformaten direkte Verlinkungen.

Unverzichtbar für eine Berichtsstruktur ist der Punkt „Über den Bericht" mit konkreten Angaben zum Berichtszeitraum, zu Systemgrenzen des Reportings, zu Standards, nach denen man sich richtet oder an denen man sich orientiert, zur externen Prüfung, zum Veröffentlichungsturnus und auch zu ggf. weiterführenden Formaten zu Nachhaltigkeit. Gerade für eine Expertenleserschaft bildet dies den ersten Kontaktpunkt, um sich schnell einen Überblick zu machen über Reichweite und Anspruch der Berichterstattung.

3.3.5.3 Gewichtung

Gute Berichte halten sich an die Berichtsprinzipien der Vollständigkeit und Ausgewogenheit (siehe auch Abschn. 3.1.1.5.2). Dies ist bereits bei der Konzeption
eines Berichts zu berücksichtigen. Es betrifft zum einen das Verhältnis von Storytelling zu den dargestellten Fakten. Ein doppelseitiges Interview mit einem Nachhaltigkeitsexperten der Branche zu den wesentlichen Themen des Unternehmens
abzubilden, aber die eigene Bestimmung der Wesentlichkeit nur bruchstückhaft
und intransparent wiederzugeben, ist ein Beispiel für eine unausgewogene Darstellung. Die Anreicherung des Berichts durch externe Perspektiven und Fachin-
formationen ist umso glaubwürdiger, je mehr eigene Leistung des Unternehmens
ihr gegenübergestellt wird. Ansonsten erscheint es – auch bei qualitativ hochwer-
tigen redaktionellen Inhalten – wie Augenwischerei.

Zum anderen sollten in der Gliederung denjenigen Aspekten der meiste Raum
zugesprochen werden, die tatsächlich wesentlich sind für die Geschäftstätigkeit. Umweltschutz im Geschäftsbetrieb ist ein weit verbreitetes Beispiel dafür,
wie Unwesentlichem viel Platz eingeräumt wird. Bei Finanzdienstleistern ist ein
Umweltmanagement eine gute Sache. Es ist – gemessen an den globalen Herausforderungen – jedoch kein Hebel, mit dem Finanzdienstleister in Sachen Umwelt
etwas bewirken können. Dies geschieht bei Dienstleistern allgemein über die
angebotenen Leistungen, nicht über die internen Prozesse (anders als bei produzierenden Unternehmen mit ökologischen Auswirkungen in der Produktion und
den Lieferketten). Nun ist es – gerade wenn man ein zertifiziertes Umweltmanagementsystem eingeführt hat – verlockend, die darüber erhobenen Kennzahlen und messbaren Leistungen auch extern zu kommunizieren. Wenn dem jedoch
keine entsprechenden Leistungen zur Verringerung der Umweltauswirkungen im
Kerngeschäft oder zur Förderung umweltverträglicher Dienstleistungen entgegen-
stehen, ergibt sich ein verzerrtes Bild der Wirklichkeit.

3.3.6 Layout

Eine ansprechende und innovative optische Gestaltung kann einen Großteil der
Kosten eines Berichts verursachen. Ein gutes Layout darf teuer sein, wenn es für
die Zielgruppe relevant ist, muss es jedoch nicht. Wie viel gestalterische Energie
und Budget in die Entwicklung des Layouts gesteckt werden – ob es die preis-
gekrönte Designagentur sein muss oder ob es auch die Gestaltungskünste der
internen Kommunikationsabteilung tun –, hängt somit stark von den Zielen der
Berichterstattung ab.

Ein durchdachtes Layout ist in unserem visuellen Zeitalter weitaus mehr als nur „hübsch machen". Die Art der gestalterischen Aufbereitung langer Informationstexte entscheidet oftmals darüber, ob und auf welche Art Informationen wahrgenommen werden. Ein gutes Layout wird daher bereits in der Konzeptionsphase des Berichts entwickelt – vor dem Beginn der eigentlichen Datenerfassung –, auch wenn der Setzer/Grafiker erst nach Abschluss der Textierungs- und Abstimmungsphase die Arbeit aufnimmt. Denn Form und Inhalt lassen sich nicht trennen. Die Art, wie Inhalte präsentiert werden, hat Einfluss auf die Art der Informationen, die gesammelt werden müssen.

Dabei umfasst das Layout mehrere Elemente:

- leicht erfassbare Darstellung der qualitativen und quantitativen Basisinhalte als Fließtext und Tabellen
- visuelle Kategorisierung von Inhalten: Standardangabe, Hintergrundinformation, redaktioneller Teil, etc.
- Herausstellen von inhaltlichen Highlights zur besseren Leserführung
- grafische Aufbereitung von Inhalten als Schaubildern etc.

Die Auflistung sollte deutlich gemacht haben, dass beim Aufsetzen des Layouts gestalterisches Können und Nachhaltigkeits-Know-how Hand in Hand gehen. Viele Agenturen, die sich auf Berichte spezialisiert haben, bringen dieses Wissen mittlerweile mit. In jedem Fall sollte ein Layout, egal ob von extern oder intern entworfen, rechtzeitig auf Praktikabilität und Verständlichkeit geprüft werden bzw. sollte ein Austausch zwischen den Layoutern und dem Nachhaltigkeitsteam über Ziele des und Anforderungen an das Layout stattfinden. Es gibt viele ansprechende Wege, Inhalte und Zahlenmaterial aufzubereiten. Doch dürfen bei aller Kreativität die leichte Erfassbarkeit und Eindeutigkeit der Inhalte nicht auf der Strecke bleiben. Andersherum profitieren Berichte von den Ideen visueller Kommunikationsexperten. Ein Layouter kann neue Wege aufzeigen, komplexe Inhalte intelligent aufzubereiten, wenn er rechtzeitig genug ins Boot geholt wird.

3.3.7 Inhalte

Die Inhalte eines Nachhaltigkeitsberichts lassen sich nach mehreren Gesichtspunkten bestimmen. In erster Instanz kann man sich dem Thema aus Sicht der Inside-out- und Outside-in-Perspektive nähern (für Details siehe Abschn. 3.1.1.4):

- Inside-out: Was möchten wir als Organisation unseren Stakeholdern mitteilen über unsere Strategie, unsere Mission, unsere Branche, unsere Leistung, unser Management, unsere Ziele?
- Outside-in: Was sind die externen Anforderungen, denen wir genügen wollen oder müssen? (Informationsbedürfnisse zentraler Stakeholder, Regulatorik, Ratings, Reportingstandards, Stellungnahme zu globalen Nachhaltigkeitsthemen, etc.)

Eine weitere, erste Einflugschneise wäre zu schauen, was der Status Quo an Transparenz zu Nachhaltigkeit allgemein und branchenübergreifend ist, und dann in einem zweiten Schritt zu überlegen, um welche Inhalte dieser „Basissatz" an Inhalten für die jeweilige Branche, Subbranche und den konkreten Kontext des Unternehmens spezifiziert werden sollte. Als Empfehlung für einen solchen allgemeinen Grundpfeiler an Nachhaltigkeitsinhalten kann der Deutsche Nachhaltigkeitskodex (DNK) gelten, der aktuell kompakteste Transparenzstandard (für Details siehe Abschn. 3.2.1.2). Ein Finanzdienstleister, der mit seiner Nachhaltigkeitskommunikation heute und künftig glaubwürdig sein möchte, sollte in Sachen Transparenz die geforderten 20 Kriterien des DNK nicht substanziell unterschreiten.

3.3.7.1 Bestimmung der Berichtsinhalte
Die verbreitetste Methode zur konkreten Bestimmung der Berichtsinhalte ist der Prozess der Wesentlichkeitsanalyse. Wie in Abschn. 3.1.1.5.1 dargelegt, basieren die meisten Wesentlichkeitsanalysen aktuell auf den Empfehlungen der GRI, die das Prinzip der Wesentlichkeit seit den 2013 erschienenen G4-Guidelines in den Fokus genommen hat. Im Prinzip sind Unternehmen jedoch frei, die Bestimmung der Wesentlichkeit nach ihren Bedürfnissen zu gestalten. Nachdem sich am Prinzip der Wesentlichkeit ausgerichtetes Nachhaltigkeitsmanagement überdurchschnittlich positiv auf den Marktwert auswirkt (siehe ebenfalls Abschn. 3.1.1.5.1), sei an dieser Stelle eindringlich dafür plädiert, den Prozess der Wesentlichkeitsanalyse nicht als Reportingelement zu verstehen, sondern als systematischen Bestandteil der strategischen Verortung eines Unternehmens, der dann in einem zweiten Schritt auch die Inhalte des Reportings prägt.

Um zu belastbaren Ergebnissen zu kommen und nicht Gefahr zu laufen, in der eigenen Unternehmensblase stecken zu bleiben, gehört die aktive Einbindung zentraler Stakeholder zum Prozess der Wesentlichkeitsbestimmung. Dies kann über existierende Dialogkanäle und Umfragetools geschehen und um sinnvolle

Formate (z. B. Stakeholderdialoge mit ausgewählten Personenkreisen, Veranstaltungsformate, Feedbackmöglichkeiten zum Reporting) ergänzt werden. Eine solche Stakeholdereinbindung ist je nach Größe und Reifegrad der Organisation in punkto Nachhaltigkeit und existierender Dialogformate skalierbar.

Bei der Kommunikation der Ergebnisse des Wesentlichkeitsprozesses – der im Übrigen nicht jedes Jahr in vollem Umfang durchgeführt werden muss – ist es in Sachen Belastbarkeit und Nachvollziehbarkeit der Angaben nötig, nicht nur die Resultate, sondern auch den Prozess der Analyse zu erläutern: Wie wurden welche Stakeholdergruppen eingebunden? Warum und über welche Kanäle? An dieser Stelle geht es weniger um richtig oder falsch, sondern darum, dass ein Unternehmen für seinen Kontext darlegt, weshalb es mit welcher seiner individuellen Anspruchsgruppen auf welche Art im Austausch steht.

Ein Beispiel aus der Praxis: Die Wesentlichkeitsanalyse der KfW Bank
Die Wesentlichkeitsmatrix der KfW Bank sticht aus der Masse der üblichen Wesentlichkeitsmatrizen hervor, weil sie eine Orientierung gebende Unterscheidung zwischen wesentlichen Kerngeschäftsthemen und Bankbetriebsthemen trifft. Eine weitere, farblich markierte Ebene erläutert den Impact, den die Bank meint, bei den Themen in Bezug auf nachhaltige Entwicklung und die Erreichung der Global Goals der Vereinten Nationen zu haben (siehe auch Abschn. 3.2.3.5). Die Matrix ist durch detaillierte Beschreibung des Prozesses zur Bestimmung der Wesentlichkeit ergänzt sowie um eine Bewertung der Ergebnisse. Ein eigenes Kapitel ist den Ergebnissen des Stakeholderdialogs gewidmet, wo auch Themen offen angesprochen werden, mit denen die Bank in der Kritik stand (z. B. Kohlefinanzierung).

Beim IÖW-Future-Ranking der deutschen Nachhaltigkeitsberichte belegte die KfW Bank mit ihrem Nachhaltigkeitsbericht 2015 den dritten Platz im Ranking der Großunternehmen. Eine der Hauptbegründungen der Jury lautete, dass der Bericht „einen sehr guten Überblick über die branchenspezifisch wesentlichen Nachhaltigkeitsthemen vermittelt"[21].

---

[21]IÖW/future 2016: 19.

Result of materiality analysis

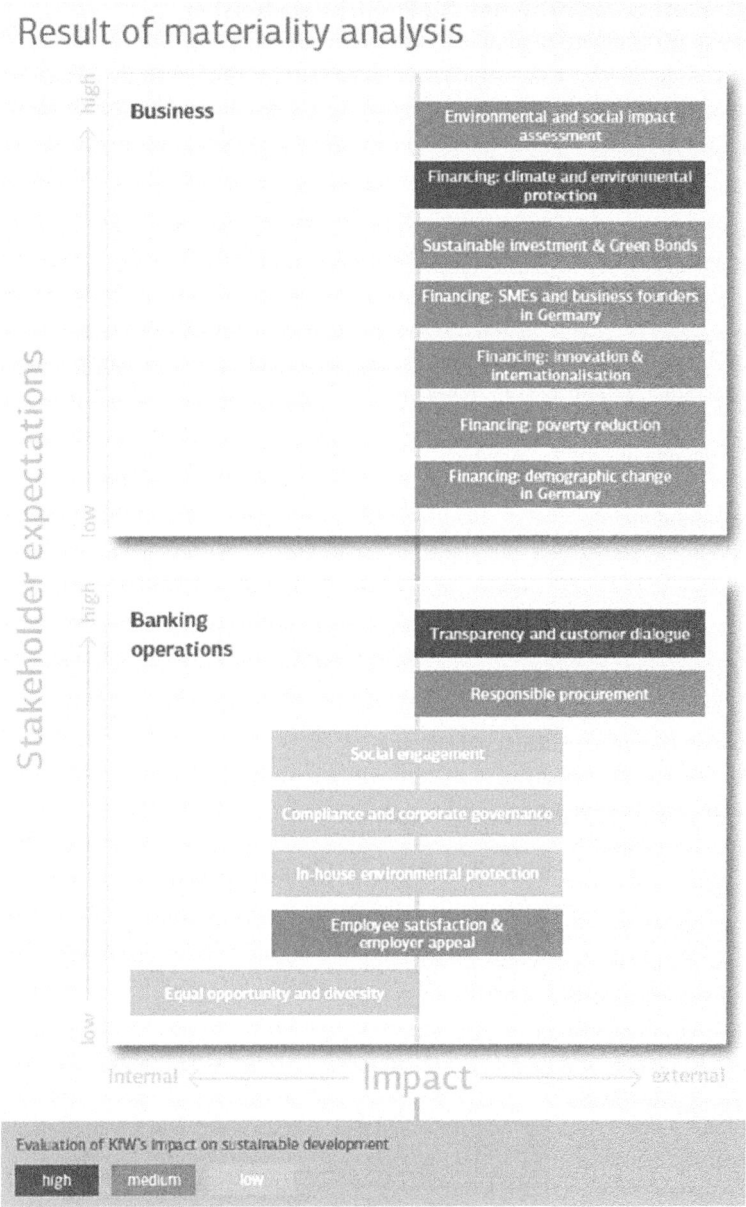

Wesentlichkeitsmatrix der KfW 2015, S. 16

3.3.7.2 Wesentliche Themen für Finanzdienstleister

Auch wenn die konkrete Bestimmung von „Wesentlichkeit" durch den individuellen Prozess eines jeden Unternehmens ermittelt wird, verfügt doch jede Branche über eine gewisse Anzahl wesentlicher Themen, zu denen die jeweiligen Unternehmen sprachfähig sein sollten. Ein guter Hinweis darauf, was wesentlich ist und was nicht, können die Anforderungen von Ratingagenturen sein und die Änderungen, denen diese Anforderungen mit der Zeit unterliegen. So ist zum Beispiel zu beobachten, dass die verlangten Angaben zu Nachhaltigkeitskriterien bei der Vergütung und zur Diversität des Topmanagements in wenigen Jahren bedeutend anspruchsvoller geworden sind. Ratingagenturen agieren nicht im luftleeren Raum, sondern sind ein Spiegel der gesellschaftlichen Anforderungen an Wirtschaftsakteure.

Im Folgenden sind beispielhaft die Themen aufgeführt, die die deutsche Nachhaltigkeitsratingagentur oekom research für Banken und Versicherungen als wesentlich einstuft (zitiert nach den aktuellen Industry-Focus-Auswertungen von oekom research, die auf Anfrage bei der Ratingagentur erhältlich sind).

Geschäftsbanken
- Ökologische und soziale Standards in der Kreditvergabe und im Investmentbanking
- Kunden- und Produktverantwortung, z. B. verantwortungsvolle Beratung, freier Zugang zu Finanzdienstleistungen, Kreditprogramme mit hohem gesellschaftlichen Nutzen
- Integration von Nachhaltigkeitsaspekten in das Kapitalanlagegeschäft
- Mitarbeiterbeziehungen und Arbeitsumfeld
- Faires Wirtschaftsverhalten, z. B. verbindlicher Verhaltenskodex, regelmäßige Compliance-Schulungen

Sparkassen, Genossenschafts-, Landes- und Regionalbanken
- Ökologische und soziale Standards in der Kreditvergabe
- Integration von Nachhaltigkeitsaspekten in das Kapitalanlagegeschäft
- Kunden- und Produktverantwortung
- Mitarbeiterbeziehungen und Arbeitsumfeld
- Faires Wirtschaftsverhalten

Entwicklungsbanken
- Förderung von Projekten und Unternehmen mit sozialem und ökologischem Nutzen
- Strategien in Bezug auf den Klimawandel und damit verbundene Risiken
- Mitarbeiterbeziehungen und Arbeitsumfeld

Versicherer und Rückversicherer

- Kunden- und Produktverantwortung, z. B. verantwortungsvolle Beratung, transparente Versicherungspolicen, Versicherungsprodukte für Risikogruppen und einkommensschwache Kunden
- Mitarbeiterbeziehungen und Arbeitsumfeld, z. B. Arbeitsplatzsicherheit, Vereinbarkeit von Beruf und Familie, Gleichberechtigung am Arbeitsplatz
- Integration von ökologischen und sozialen Aspekten in das Sach- und Haftpflichtversicherungsgeschäft
- Integration von Nachhaltigkeitsaspekten in die Vermögensverwaltung und die Eigenkapitalanlage
- Umsetzung einer Klimaschutzstrategie unter Beachtung der branchenspezifischen Risiken etwa durch vermehrte Stürme oder Starkregenereignisse

In Nachhaltigkeitsberichten nach wie vor standardmäßig anzutreffende Themen wie gesellschaftliches Engagement und Betriebsökologie fehlen bei obiger Auflistung komplett. Das bedeutet nicht, dass diese Themen in Berichten keine Berechtigung haben. Im Sinne des Prinzips der Ausgewogenheit von Berichtsinhalten gilt es jedoch, die Gewichtung der berichteten Inhalte im Hinblick auf Wesentlichkeit gut zu prüfen (siehe auch Abschn. 3.3.5.3). Um es auf den Punkt zu bringen: Wesentlich ist das, was das Kerngeschäft eines Finanzdienstleisters betrifft.

3.3.7.3 Aufbereitung der Inhalte

Wir ertrinken in Informationen und hungern nach Wissen, heißt es über unser digitales Zeitalter. Dies ist mit Bezug auf faktenreiche Nachhaltigkeitsberichte mit einem hohen Anteil von Detailinformationen eine zu berücksichtigende Prämisse für Kommunikation. Die Aneinanderreihung von Fakten allein erzeugt noch kein Verständnis aufseiten eines Lesers. Nun könnte man böswillig unterstellen, dass in manch einem Nachhaltigkeitsbericht umfassendes Verständnis seitens der Rezipienten überhaupt nicht gewünscht ist, weil sonst offensichtlich würde, dass es seitens des Unternehmens wenig Neues zu sagen gibt in Sachen Nachhaltigkeit. Die kontextlose Häufung von Einzelinformationen kann also durchaus Methode haben.

Postuliert man jedoch, dass ein Unternehmen mit seiner Nachhaltigkeitskommunikation seine zentralen Stakeholder tatsächlich erreichen und überzeugen möchte, gilt es, die Themen Verständlichkeit und Kontextualisierung konsequent mitzudenken (siehe auch Abschn. Verständlichkeit und 3.1.1.5). In Zeiten von umfassender Nachhaltigkeitsmüdigkeit und dem Unwillen vieler Stakeholdergruppen, Unternehmenskommunikation Glauben zu schenken, kann bodenständige Klarheit mehr für die Reputation tun als der größte Trommelwirbel. Verständlichkeit umfasst dabei mehr als verständliche Sprache. Gerade im Kontext von

Nachhaltigkeit geht es um eine adäquate Einbettung von Fakten in die umfassenderen Sinnzusammenhänge des Unternehmens oder nachhaltiger Entwicklung.

Beispiele aus der Praxis: Kontextualisierung von Informationen bei Finanzdienstleistern

Beispiel 1:

Die RZB-Gruppe in Österreich (bestehend aus RZB AG samt verbundenen Unternehmen in Österreich, seit 03/2017 RBI-Konzern in Österreich) stellt in ihrem Nachhaltigkeitsbericht 2015 die klimarelevanten Effekte von nachhaltigen Finanzierungen und Investitionen dar und zeigt, wie Sinnstiftung gelingen kann. Eingangs wird die These aufgestellt, dass „viele Finanzierungen und Investitionen der RZB-Gruppe in Österreich (…) einen wesentlichen Beitrag für die Umwelt" leisten[22]. In einem nächsten Schritt wird detailliert erläutert, welche Aktivitäten aus welchem Grund in die Auswertung eingeflossen sind. Als Ergebnis werden zwei Tabellen präsentiert, eine aus dem eigenen Wirkungskreis und eine zu den im Umweltbereich vergebenen Krediten. Die in den Tabellen enthaltenen Informationen sind durch die Einbettung für einen Leser nachvollziehbar und einordbar. Auch hat die Bank Anstrengungen auf sich genommen, die Kennzahl „Induzierte Emissionsminderung in Tonnen CO_2e pro Jahr" überhaupt erst zu erheben, um das Gesamtvolumen der Maßnahmen mit der dadurch erzielten Klimawirkung zu kontextualisieren.

Maßnahmen	Gesamtvolumen in Euro pro Jahr	Induzierte Emissionsminderung in Tonnen CO_2e pro Jahr
Energieeffizienz/thermische Sanierung	57.750	24
Alternative Mobilität	8333	2
Forcierung erneuerbare Energie	5000	11
Summe	**71.083**	**37**

Umweltfreundliche Investitionen der RZB-Gruppe im eigenen Wirkungsbereich. (Quelle: Raiffeisen Zentralbank Österreich AG 2016: 45)

---

[22]Raiffeisen Zentralbank Österreich AG 2016: 44.

Maßnahmen	Gesamtvolumen in Euro pro Jahr	Induzierte Emissionsminderung in Tonnen CO_2e pro Jahr
Energieeffizienz/thermische Sanierung	106.117.000	44.569
Alternative Mobilität	25.700.000	7613
Forcierung erneuerbare Energie	89.900.000	194.184
Summe	**221.717.000**	**246.366**

Durch die RZB-Gruppe vergebene Kredite im Umweltbereich. (Quelle: Raiffeisen Zentralbank Österreich AG 2016: 45)

Beispiel 2:
Der **Landesbank Baden-Württemberg** (LBBW) gelingt es auf einer Doppelseite, einen Überblick über die wesentlichen Aspekte der Geschäftstätigkeit zu bieten und diese sowohl in den internen Kontext von Management und Prozessen als auch in den Kontext nachhaltiger Entwicklung zu stellen (externe Rahmenbedingungen, Auswirkungen). Die übersichtliche tabellarische Aufbereitung der insgesamt 16 Fokusfelder (die an dieser Stelle aus Platzgründen nur ausschnittsweise übernommen werden kann) entlang folgender sieben Punkte bietet gleich zu Beginn des mit 138 Seiten umfassenden Berichts wertvolle Orientierung für Stakeholder:

1. Nachhaltig- keitspolitik	Unternehmensführung		Geschäftsbetrieb		(…)
2. Fokusfelder	**Corporate Governance**	**Compliance**	**Ressourcen- verbrauch und CO_2-Emissi- onen**	**Nachhaltige Beschaffung**	(…)
3. Fokusthe- men	Transparenz in der Geschäfts- tätigkeit, Füh- rungsstruktur, Steuertranspa- renz (…)	Unterneh- mensinterne und externe Betrugsprä- vention, Embargos und Finanzsankti- onen (…)	Verantwortungs- voller Umgang mit Ressourcen (Papier, Wasser, Energie), Faci- lity Manage- ment (…)	Integration von Nachhal- tigkeitskrite- rien In Lieferan- tenauswahl und -bewer- tung (…)	(…)
4. Auswirkung auf Nachhaltig- keitsbilanz	Mittel	Mittel	Mittel	Gering	(…)

5. Makro-Nachhaltigkeitsthemen + beeinflussende Gesetze	Vertrauensverlust durch Finanzkrise, Veröffentlichungspflichten	Betrug, Einhaltung allgemeingültiger Gesetze und von Gesetzen im Bereich Wirtschaftsrecht, (…)	Weltweite Rohstoff und Ressourcenknappheit, Zerstörung lebenswichtiger Naturschutzgebiete und Wälder (…)	Umweltverstöße und Menschenrechtsverletzungen bei Lieferanten, Klimawandel, Biodiversität (…)	(…)
6. GRI-Indikatoren	G414 bis G416, G434 bis G456	G4SO1, G4SO3 bis G4SO8, G4PR9	G4EN1 bis G4EN25	G4DMA, G4EC9, G4HR5, G4HR6, G4HR10	(…)
7. Ausgewählte, interne Messgrößen, interne Standards + unterzeichnete Selbstverpflichtungen			Klimastrategie, Leitplanken Nachhaltigkeit im Geschäftsbetrieb, Umweltdatenerfassung (…)	Lieferantenselbstauskunft, Nachhaltigkeitsvereinbarung, Warengruppenstrategien, (…)	(…)

Auszug: Darstellung der Nachhaltigkeitsaspekte bei der LBBW. (Quelle: LBBW 2015, S. 22 ff.; Eigene, stark gekürzte Darstellung)

Beispiel 3:
Die **KfW Group** überzeugt mit einer umfassenden Darstellung der Wirkungsweise und der Wirkungsmessung der eigenen Fördertätigkeit. Als Förderbank der Bundesrepublik Deutschland ist es ihr gesellschaftlicher Auftrag, die wirtschaftlichen, sozialen und ökologischen Lebensbedingungen in Deutschland und weltweit zu verbessern. In einem eigenen Kapitel „Den Anspruch einlösen. Verantwortung, die wirkt" stellt die Bankengruppe gleich zu Beginn des Berichts dar, wie die KfW die Wirksamkeit ihrer Maßnahmen und Projekte konkret misst, wo die Herausforderungen bei der Impact-Messung liegen und wie die Bank damit umgeht. Lobenswert dabei ist nicht nur, dass die KfW überhaupt Impact-Messung betreibt und nachvollziehbar darstellt, sondern dass sie es für das Kerngeschäft tut und nicht für zwar nachhaltigkeitsbezogene, aber nicht wesentliche Aspekte wie Betriebsökologie oder gesellschaftliches Engagement.

Die Ergebnisse der regelmäßigen Evaluation der erreichten Wirkung der jeweiligen Förderprogramme veröffentlicht die KfW nach Erscheinen zudem auf ihrer Website. Ein eigener Menüpunkt erleichtert die Auffindbarkeit der Informationen. Im Folgenden ist beispielhaft für die Programme „Energieeffizient Bauen und Sanieren" die quantifizierte Wirkungsmessung dargestellt, wie sie im Nachhaltigkeitsbericht der KfW aufbereitet ist.

Förderwirkungen 2013

KfW-Programme „Energieeffizient Bauen und Sanieren"

▶ **2.000 GWh**

Endenergieeinsparung (jährlich)

▶ **744.000 t**

Treibhausgasminderung (CO_2-Äquivalente, jährlich)

▶ **420.000**

Arbeitsplätze geschaffen oder gesichert (für ein Jahr)

34,2 Mrd. EUR ausgelöste Gesamtinvestitionen

10,3 Mrd. EUR Zusagevolumen für 405.000 geförderte Wohneinheiten

Förderwirkung KfW-Programme „Energieeffizient Bauen und Sanieren". (Quelle: KfW 2015, S. 10)

Beispiel 4:
Aufzuzeigen, in welchen nachhaltigkeitsrelevanten Initiativen ein Unternehmen aktiv ist, gehört zum guten Ton von Nachhaltigkeitsberichterstattung (bedingt auch durch die Tatsache, dass die GRI diese Information verlangt). Anstatt – wie sonst verbreitet – lediglich die Mitgliedschaften und Initiativen aufzulisten und bestenfalls noch kurz zu erklären, worum es bei der Initiative jeweils geht, ermöglicht die UBS Stakeholdern ein umfassenderes Verständnis ihres Engagements. Zusätzlich zu den Initiativen (z. B. UN Global Compact,

G20 Green Finance Study Group, UN Environmental Programme) erläutert die UBS in ihrem Annual Report 2016[23]:

- Das Schwerpunktthema der jeweiligen Initiative (z. B. Nachhaltige Entwicklung, grüne Finanzierungen, Klimawandel, nachhaltige Finanzsystem)
- Die Rolle/Aktivität der UBS (z. B: „Keynote des Verwaltungsratspräsidenten von UBS am UNGC Leaders Summit", „Fallbeispiel von UBS zu Klimawandel-Stresstests, das an der GFSG-Konferenz vorgestellt und in das Input Paper für den G20-Gipfel aufgenommen wurde")
- Das wichtigste Ergebnis der Initiative im Berichtsjahr (z. B. Input Paper „Environmental risk analysis by financial institutions – a review of global practice")

Durch diese Kontextualisierung bestärkt die UBS ihre Stakeholder in dem Vertrauen, dass die Bank Mitgliedschaften nicht nur auf dem Papier pflegt, sondern sich gezielt für Initiativen einsetzt, die eng mit dem Kerngeschäft der UBS verbunden sind und Ergebnisse/Wirkungen nachweisen können.

Grundsätzlich ist es wünschens- und empfehlenswert, dass Unternehmen qualitative Angaben mit Kennzahlen untermauern. Die oben aufgeführten Beispiele zeigen, dass es oft an den Unternehmen selbst liegt, geeignete Kennzahlen zur adäquaten Darstellung der eigenen Tätigkeit und der erreichten Wirkung (sei dies ein geschaffener gesellschaftlicher Mehrwert oder die Reduktion eines negativen Impacts) generieren. Wer sich an Nachhaltigkeitsstandards (siehe Abschn. 3.2) orientiert, berichtet bereits zu Transparenzkennzahlen. Das ist jedoch noch längst nicht das Ende der Fahnenstange, wenn man seine eigene Geschäftstätigkeit aus Nachhaltigkeitssicht umfassend darstellen möchte. Es gibt einen bedeutenden Unterschied zwischen Transparenzkennzahlen und Steuerungskennzahlen (klassische Key Performance Indicators, KPI). Erstere sind Outside-in-Anforderungen an Unternehmen zur Offenlegung von Nachhaltigkeitsinformationen und oft generischer Natur. Letztere basieren auf internen Überlegungen: Was wollen wir wie steuern? Welche der internen Steuerungskennzahlen sich für Inside-out-Kommunikation im Bericht eignen, gilt es von Fall zu Fall zu entscheiden. Aus Wettbewerbsgründen kann es angeraten sein, nicht alle Steuerungskennzahlen transparent zu machen. Wichtig zu verstehen ist jedoch, dass mit der Erfüllung extern geforderter Nachhaltigkeitskennzahlen der Bedarf nach quantitativen

---

[23]UBS Group AG 2017b: 273.

Informationen noch nicht zwingend erfüllt ist. Wie obige Bespiele zeigen, können selbst generierte Kennzahlen entschieden dazu beitragen, die Überzeugungskraft von Nachhaltigkeitsinformationen zu stärken. Oft sind sie das Zünglein an der Waage zwischen unverfänglichen Phrasen, die zwar faktisch richtig, aber vage und allgemeingültig sind, und einer kontextualisierten Informationsaufbereitung, die im besten Fall Aha-Effekte bei den Stakeholdern auslöst, weil neue Einblicke und neue Wirkungszusammenhänge ermöglicht wurden. Es erübrigt sich zu sagen, dass ein Unternehmen auch jenseits gestiegener Kommunikationsqualität davon profitiert, seine eigenen Nachhaltigkeitsaktivitäten mit passgenauen und durchdachten Kennzahlen zu steuern.

Auch wenn der Nachweis konkreter Impacts in vielen Fällen in Reinform noch nicht möglich ist, weil Wirkungsmessung nicht belastbar durchgeführt werden kann oder der Erfassungsaufwand schlichtweg zu hoch ist – gute Kommunikation ist in erster Linie eine Folge des Willens eines Unternehmens. Ergebnisse der eigenen Tätigkeit (Outcomes) lassen sich in jedem Fall gut, strukturiert und kohärent darstellen, auch wenn die Wirkung (Impact) noch nicht immer messbar ist. Dafür muss aber verstanden worden sein, dass ein Bericht mehr ist als ein Erlebnisbericht über die zurückliegende Berichtsperiode. Unabhängig von dem Umfang und der Reichweite vorhandener Kennzahlen hat belastbares Reporting über eine Auflistung von laufenden und abgeschlossenen Projekten und Maßnahmen hinauszugehen. Ein Bericht sollte weniger von der Frage geleitet sein „Was haben wir alles getan?", sondern „Was wollen wir bewirken und wie sind wir dem näher gekommen?"

Dies sollte sich auch in der Art und Weise niederschlagen, wie über zukünftige Ziele und – im Hinblick auf diese – bislang Erreichtes berichtet wird. Mittlerweile ist es fast schon Usus, ein „Nachhaltigkeitsprogramm" im Bericht aufzuführen – eine tabellarische Übersicht über Ziele und zugeordnete Maßnahmen. Die Gefahr ist groß, dass ein derartiges „Programm" zum Bauchladen wird für vereinzelte Maßnahmen. Auch ist die Frage, ob tatsächlich über jedes einzelne Teilprojekt(chen) jährlich im Bericht Rechenschaft abgelegt werden muss. Viel wichtiger ist es für Unternehmen, den roten Faden ihrer Zukunftsorientierung zu kommunizieren. Die Königsklasse hierbei ist, sich eine konkrete zeitliche Zielmarke zu geben (das Jahr 2025 oder 2030) und die Fortschritte in Bezug auf die gesetzten Ziele in Relation zu diesem Termin zu berichten. Dies wird nur Unternehmen gelingen, die weit fortgeschritten sind in ihrem Nachhaltigkeitsmanagement. Aber auch ohne ein derart umfassendes, langfristig orientiertes Nachhaltigkeitsprogramm lässt sich kohärent über den eigenen strategischen Zukunftskurs berichten. Ein praktikabler Weg ist es, die gesetzten Ziele aus den verschiedenen Bereichen zu clustern, wie es zum Beispiel die KfW Group im Bericht praktiziert (siehe Abb. 3.10). Der Übersichtlichkeit halber kommuniziert

Issue	Measures	Date
Sustainability strategy		
Enhancing sustainability management	Achieving top-quality sustainability ratings compared to peer group, in evaluations of KfW Group by sustainability rating agencies	2015–2017
	Appraising applicability of UN Global Compact to KfW	2016
	First-time survey of simplified water footprint at KfW Group, including virtual water	2016
	Additional annual environmental assessment in further representation offices	2015–2017
Improving dialogue with stakeholders	Active regular dialogue with other capital market participants on sustainability issues, e.g. at conferences and in bilateral talks (KfW)	2015–2017
	Expansion of online seminars and implementation of an energy efficiency conference for financing partners and facilitators (KfW)	2015
Avoiding environmental and social risks	Revising and adapting, if necessary, the "Common Sustainability Guideline for Domestic Business Areas" (KfW)	2015
	Disclosure of possible reputational risks before final credit decision in IPEX lending process (KfW IPEX-Bank)	2015
	Appraisal of the integration of further environmental and social aspects in evaluations of promotional programmes (KfW)	2017
	Continual improvements to product-related environmental and social risk management, inter alia through employee training and ongoing optimisation of risk management system (DEG)	2015–2017
Business		
Improving the range of sustainable finance	Generating new environmental and climate protection commitments to make up at least 50% of all KfW Development Bank finance	2017
	Accrediting of Green Climate Fund (GCF) and implementation of climate protection and adaptation projects for the GCF (KfW Development Bank)	2015–2017
	Evaluation of climate protection statistics such as CO_2 avoidance costs, CO_2 savings and emissions intensity (i.e. "carbon footprint") for relevant parts of the commitment portfolios (KfW Development Bank)	2016
	Implementation of substantial improvements in KfW energy efficiency programme, e.g. by introducing a new entry standard (10% saving) and premium standard (30% saving) (KfW)	2015
	Planned promotional business volume still high in fields of environment, entrepreneurs and general corporate finance as well as innovation (2015: EUR 20 billion) (KfW)	2015–2017
	Strengthening the exemplary role of municipalities by improved support for energy-efficient municipal buildings: Introduction of support for new constructions and further development of support for the energy-efficient rehabilitation of non-residential buildings (KfW)	2015
	Quality assurance when funding the energy-efficient construction and renovation of residential and commercial buildings, and further development of renovation promotion (KfW)	2015–2017
	Development and introduction of a new promotion programme for the expansion of broadband networks as an infrastructure that ensures future development (KfW)	2016–2017
	At least 40% of the new financing projects should have aspects that are positive for the environment or climate (DEG)	from 2016
Implementation of a sustainable investment approach	Achievement of top ratings compared with the asset-owner peer group regarding implementation of all six guidelines of the UN PRI (KfW)	2015–2017

Abb. 3.10 Auszug aus dem Nachhaltigkeitsprogramm der KfW Group. (Quelle: KfW 2015, S. 78)

die KfW sind sämtliche Informationen zum Status Quo des Nachhaltigkeitsprogramms im Bericht, sondern verweist von dort auf die Website, wo detailliertere Übersichten hinterlegt sind.

Ein konzises Nachhaltigkeitsprogramm vorzuhalten ist ohne Zweifel ein wesentliches Element glaubwürdiger und zukunftsfähiger Nachhaltigkeitsberichterstattung. Noch überzeugender wirkt die Zukunftsorientierung, wenn Ziele und Erreichtes nicht nur am Ende als „Add-on" im Bericht aufgeführt werden, sondern wenn der Bericht selbst über einen roten Faden verfügt, der Rückschau auf die Berichtsperiode, Status Quo und zukünftige Entwicklungen zu einer schlüssigen Gesamtschau verwebt.

3.3.8 Einbindung der Mitarbeiter

Über den Umgang mit internen Stakeholdern in Bezug auf Nachhaltigkeitsmanagement wird viel gesprochen und geschrieben. Ohne informierte, motivierte, mitdenkende Mitarbeiter ist gutes Nachhaltigkeitsmanagement nicht möglich. In diesem Punkt herrscht Einigkeit. Dabei ist in Sachen Berichterstattung jedoch eine Diskrepanz zwischen dieser Erkenntnis und den tatsächlichen Berichterstattungsprozessen zu beobachten. Häufig werden die in den Berichterstattungsprozess eingebundenen Mitarbeiter als „passive" Quelle für Daten gesehen, als Lieferanten, die lediglich ein Gut (Informationen) bereitzustellen haben. In Zeiten zunehmender Digitalisierung von Datenbereitstellung (siehe auch das Folgende Abschn. 3.3.9 zur Datenerfassung) laufen Unternehmen indes Gefahr, den Faktor Mensch unterzubewerten bzw. zu versuchen, menschliche Fehlerquellen durch „solide" und „prüfbare" IT-Prozesse auszumerzen. Der Beitrag von Mitarbeitern ist jedoch ein sehr aktiver. Die Motivation eines Mitarbeiters kann die Datenqualität stärker beeinflussen, als es manch einem mit Berichterstattung Beauftragten lieb ist. Der denkende und vor allem auch wollende Mitarbeiter/Kollege ist erwünscht.

Oft genug kommt Nachhaltigkeit im Unternehmensalltag als ein zusätzliches Thema daher. „Grab and run" heißt die Taktik, nach der ein Nachhaltigkeitsmanager in der Not versucht, Daten und Informationen für einen Bericht zu generieren. Auch in Unternehmen mit Berichterstattungsexpertise kommt man gelegentlich nicht umhin, sich mit dem zu begnügen, was einem an Datenfetzen von zeitlich ausgelasteten Kollegen dargeboten wird. Gute Berichtsqualität braucht daher vor allem eines: Führung. Das bedeutet, dass von den Führungskräften, idealerweise dem Topmanagement, ein klarer Rahmen und klare Verantwortlichkeiten in Bezug auf die Prozesse vorgegeben werden. Motivation wird auch dadurch geschaffen, dass die Bedeutung eines Vorgangs unterstrichen wird. Wenn der Nachhaltigkeitsbericht intern lediglich als „nice to have", wenn nicht sogar als „nervig" behandelt wird, verwundert es nicht, wenn Mitarbeiter keinen vollen Einsatz zeigen.

Mitdenken kann weiterhin nur der Mitarbeiter, der verstanden hat, worum es geht, der Kontext und Ziele kennt. Regelmäßige Informationen und Schulungen zu Nachhaltigkeit und Berichterstattung gehören ebenso zum Pflichtprogramm wie der strukturierte Aufbau von Prozessen zum Berichtswesen (Abschn. 3.3.3). Ein Unternehmen kann die hochkarätigste Datenerfassungssoftware eingekauft haben. Wenn der Mitarbeiter sie nicht zu bedienen gelernt hat bzw. nicht versteht, in welchem Maße die Qualität seiner Dateneinlieferungen die Berichtsqualität beeinflusst, wird es auch die Software nicht richten.

Verständnis für die Situation der meisten Mitarbeiter, die zusätzlich zum Tagesgeschäft mit Nachhaltigkeitsthemen konfrontiert werden, hilft. Dies beinhaltet die Effizienz der Datenabfrage (gute Planung der benötigten Inhalte, Vermeidung von unterjährigen doppelten Anfragen, leicht verständliche Datenerfassungssysteme). Zu viel Empathie und eine reine „Entlastungstaktik" können jedoch auch hinderlich sein. Involvierte Mitarbeiter profitieren davon, wenn es ihnen möglich ist, den Gesamtprozess nachzuvollziehen. Dies beinhaltet:

• Offizieller Kick-off des Berichtsprozesses (ggf. inkl. Schulungen)
• Regelmäßige Updates bzw. Reminder vom Projektteam zum Status Quo
• Kommunikation des Endergebnisses und Dank

Werden Mitarbeiter nur für die reine Datenabfrage angesprochen und hören nie wieder etwas bezüglich Nachhaltigkeitsberichterstattung von ihren konkreten Ansprechpartnern im Haus, ist nicht zu erwarten, dass sich ihre Aufmerksamkeit für das Thema erhöht. Auch wird ihr Verständnis der Themen nicht steigen – nachdem sie kaum mit ihnen konfrontiert werden. Der Unterschied ist gut zu beobachten, wenn Mitarbeiter aktiv eingebunden und Teil des Berichts werden (Interviews, Zitate, sonstige Beiträge). Die persönliche Bindung von Mitarbeitern ans Nachhaltigkeitsreporting gelingt auf diesem Wege dauerhaft und oft auch in solchen Fällen, in denen der Mitarbeiter dem Thema vorher kritisch gegenüber eingestellt war. Auch dies ist keine Neuigkeit in punkto Mitarbeitermotivation: Das Sichtbarmachen der Leistung eines Mitarbeiters fördert Stolz und Selbstwirksamkeitsüberzeugung. So kann die Nennung von Mitarbeitern im Bericht durchaus auch als strategisches Mittel verstanden werden, Nachhaltigkeit im Unternehmen stärker zu verankern. Dies ist natürlich kein Allheilmittel, jedoch ein gangbarer Weg für Unternehmen, bei denen Nachhaltigkeit und damit verbundene Prozesse noch nicht zum Selbstverständnis gehören.

Mitarbeiter, die aktiv eingebunden sind und regelmäßig mit Nachhaltigkeitsthemen konfrontiert werden, sind geneigter, nach außen als Multiplikatoren für Nachhaltigkeitsthemen aufzutreten. Dies ist ein zentraler Aspekt zum Gelingen von Nachhaltigkeitskommunikation. Ein Nachhaltigkeitsmanager oder auch eine ganze Abteilung können schwerlich sämtliche Stakeholder erreichen. Zu vielen – vor allem Kunden – haben Mitarbeiter den direkten Kontakt. Je sattelfester sich ein Mitarbeiter in Sachen Nachhaltigkeit fühlt, je selbstverständlicher für ihn das Thema ist, desto größer auch die Wahrscheinlichkeit, dass er oder sie das Thema freiwillig adressieren wird. Berichtsprozesse verhelfen somit auch dazu, zentrale Mitarbeiter über aktuelle Entwicklungen auf dem Laufenden zu halten, auf eine wirkmächtigere Art als über die reine interne Kommunikation des veröffentlichten Berichts am Ende der Projektphase (siehe auch Abschn. 3.3.12).

3.3.9 Datenerfassung

Die Datenerfassung kann als das Herzstück von Nachhaltigkeitsberichterstattung gelten und ist gleichzeitig zentraler Baustein eines umfasseneren Nachhaltigkeitsmanagements. Hier werden die Weichen gestellt für Art, Umfang, Häufigkeit und Qualität der zu erhebenden Informationen für sowohl das interne Controlling und die Steuerung von Nachhaltigkeitsaktivitäten als auch für die vielfältige Verwendung in Bezug auf externe Transparenz. Entsprechend facettenreich sind die individuellen Lösungen, die Unternehmen für ihre Datenerfassungs- und -koordinationsprozesse entwickeln.

Entscheidend für die Effizienz der Prozesse ist, dass sie nicht allein die Erstellung eines wie auch immer gearteten Reportings als Zweck verfolgen, sondern die Informations- und Transparenzbedürfnisse des Unternehmens allgemein abdecken. Dazu gehört unter anderem eine Schnittstelle zu weiteren Datenerfassungssystemen im Unternehmen. Nicht alle Informationen müssen über Nachhaltigkeitsdatensammelprozesse generiert werden. Oft existieren bereits Datenbeschaffungswege, auf die aufgebaut werden kann. Dies verlangt gute Planung und Erfassung der Informationsanforderungen. Finanzdienstleister, die regelmäßig von Analysten bewertet werden, tun zum Beispiel gut daran, sich einen eigenen Kriterienkatalog anzulegen mit den Aspekten, die nicht über eventuelle Transparenzstandards wie die GRI erfasst werden.

Auch ist es im Verlauf der Zeit notwendig, bestehende Lösungen zu hinterfragen und auf Angemessenheit zu überprüfen. Viele Lösungen sind mit einer gesunden Hands-on-Mentalität entstanden, werden mit den Jahren dem Anspruch an Qualität und Substanz jedoch nicht mehr gerecht. Gleichzeitig muss sich nicht jedes Unternehmen von vornherein kostenintensive Lizenzen für Softwarelösungen einkaufen. Der Trend – vor allem bei der Erfassung von Finanzdaten – geht jedoch eindeutig zur IT-gestützten Datenerfassung, sei es als SAAS-Lösungen („Software as a Service") oder als lokal im Unternehmen installierte Produkte. 35 % der befragten Unternehmen planen weiterhin, in den nächsten fünf Jahren eine Software zur Datenerfassung, -verwaltung und Berichterstattung einzuführen. Zu diesem Schluss kommt eine 2016 durchgeführte Studie an der Fachhochschule Nordwestschweiz, die börsennotierte Unternehmen der DACH-Region, darunter vor allem Finanzdienstleister (37 % der teilnehmenden Unternehmen), untersucht hat. Als Vorteile gegenüber analogen Methoden wie zum Beispiel Excel werden seitens der Unternehmen vor allem Zeiteinsparung und Prozessoptimierung genannt. Bei der Auswertung von Daten (Berechnung, Aggregation) kommt Excel jedoch weiterhin noch häufig zum Einsatz, und manuelle Prozessschritte sind oft noch vonnöten. Auch die Validierung der Daten erfolgt noch weitestgehend händisch. Dies ist auch dem geschuldet, dass – wie in Abschn. 3.3.7.3 erläutert – Fakten noch lange keine Informationen darstellen und auch die verlässlichste digitale Lösung Prozessverantwortlichen braucht, die Daten bewerten und einordnen[24].

So sinnvoll der Einsatz IT-basierter Anwendungen auch ist – digitale Lösungen befreien das Unternehmen auch im Vorfeld nicht von der Pflicht zu bestimmen, was für Daten es erfassen muss und im Hinblick auf welches Ziel diese ausgewertet werden sollen. Der Markt für Softwarelösungen wächst kontinuierlich und bietet eine Bandbreite an Lösungen für unterschiedliche Bedürfnisse, von Management und Controlling bis hin zu Berichterstattungslösungen verschiedenster Form. Lösungen von der Stange scheinen attraktiv und effizient, können sich jedoch auch als Sackgasse entpuppen, weil die Art der Datenerfassung in Unternehmen sehr individuell ist. Eine solide Bedarfsanalyse sowie der Überblick über Möglichkeiten und Kosten der Skalierung und Anpassung von Software auf die eigenen Bedürfnisse sind Pflichtprogramm vor der Entscheidung für oder gegen eine Datenerhebungs- und -managementtool.

3.3.10 Textierung und Abstimmung

Eine gute Texterstellung beginnt nicht erst nach Abschluss der Datenerfassung. Die textliche Gestaltung umfasst mehr als das „In-Sätze-Gießen" der gesammelten Daten. In der Textierungsphase werden Fakten erst zu Informationen, indem sie kontextualisiert werden (siehe auch Abschn. 3.3.7.3). Das beinhaltet die Ziele, die mit der Berichterstattung verfolgt werden, also die Wirkung, die das Unternehmen durch die spezifische Art der inhaltlichen Präsentation seiner Nachhaltigkeitsleistung bei den Zielgruppen erreichen möchte. Und das will geplant sein: Welche Botschaften sollen gesendet werden?

Viele Unternehmen holen sich für die redaktionelle Gestaltung externe Unterstützung von Kommunikationsexperten. Dies ist hilfreich und oft auch sinnvoll, damit das Unternehmen nicht Gefahr läuft, im Silodenken stecken zu bleiben, und auch, um von extern gespiegelt zu werden in puncto Verbesserungspotenzial. Doch wenn externen Unterstützern ein Korb voll unstrukturierter Daten präsentiert wird mit dem Auftrag, daraus konsistente Berichtskapitel zu stricken, leidet die Berichtsqualität. Auch im Unternehmen muss es klare Vorstellungen davon geben, welcher Art der

---

[24]Fachhochschule Nordwestschweiz 2016.

Berichtstext sein soll in Sachen, Schwerpunktsetzung, Tonalität, etc. Und dieser Transfer zwischen Texter (egal, ob intern oder extern) und Berichtskonzeptionierern muss gewährleistet sein. In dem Fall, dass externe Dienstleister beauftragt werden, muss der Abstimmungsaufwand, der nötig ist, um aus Daten Informationen zu generieren, mit eingeplant werden. Die inhaltliche Gestaltung eines Berichtes lässt sich nicht komplett outsourcen.

Sind die Kapitel getextet, geht es an die interne Abstimmung. Hier zeigt sich einmal mehr der Unterschied zwischen Daten und Informationen. Denn es geschieht regelmäßig, dass durch die spezifische Art der Kontextualisierung korrekte Daten im Zusammenhang falsch werden. Dies lässt sich nicht vermeiden und ist dem geschuldet, dass in den meisten Fällen die Personen, die den Bericht texten, keine Fachexperten für sämtliche Inhalte des Berichts sind. Daher ist die Abstimmung fertiger Texte von zentraler Wichtigkeit, nicht nur die Freigabe der eingelieferten Rohdaten im Zuge der Datenerfassung (siehe auch Abschn. 3.3.9). Erfahrungsgemäß nimmt die Abstimmung der finalen Berichtsinhalte viel Zeit in Anspruch. Kollegen sind vom Tagesgeschäft beansprucht oder just in der Abstimmungsphase im Urlaub. In dieser Phase braucht es weiterhin gutes kommunikatives Geschick seitens der Berichtsverantwortlichen. Die Fachexperten aus den Abteilungen kommen oft mit aus ihrer Perspektive berechtigten und nachvollziehbaren Ergänzungen, Korrekturwünschen, neuen Formulierungen. Hier ist ein waches Auge gefragt, das den kommunikativen roten Faden des Berichts im Auge behält. Natürlich müssen die Fakten stimmen. Aber einzelne Datenzulieferer aus dem Haus haben nicht den gesamten Bericht im Blick, das ist auch nicht ihre Aufgabe. Kompromisse sind an dieser Stelle gelegentlich nötig.

Es ist zu empfehlen, so viel wie möglich abzustimmen, bevor es ins Layout geht, da Änderungen im gesetzten Bericht aufwendig und kostspielig sind. Freigaben vom Topmanagement erfolgen hingegen meist im Layout, vor allem derjenigen Person, die die Verantwortung für die Berichtsinhalte trägt und verständlicherweise das finale Produkt freigeben möchte.

3.3.11 Externe Prüfung

Unter einer externen Prüfung wird im Folgenden die Überprüfung der inhaltlichen Korrektheit von Nachhaltigkeitsberichten verstanden. Überprüfungen der formalen Korrektheit, wie sie zum Beispiel die Global Reporting Initiative (GRI) anbietet (Content Index-Service, Materiality Disclosures Service), zählen nicht dazu.

Eine externe Prüfung von Nachhaltigkeitsberichten ist freiwillig. Zu den Gründen, weshalb sich Unternehmen ihren Bericht überprüfen lassen, zählen[25]:

- Glaubwürdigkeit der Inhalte: eine externe Prüfung unterstreicht die Verlässlichkeit der Angaben
- Datenqualität: eine externe Prüfung minimiert das Risiko, fehlerhafte Daten zu berichten, gerade im Bereich komplexer und fehleranfälliger Datenbeschaffungsprozesse wie zum Beispiel CO_2-Reporting
- Verbesserung interner Prozesse: eine externe Prüfung kann zu effizienteren und belastbareren Datenerfassungs-, Berichterstattungs- und Stakeholder-Engagement-Prozessen verhelfen

Ob der gesamte Bericht oder nur Teile davon verifiziert werden sollen, wird zu Beginn mit der Prüfgesellschaft (in den meisten Fällen eine Wirtschaftsprüfungsgesellschaft) vereinbart (Scope of Assurance). Dies gilt auch für die Tiefe der Prüfung (Level of Assurance). Im Bereich der Nachhaltigkeitsberichterstattung werden die meisten Berichte einer „limited assurance" (moderate Prüfsicherheit) unterzogen und nur wenige einer „reasonable assurance" (hohe, aber nicht absolute Prüfsicherheit). Dies hat auch damit zu tun, dass es bei nichtfinanziellen Informationen Aspekte gibt, die noch keiner „reasonable assurance" unterzogen werden können.

Die Prüfung selbst verläuft standardisiert, meist nach folgenden zwei Rahmenwerken:

- ISAE 3000 (International Standard on Assurance Engagements): ein generischer Standard für Prüfungsaktivitäten (Auditierungen ausgenommen)
- AA1000AS (AccountAbility Assurance Standard): betont den Aspekt des Stakeholderdialogs bei der Prüfung, inwiefern das Unternehmen und das Reporting auf Anliegen der Stakeholder reagiert.

Eine externe Prüfung ist mit Kosten für die Prüfungsaktivitäten sowie zusätzlichem Aufwand in Bezug auf interne Prozesse und Einbindung der Daten und Informationen liefernden Mitarbeiter verbunden. Letztere beiden Punkte vor allem dann, wenn die Datenbeschaffungs- und Berichterstellungsprozesse noch nicht als „prüfsicher" eingestuft werden können und der Optimierung bedürfen. Ein externer Prüfer überprüft nicht nur, ob die Fakten im Bericht stimmen und wie sie zustande gekommen

---

[25]GRI 2013: 6 f.

sind, sondern auch, ob die dahinterliegenden Prozesse a) vorhanden und b) belastbar sind. Dies kann einem Unternehmen zu einer gesunden Lernkurve verhelfen.

3.3.12 Kommunikation

Einen Bericht zu haben, reicht nicht aus. Die Welt muss auch davon erfahren. Auch wenn das Bedürfnis groß ist, sich nach einer anstrengenden Berichtsperiode erleichtert zurückzulehnen, nachdem der fertige Bericht online veröffentlicht oder aus dem Druck gekommen ist – ein sehr zentraler Teil des Reportingprozesses beginnt jetzt erst. Angesichts der zunehmenden Anzahl an Berichten hört man bereits Klagen aus den Kommunikations- und Presseabteilungen, dass ein Bericht nun wirklich keine News mehr sei und man zusätzlich zum Bericht einen weiteren Kommunikationsanlass brauche. Diese Einwände sind unbedingt ernst zu nehmen, ohne dass deshalb die Notwendigkeit von Kommunikation geschmälert wird. Nur kann es perspektivisch nicht darum gehen, das Vorhandensein eines Berichts zu kommunizieren, sondern seine Inhalte. Und dies funktioniert – auch wenn das angesichts des Aufwands für einen Bericht bitter klingen mag – selten anhand eines Berichts allein. Es kann sich daher lohnen, die Kommunikation des Berichts mit einem weiteren Kommunikationsanlass zu Nachhaltigkeit zusammenzulegen (zum Beispiel des Erreichen eines Nachhaltigkeitsziels), letzteres zum Anlass der Kommunikation zu nehmen und auf den Bericht als Proof Point zu verweisen. Dies ist insofern gut möglich, als Nachhaltigkeitsthemen meist nicht von tagesaktueller Brisanz sind und geclustert werden können.

Zahlreiche Unternehmen sind weiterhin dazu übergegangen, flankierende oder komplementäre Formate zu entwickeln, die breiter gestreut werden als der eigentliche Bericht und auf diesen verweisen. Ein komplementäres Format kann zum Beispiel ein Magazin sein, das Themen ansprechend und leicht zugänglich redaktionell aufbereitet. Ein flankierendes Format kann die Form eines „Kurzberichts" annehmen: die zentralen Aussagen und Highlights des Berichts zusammengestellt als eine Art Executive-Summary-Broschüre. Diese Formate lassen sich an eine breitere Zielgruppe und bei öffentlichen Events verteilen. Auch bieten sie sich für Mitarbeiter mit Kundenkontakt besser an als ein dicker Bericht.

Die interne Kommunikation des Berichts will ebenfalls geplant sein. Damit Mitarbeiter tatsächlich als Multiplikatoren für Nachhaltigkeit agieren können und die Themen über ihre jeweiligen Stakeholderkanäle platzieren, muss im Haus Verständnis generiert werden für Nachhaltigkeitsaspekte, denn letzteres ist selten in der Breite oder nur verzerrt vorhanden. Oft verstehen die Mitarbeiter unter Nachhaltigkeit das soziale Engagement und die Betriebsökologie. Ebenso wenig, wie jeder

Mitarbeiter den Geschäftsbericht seines Unternehmens studiert, werden Nachhaltig-keitsberichte proaktiv gelesen. Neben der klassischen internen Kommunikation über die jeweiligen Kanäle wie Intranet, hauseigene Newsletter etc. braucht es für zent-rale Bereiche wie unter anderem Vertrieb und Marketing interne „Übersetzungsdo-kumente", die die Fakten des Berichts für die jeweilige Perspektive der Mitarbeiter zusammenstellen und auch kurz erklären, warum es sinnvoll sein kann, diese und jene Aspekte im Austausch mit den Stakeholdern einzubringen. Entscheidend hierbei ist, dass diese Dokumente in der Sprache des Unternehmens verfasst sind, als Hinter-grundbriefings. Dies ist sinnvoll investierte Zusatzarbeit für das Berichtsteam, nach-dem sich die Anzahl der möglichen „touch points" für den Bericht mit interessierten und gut informierten Mitarbeitern vervielfacht.

Zuletzt ist der Nachhaltigkeitsbericht ein beliebter Anlass, um mit Stakehol-dern ins Gespräch zu kommen und mehr über deren Bedürfnisse und Anliegen zu erfahren. Es gilt, aktiv Feedback einzuholen zum Bericht und Dialogkanäle und Ansprechpartner hierfür sichtbar bereitzustellen. Hierüber kann auch eine dauer-hafte Stakeholderbindung möglich werden. Die Commerzbank zum Beispiel bietet auf der Internetseite zum aktuellen Bericht eine Newsletter-Abo-Funktion an. Der quartalsweise erscheinende Newsletter bietet zeitnahe Updates zu Nachhaltigkeit.

3.3.13 Aufwand

Wie aus dem bisher Geschriebenen deutlich werden sollte, lässt sich der monetäre, zeitliche und Personalaufwand schlecht beziffern. Der Aufwand hängt von der Ska-lierung des Reportings ab und auch vom Entwicklungsstand des Unternehmens in Sachen Nachhaltigkeit und Berichterstattung. Grundsätzlich gilt auch für Nachhaltig-keit, was in Kommunikations- und Marketingabteilungen zum Grundwissen gehört: Gut gemachte Wirkung kostet Geld. Wer Mehrwert generieren möchte, muss in Vor-leistung gehen. Wie viel – das kann beeinflusst werden. Aber einen großen Effekt mit wenig Aufwand zu erwarten, muss ins Reich der Illusionen verbannt werden.

An dieser Stelle sei dafür plädiert, bei der Kosten-Nutzen-Analyse von Nachhal-tigkeitsberichterstattung den Betrachtungshorizont weiter zu fassen und nicht nur die Kosten für das Kommunikationsprodukt „Bericht" einer – zugegeben schwer zu messenden – Wirkung gegenüberzustellen. Denn wie ebenfalls deutlich geworden sein sollte, dient der gesamte Berichterstattungsprozess nur zum Teil ausschließ-lich dem Bericht. Er zahlt in gleichem Maße auf das Nachhaltigkeitsmanagement ein, indem regelmäßig Daten erfasst werden, die für ein strukturiertes Controlling und realitätsnahe Strategie- und Maßnahmenplanung unerlässlich sind. Datenerfas-sungsprozesse und die kommunikative Verwendung sind zwei Paar Schuhe.

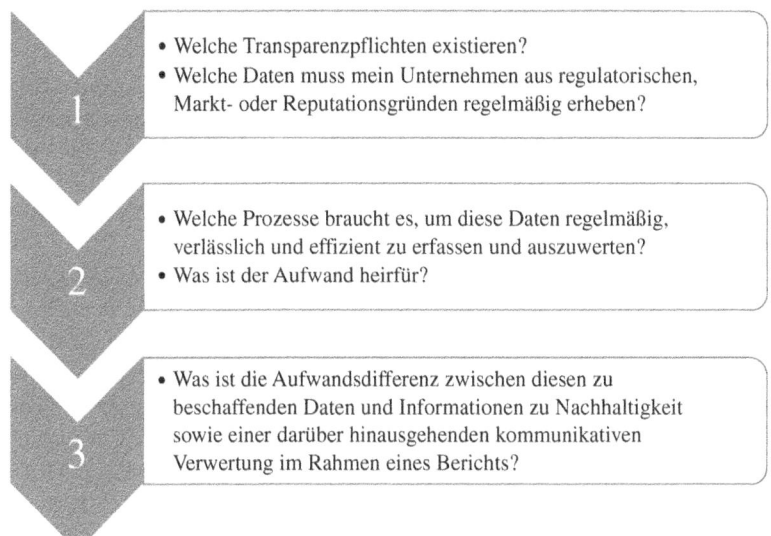

• Welche Transparenzpflichten existieren?
• Welche Daten muss mein Unternehmen aus regulatorischen, Markt- oder Reputationsgründen regelmäßig erheben?

• Welche Prozesse braucht es, um diese Daten regelmäßig, verlässlich und effizient zu erfassen und auszuwerten?
• Was ist der Aufwand heirfür?

• Was ist die Aufwandsdifferenz zwischen diesen zu beschaffenden Daten und Informationen zu Nachhaltigkeit sowie einer darüber hinausgehenden kommunikativen Verwertung im Rahmen eines Berichts?

Abb. 3.11 Dreischritt Aufwandsberechnung Berichterstattung

Gerade bei Finanzdienstleistern kommt nun noch hinzu, dass auch jenseits eines Reportings zunehmend Daten zu Nachhaltigkeit vorgehalten werden müssen, zum Beispiel im Rahmen von Ratings. Nachhaltigkeitsberichterstattung per se zur Disposition zu stellen oder ungeprüft über die Kosten zu monieren, wie es immer wieder geschieht, greift in der aktuellen Transparenzlandschaft also zu kurz. Eine Möglichkeit einer modularen Aufwandsberechnung besteht in einem Dreischritt, den Abb. 3.11 zeigt.

Somit bestünde der Aufwand eines Berichts lediglich aus dem dritten Punkt. Diese Differenz kann je nach Ambitionen des Unternehmens und der Zielgruppe natürlich größer oder kleiner ausfallen.

Die Bestimmung des Aufwands der gewählten Form von Nachhaltigkeitsberichterstattung ist natürlich nur eine Seite der Medaille. Ihr gegenüberzustellen ist der Nutzen, der erzielt werden soll. Nicht von den Kosten, sondern von den Zielen her gilt es Berichterstattung zu skalieren. Zu möglichen Zielsetzungen siehe Abschn. 3.3.2.

3.3.14 Bewertung von Nachhaltigkeitsberichterstattung

Nachhaltigkeitsberichterstattung ist das Ergebnis einer umfassenden Übersetzungsleistung. Wie bei den Grundlagen in Teil zwei dieses Buches dargelegt, ist das Übersetzen per se ein auf eine dezidierte Wirkung hinzielender kreativer (das heißt viele Entscheidungen und eigene Lösungen erfordernder) Akt, bei dem absolute Maßstäbe wie „richtig" oder „falsch" ins Leere laufen. Es wurde dargelegt, dass gutes Nachhaltigkeitsreporting mehr umfasst als das Abarbeiten externer Kriterienkataloge und dass es durchaus eine Gratwanderung sein kann, dem Ufer der Nachhaltigkeit treu zu bleiben (dem „Original") und gleichzeitig am eigenen Ufer Lösungen zu finden (eine verständliche und dadurch wirkmächtige Übersetzung).

Gleichzeitig existiert in der Gesellschaft der berechtigte und nachvollziehbare Wunsch nach Vergleichbarkeit, nach Ankern und Koordinaten für Qualität und angemessener Leistung in Bezug auf Nachhaltigkeitsberichterstattung von Unternehmen. Die Vergangenheit zeigt, dass derartige Maßstäbe nicht absolut sein können. Das, was als „gut" und „angemessen" gilt, unterliegt historischen Verläufen und wird laufend neu – und durchaus kontrovers – verhandelt. Für Unternehmen kann eine derartige Unsicherheit in Bezug auf die Wertmaßstäbe verwirrend sein. Sie kann aber auch Erleichterung und ein größeres Maß an Freiheit bringen. Wo das Absolute fehlt, wird die eigene Entscheidung darüber, wen man eigentlich womit überzeugen möchte, um einiges relevanter.

Die Suche nach Qualitätskriterien für Nachhaltigkeitsberichterstattung ist, wie in Abschn. 3.1.1.1.1 dargelegt, deshalb keineswegs obsolet oder unsinnig. Nachhaltigkeitsberichterstattung soll als Nachweis der Nachhaltigkeitsleistung gelten. Daher braucht es den Diskurs darüber, was als „Leistung" gilt und was nicht. Es ist jedoch hilfreich, sich vor Augen zu halten, dass jedes Bewertungsraster ein Fangnetz ist, das über die Realität geworfen wird. Die Dichte der Maschen und die Fangmethode bestimmen das Ergebnis, ein One-Size-Fits-All existiert nicht. Das gute Abschneiden in einer Bewertung ist somit noch keine Garantie, dass sämtliche Stakeholder sich dieser Meinung anschließen und eine andere Bewertung nicht zu einem weniger positiven Ergebnis kommen kann.

Unternehmen, die gut abschneiden möchten, sollten sich somit gründlich überlegen, in welchem Ranking sie positiv hervorstechen wollen und welcher Art die Kriterien dieses Rankings sind. Es ist die Krux des Outside-in- und Inside-out-Ansatzes in der Nachhaltigkeitsberichterstattung (siehe Abschn. 3.1.1.4), dass es passieren kann, dass die Kriterien des Rankings nicht zu der (durchaus legitimen) Art des Nachhaltigkeitsmanagements und -reportings im Haus passen. Hier gilt es abzuwägen: Wie wichtig ist das gute Abschneiden im Ranking? Für wen? Wie weit können und wollen wir uns in Richtung des Rankings verändern? Was davon ist tatsächlich ein blinder Fleck, den wir angehen müssen, was davon eine differierende Sichtweise auf „gutes" Nachhaltigkeitsmanagement? Zum Beispiel fallen aktuell Integrierte Berichte gelegentlich durch klassische Bewertungsraster, die die drei Säulen der Nachhaltigkeit separat bewerten. Das kann den Eindruck erwecken, als seien Integrierte Berichte „weniger gut". Manchmal sind sie es auch. Manchmal wird jedoch auch schlichtweg das Bewertungsraster dem „integrierten Gedanken" nicht gerecht. Eine solche Situation kann für einige Unternehmen zur Belastungsprobe werden: Inwiefern gelingt es, an seinem eigenen Kurs festzuhalten und Neuland in Sachen Nachhaltigkeitsberichterstattung zu betreten, auch wenn von außen die Würdigung noch ausbleibt?

Neben den Kriterienkatalogen von Nachhaltigkeitsratingagenturen, die im Rahmen der Leistungsanalyse zunehmend auch die Qualität der Transparenz zu Nachhaltigkeitsthemen bewerten (siehe Abschn. 3.2.3.4), gibt es eigene Bewertungen von Nachhaltigkeitsreporting, wo neben der Nachhaltigkeitsleistung auch die kommunikative Qualität – die Transparenz, die Glaubwürdigkeit, die Verständlichkeit – untersucht werden. In Deutschland am bekanntesten ist das jährliche Ranking der Nachhaltigkeitsberichte von IÖW/Future, das seit über 20 Jahren und in zwei Kategorien durchgeführt wird: Großunternehmen und KMU. Bei Letzteren werden nur freiwillig eingereichte Berichte bewertet und nur die besten drei KMU namentlich genannt. Das Ranking der Großunternehmen umfasst die Berichte der größten 150 Unternehmen. Das Ranking erfolgt anhand eines umfassenden Kriterienkatalogs, der online zugänglich ist, und unter Einbindung der Unternehmen (Feedback-Schleife).

Wie in Abschn. 3.2.3.4 erläutert, wird die Qualität von Nachhaltigkeitsberichterstattung für die Bewertung in Ratings, die Nachhaltigkeitsleistung beurteilen, immer wichtiger. War historisch Transparenz „lediglich" der Weg, um Leistung sichtbar zu machen, werten Ratingagenturen umfassende Transparenz zunehmend als eigenes, gewichtiges Kriterium für Nachhaltigkeitsleistung. Somit verschwimmt auch die Bewertung dessen, was gute Leistung und was gute Kommunikation ist, bzw. entstehen Zerrbilder. Ein aktuelles Beispiel dafür ist der Fair Finance Guide, eine Transparenzinitiative NGOs Facing Finance, Rank a Brand und Südwind: www.fairfinanceguide.de. Anders als die Bewertung von Ratingagenturen richtet sich der Fair Finance Guide vor allem an Verbraucher. Der Fair Finance Guide bewertet die Leistung deutscher Banken anhand eines umfassenden Kriterienkatalogs und – wie auch der Index MSCI – ausschließlich auf Basis öffentlich verfügbarer Informationen. Einige der beim Fair Finance Guide als mangelhaft bewerteten Banken schneiden seit Jahren in renommierten Nachhaltigkeitsratings, die auch vertraulich zugesandte Informationen auswerten, exzellent ab.

Jede Bewertung – sei es die Nachhaltigkeitsleistung eines Unternehmens oder die Qualität der Kommunikation und Transparenz – beruht auf Bewertungsmethoden, die wie ein Fangnetz über die unternehmerische Realität geworfen werden. Es kann durchaus vorkommen, dass man, um in einer Bewertung gut

Tab. 3.13 Allgemeine Bewertungskriterien für fortschrittliche Nachhaltigkeitskommunikation. (Adaptiert nach Gazdar 2014: 179)

Kriterium	Erläuterung
1. Übersichtlichkeit	Fokus auf das Wesentliche, klare Struktur und durchdachte Verweise
2. Systematik	Berichte, nach einem Standard erstellt werden (z. B. GRI), erleichtern den Vergleich mit anderen Unternehmen und steigern Zugleich die Übersichtlichkeit für den Leser
3. Feedback	Angebot dialogorientierter Feedbackmöglichkeiten (idealerweise webbasiert)
4. Branchenvergleich	Schaffung von mehr Transparenz durch Ergänzung (zum Beispiel) des Branchendurchschnitts bei zentralen Kennzahlen
5. Benchmarks	Das Abschneiden gegen den Branchenführer oder gegenüber Benchmarks, die von offizieller Seite aufgestellt werden, als weiteres Vergleichsinstrument
6. Quantifizierung	Auswahl von Kennzahlen und Indikatoren entscheiden über den Informationswert des Berichts
7. Ziele	Entwicklung von zukunftsorientierten Programmen und Berichterstattung über Erreichtes
8. Umgang mit Bad News	Mut und Offenheit im Umgang mit negativen Sachverhalten zahlen stark auf die Glaubwürdigkeit ein
9. Zertifizierung	Berichte, die von unabhängiger Stelle geprüft wurden (z. B. Wirtschaftsprüfer), können als belastbarer gelten

abzuschneiden, in Kauf nehmen muss, anderswo weniger Punkte zu erhalten.
Integrierte Berichterstattung zum Beispiel fällt gelegentlich durch die Raster
klassischer Bewertung von Nachhaltigkeitskommunikation, weil stärker „out of
the box" gedacht und kommuniziert wird. Als eine allgemeine Richtschnur für
Unternehmen seien die in Tab. 3.13 aufgeführten Kriterien genannt. Sie stammen
von Kaevan Gazdar, der als Reporting-Experte sowie Jurymitglied und Gutachter
zahlreicher Kommunikationsawards und –rankings langjährige Erfahrung mit der
Bewertung von Nachhaltigkeitskommunikation hat. Die Kriterien zielen auf Verständlichkeit und Belastbarkeit von Reporting ab – und somit auf die Glaubwürdigkeit von Unternehmenskommunikation.

Ein Beispiel aus der Praxis: Rankingergebnisse von Finanzdienstleistern
Im 2016 durchgeführten **IÖW/Future-Ranking** schnitten Banken sehr gut ab.
Das Ranking samt der Auswertung der Ergebnisse und der Bewertungskrite-
rien ist auf der Website ranking-nachhaltigkeitsberichte.de einsehbar. Die KfW

Bank landete mit ihrem Nachhaltigkeitsbericht 2015 auf dem dritten Platz von 79 bewerteten Großunternehmen. Sie erzielte 510 von 700 Punkten. Die durchschnittliche Punktezahl der bewerteten Berichte lag bei 311 Punkten. Die Jury lobte vor allem die Darstellung der branchenspezifisch wesentlichen Themen, die systematische Darstellung von Strategie, Zielen, Programmen und Verankerung von Nachhaltigkeit in der Organisation. Auch die ausführliche Darstellung der Wirkungsweise und der Wirkungsmessung der Fördertätigkeit der Bank wurde lobend erwähnt[26].

Die Commerzbank landete mit 481 Punkten direkt dahinter auf dem vierten Platz. Als eines von nur zwei Unternehmen erhielt die Commerzbank für ihre Berichterstattung die volle Punktzahl in der Kategorie „Glaubwürdigkeit" (siehe auch Abschn. Verständlichkeit, Praxisbeispiel Verständlichkeit). Auch die Landesbank Baden-Württemberg konnte mit einem siebten Platz überzeugen. Es zeigt sich, dass die Fortschritte der Banken beim Nachhaltigkeitsmanagement sich auch in der Qualität der Berichterstattung niederschlagen.

Der beste Versicherer im IÖW/Future-Ranking ist die Hannoversche Rück mit einem vierzehnten Platz, dicht gefolgt von der Ergo Group AG auf Platz 22 und der Allianz Group auf Platz 25.

Im Vergleich dazu die Rankingergebnisse von vor zehn Jahren (2005): HVB Group auf Platz 7, KfW Bankengruppe auf Platz 16, Münchner Rück auf Platz 23, Bayerische Landesbank auf Platz 28, Landesbank Baden-Württemberg auf Platz 33 und die Dresdner Bank auf Platz 35 – und kein Versicherer unter den Platzierten. Auch wenn man aus einem einzigen Ranking, das darüber hinaus seine Kriterien auch kontinuierlich weiterentwickelt hat, keine substanziellen Rückschlüsse ziehen kann, wird doch deutlich, dass sich ein positiver Trend zu besserer Berichterstattung bei sowohl Banken als auch Versicherungen abzeichnet.

Der Econ Award für Unternehmenskommunikation, der jährlich vom Econ Verlag und der Handelsblatt-Gruppe wird, zeichnet auch besonders gelungene Nachhaltigkeitsberichte aus. 2016 wurde der Nachhaltigkeitsbericht „Zukunftsfähig durch Nachhaltigkeit" der Raiffeisenzentralbank Österreich mit Silber ausgezeichnet (für die besonders gute Struktur und Aufarbeitung, die die Relevanz des Themas auf jeder Seite verdeutliche, so die Jury). Bronze erhielt die DZ BANK für ihren Nachhaltigkeitsbericht 2014, bei dem die Jury besonders lobte, dass die Ziele und Aktivitäten des Unternehmens im Bereich Nachhaltigkeit glaubwürdig und transparent dargestellt sind.

---

[26]IÖW/future 2016.

3.3.15 Der erste Nachhaltigkeitsbericht

Unternehmen, die zum ersten Mal strukturiert berichten möchten – in welchem Format auch immer – können leicht überwältigt sein angesichts des weiten Felds der Nachhaltigkeitsberichterstattung, des Aufwands und der Vielzahl zu berücksichtigender Faktoren. Zusätzlich zu den vorgenannten Punkten daher an dieser Stelle ein paar Hinweise speziell für Erstberichterstatter.

1. Der erste Bericht wird nicht der Beste sein
Das mag nicht erfreulich klingen, kann jedoch zur Entspannung beitragen. Den ersten Bericht lohnt es sich als Pilotprojekt zu planen mit dem Ziel zu lernen. Einige Unternehmen erstellen den ersten Bericht bewusst nur für interne Zwecke und gehen erst im zweiten oder dritten Jahr an die Öffentlichkeit, wenn Prozesse und Daten belastbar genug geworden sind und das Unternehmen seine „Stimme" zu Nachhaltigkeitsthemen entwickelt hat.

2. Rechtzeitig anfangen
Gelegentlich wird fälschlich angenommen, dass der erste Bericht leichter sei, weil man auf der „grünen Wiese" beginne und noch viele Freiheiten habe. Fernab eines strikten „Reportingkorsetts" erstellt man Berichte jedoch nicht schneller, im Gegenteil. Wo Prozesse und Haltungen zu Themen der Nachhaltigkeit fehlen, braucht die Entscheidungsfindung besonders viel Zeit. Oft wird erst in dem Moment, wo Dinge zu Papier gebracht werden, deutlich, zu welchem Grad unterschiedliche Positionen im Haus existieren.

3. Wesentlichkeit ernst nehmen
Die Bestimmung der wesentlichen Themen ist keine Übung, die allein für Berichterstattung nach GRI zum Pflichtprogramm gehört. Sie ist ein grundlegender Managementprozess, der die Berichterstellung im weiteren Verlauf enorm erleichtert, weil Klarheit hergestellt wird über die zentralen Themen. Für die erstmalige Bestimmung der Wesentlichkeit kann es sehr hilfreich sein, sich unterstützende Hilfe von außen zu holen für zum Beispiel die Moderation oder die Prozessteuerung. Denn die Gefahr besteht, dass ein Unternehmen einem Silodenken verhaftet bleibt.

4. Ausgewogene Transparenz herstellen
Ein Nachhaltigkeitsbericht ist vor allen anderen Dingen ein Transparenzmedium und keine reine Leistungsschau. Erstberichterstatter neigen gelegentlich dazu, den Bericht zu sehr in Richtung Imagebroschüre zu gestalten. Es ist legitim, alles

aufzuführen, was bislang erreicht wurde – oft zeigt sich ein Unternehmen zum ersten Mal zum Thema Nachhaltigkeit und ist bei gewissen Erfolgen zu Recht stolz. Ebenso muss jedoch auch Platz sein für die Herausforderungen, die noch vor einem liegen, und kritische Aspekte der Geschäftstätigkeit. Auch sollte ein erster Bericht nicht aus Absichtserklärungen und Strategietexten bestehen, sondern qualitative und quantitative Angaben in Balance halten sowie die Mischung aus Rückschau und Zukunftsvision.

5. Nicht alles im ersten Jahr angehen
Gutes Reporting ist ein langfristiger Prozess – und fertig ist man nie. Für die Akzeptanz im eigenen Haus und für die Berichtsqualität ist es lohnenswert, sich auf gewisse Aspekte zu fokussieren und den Rest zu terminieren. Zum Beispiel die Bestimmung der Wesentlichkeit im ersten Jahr, der Ausbau des Kennzahlensystems im zweiten, usw. Was für die Zukunft geplant ist, lässt sich bei den Zielen im Nachhaltigkeitsprogramm abbilden.

6. Das gedruckte Wort wiegt schwer
Natürlich ist es aus Nachhaltigkeitssicht empfehlenswert, den Bericht nicht drucken zu lassen, sondern online zu veröffentlichen – gerade in Zeiten der Digitalisierung (siehe auch Abschn. 3.3.4.2). Je nach Unternehmenskultur und Art des Austauschs mit den Stakeholdern, kann es jedoch gerade für den Erstbericht empfehlenswert sein, ein paar Exemplare zu drucken. Vor allem die Kommunikation im eigenen Haus ist dabei zentral: mit einem Printexemplar in der Hand ist ein Mitarbeiter oftmals noch geneigter, sich den Bericht anzuschauen, als wenn er per Mail einen Online-Link erhält. Und es ist ein wichtiges Ziel, den Mitarbeitern die Inhalte des Berichts zu vermitteln. Sie sind die besten Multiplikatoren, die ein Unternehmen hat.

3.4 Entwicklungen

Transparenz zu unternehmerischem Nachhaltigkeitsmanagement ist ein Feld, auf dem viel in Bewegung ist. Diese Diskussion umfasst weitaus mehr als klassische Nachhaltigkeitsberichterstattung in Form eines Nachhaltigkeitsberichts und stellt die perspektivische Sinnhaftigkeit des letzteren sogar gelegentlich infrage. Die Berichterstattung der Zukunft wird stark datenbankbasiert und nicht mehr an ein einzelnes Kommunikationsformat gebunden sein, soviel steht heute schon fest. Vor allem für Finanzdienstleister, deren Zukunftsfähigkeit in hohem Maße vom klugen Umgang mit der Digitalisierung abhängt, lohnt es sich, die Entwicklungen und Trends zu verfolgen, auch wenn diese teils noch weit von der eigenen Realität entfernt sein mögen. Denn der alleinige Blick auf aktuell vorhandene Best Practices kann beim Aufsetzen oder Optimieren der eigenen Nachhaltigkeitsberichterstattung bewirken, dass strategisch zu kurz gedacht und versäumt wird, bereits absehbare Entwicklungen rechtzeitig zu antizipieren. Einige der im Folgenden dargestellten Trends wurden im Abschn. 3.3 bei der Umsetzung bereits angeschnitten und werden hier vertieft.

Auf inhaltlicher Ebene lohnt es sich für Finanzdienstleister, genau zu verfolgen, was sich im Bereich des Nachhaltigkeitsmanagements an Entwicklungen abzeichnet. Denn diese werden Auswirkungen auf künftige Anforderungen an die Berichterstattung haben. Im Fokus steht in diesem Zusammenhang der Auftrag an die Finanzdienstleistungsbranche, einen messbaren Beitrag zur Bekämpfung des Klimawandels und zur Erreichung der globalen Nachhaltigkeitsziele (Sustainable Development Goals) zu leisten.

Aus regulatorischer Sicht bedeutet Nachhaltigkeit in der Finanzdienstleistungsbranche bislang im Wesentlichen, den Anforderungen an die Nachhaltigkeitsberichterstattung nachzukommen (siehe auch Abschn. 3.1.2.2, Berichtpflichten international, für die Zunahme an Berichtsregulatorik zu Nachhaltigkeit). Diese sind – auch mit der CSR-Berichtpflicht der EU – noch recht vage gehalten. Auch perspektivisch ist damit zu rechnen, dass nichtfinanzielle Aspekte der Geschäftstätigkeit über Transparenzpflichten reguliert werden und nicht über Managementvorgaben. Hierbei ist jedoch zu beachten, dass auch die „klassische" Regulierung zur Finanzstabilität mit ihren deutlich verbindlicheren Vorgaben – hier ist vor allen Dingen das Risikomanagement zu nennen – künftig zunehmend nichtfinanzielle Aspekte adressieren dürfte, denn die Finanzmarktregulierung interpretiert Nachhaltigkeit vor allem als Grundpfeiler zur Schaffung eines stabilen Finanzsystems. Laut der Europäischen Kommission stehen für Banken aus nachhaltigkeitsjustierter Risikosicht zum Beispiel folgende Themen im Fokus[27]:

- Ratingverordnung
- Märkte für Finanzinstrumente
- Bankenunion samt einheitlicher Einlagensicherung und Bankeninsolvenzregime
- Verbraucherschutz
- Eigenkapitalrichtlinie
- Vergütungspolitik
- gute Corporate Governance

---

[27]Bauer/Schuster 2016: 17 f.

Auch die 2017 gebildete „High-Level Expert Group on Sustainable Finance" der EU-Kommission betont, dass Finanzmarktstabilität die Transformation zu mehr Nachhaltigkeit benötigt – ein Nichthandeln berge zu viele Risiken (Überbewertung von Anlagen in die Fossilindustrie). Anforderungen an die Nachhaltigkeitsberichterstattung von Finanzdienstleistern werden künftig also weitaus prominenter auch jenseits des klassischen Nachhaltigkeitsgewands von „Green + Social" auftreten[28].

Gerade die Regulatorik-getriebene Finanzdienstleistungsbranche ist indes eingeladen, perspektivisch deutlich stärker über den Tellerrand der Pflicht zu schauen. Nachdem „nachhaltiges Agieren" sich als ein wesentliches Element von Systemstabilität im Finanzbereich etabliert, können Unternehmen nur davon profitieren, wenn sie aus eigenem Antrieb darlegen, dass sie im ökonomischen wie ethischen Sinne nachhaltig aufgestellt sind und fokussiert in die Zukunft blicken. An dieser Stelle sei auf die in Abschn. 3.1.1.5.1 (Definition von Wesentlichkeit) aufgeführte Studie erinnert, die für den amerikanischen Markt nachgewiesen hat, dass Unternehmen, die sich ausschließlich (!) um wesentliche Nachhaltigkeitsthemen kümmern, den Markt um 4,38 % outperformen. Dem Markt das eigene Nachhaltigkeitsverständnis und die eigene Leistung verständlich und belastbar zu kommunizieren bildet dabei die Grundlage für einen „Return on Sustainability".

Dass sich Reporting zu Nachhaltigkeitsthemen als das „New Normal" abzeichnen wird, davon ist auszugehen. Innovativen Unternehmen, die künftig mit ihrer Nachhaltigkeitsleistung aus der Masse hervorstechen möchten, ist angeraten, perspektivisch auch „Beyond Reporting" zu denken, d. h. zu überlegen, wie die zentralen Informationen zum Nachhaltigkeits- und Werteverständnis des Unternehmens auch jenseits eines Berichts glaubhaft an Stakeholder vermittelt werden kann (siehe auch Abschn. 3.1.1.2). In diesem Zusammenhang ist auch davon auszugehen, dass Integriertes Reporting, also die verzahnte Darstellung finanzieller und nichtfinanzieller Aspekte der Geschäftstätigkeit, bei ambitionierten Unternehmen zunehmend Anklang finden wird, weil es einen ganzheitlichen Blick auf die Wertschöpfung und das Geschäftsmodell erlaubt.

3.4.1 Zukunftstrends – Form

In absehbarer Zeit werden die „Digital Natives" in Entscheidungspositionen sitzen. „Wenn Sie denen dann Berichte als PDF zum Lesen am Bildschirm geben,

---

[28]Rat für nachhaltige Entwicklung 2017a.

werden die genauso schauen wie heute ein 16-Jähriger, dem Sie ein Telefonbuch in die Hand drücken mit der Bitte, eine Telefonnummer herauszusuchen". Was Marco Schüller, Direktor bei der HGB Hamburger Geschäftsberichte GmbH & Co KG, über Finanzberichterstattung sagt, gilt in gleichem Maße über Nachhaltigkeitsberichterstattung[29]. Der Bericht der Zukunft wird vielleicht gar kein Bericht im Sinne des gelernten Formats sein, sondern ein Online-Medium, das datenbankbasiert für die jeweilige Stakeholdergruppe den jeweils adäquaten Kanal nutzt bzw. es gleich den Stakeholdern ermöglicht, sich die gewünschten Informationen zusammenzustellen. Was noch wie eine Zukunftsmusik klingt, muss jetzt perspektivisch schon mitgedacht werden, will man zu den Besten gehören. Denn Systembrüche – und um einen solchen handelt es sich bei der Digitalisierung von Reporting – lassen sich nicht über Nacht gestalten.

Ein sehr zentraler Vorteil von digitaler Berichterstattung liegt darin, dass dem lang gehegten Wunsch nach Straffung und Verschlankung von Reporting Genüge getan werden kann. Online umgesetzt, muss ein Bericht nicht mehr sämtliche Informationen beinhalten, sondern fungiert zunehmend als Nukleus, als erste Anlaufstelle und Orientierungspunkt, von dem aus an andere, mit Details versehene Stellen verlinkt wird. In Zeiten von Informationsflut und Daten-Overload kann sich eine solche Orientierungsfunktion als echter Mehrwert erweisen (siehe auch „Vernetzung von Kommunikation Berichterstattung zu Nachhaltigkeit").

Die Global Reporting Initiative (GRI) hat in dem Projekt „Sustainability and Reporting Trends in 2025" untersucht, welcher Art Nachhaltigkeitsberichterstattung in der Zukunft sein könnte. Auf der Grundlage von Trendanalysen und Experteninterviews kommen sie in Bezug auf formale Aspekte zu folgenden Schlussfolgerungen[30]:

- Neue, digitale Datentechnologie wird das Reporting der Zukunft prägen
- „Real Time"-Reporting wird stärker im Fokus stehen (Abkehr vom lediglich jährlichen Turnus)
- Aufgrund von Big Data und zunehmender Präzision von Suchmaschinen werden Unternehmen deutlich weniger Kontrolle über die Informationen bezüglich ihrer (Nachhaltigkeits)performance haben
- Integrierte Berichterstattung als Folge von zunehmend integriertem Management wird stark zunehmen

---

[29]Page 2016: 37.
[30]GRI 2015.

Tab. 3.14 Internetrelevante Entwicklungen in der Nachhaltigkeitsberichterstattung. (Quelle: Isenmann 2014: 110)

Merkmale	Traditioneller Ansatz	Entwicklung
Inhaltliche Ausrichtung	Umweltfokus	Triple-Bottom-Line-Ansatz
Einbindung von Zielgruppen	Pflichtübung im Management	Einbindung von Zielgruppen und interessierten Kreisen
Kommunikationsstil	Monolog und Einbahnstraßen-kommunikation	Dialog, Interaktivität und Zwei-Wege-Kommunikation
Zielgruppenorientierung	Einheitsförmige Universalberichte („one size fits all")	Maßgeschneiderte Berichte auf Zielgruppen und Strukturvorgaben
Berichtsrhythmus	Unregelmäßige und ad-hoc Information	Kontinuierlicher Stakeholder-Dialog
Feedback	Wenige Rückmeldungskanäle	Vielfältige Mechanismen für Anregungen und Kritik
Verfügbarkeit	Papierberichte	Auch elektronische Berichte
Medienorientierung	Printmediendominanz	Medienübergreifende Ausrichtung (cross-medial)

Professor Ralf Isenmann, Experte für internetbasierte Nachhaltigkeitskommunikation, kommt im Hinblick auf aktuelle Digitalisierungstrend zu einer ähnlichen Prognose für die Zukunft des Reportings. Auch wenn es schwierig sei, „die medienspezifische Zukunft der Nachhaltigkeitsberichterstattung treffsicher zu prognostizieren", so seien doch gewisse Trends abzuleiten, über die Tab. 3.14 informiert.

Auf den Punkt gebracht heißt das: „An organization needs to send the right messages through the right distribution channels to the right audiences. To accomplish this, it may need a variety of communications vehicles – not just a single report. One size doesn't fit all in today's Internet world of mass customization."[31]

Als treibende Faktoren der Weiterentwicklung und zunehmenden Digitalisierung wirken laut Isenmann zwei Kräfte: einerseits der Marktsog (Market Pull) in Bezug auf steigende Ansprüche bei Inhalten, Transparenz und individueller Nutzerfreundlichkeit. Andererseits der Technologieschub (Technology Push), der neue, leichtere Voraussetzungen für die Umsetzung schafft (siehe Abb. 3.12).

---

[31]Isenmann 2014: 111.

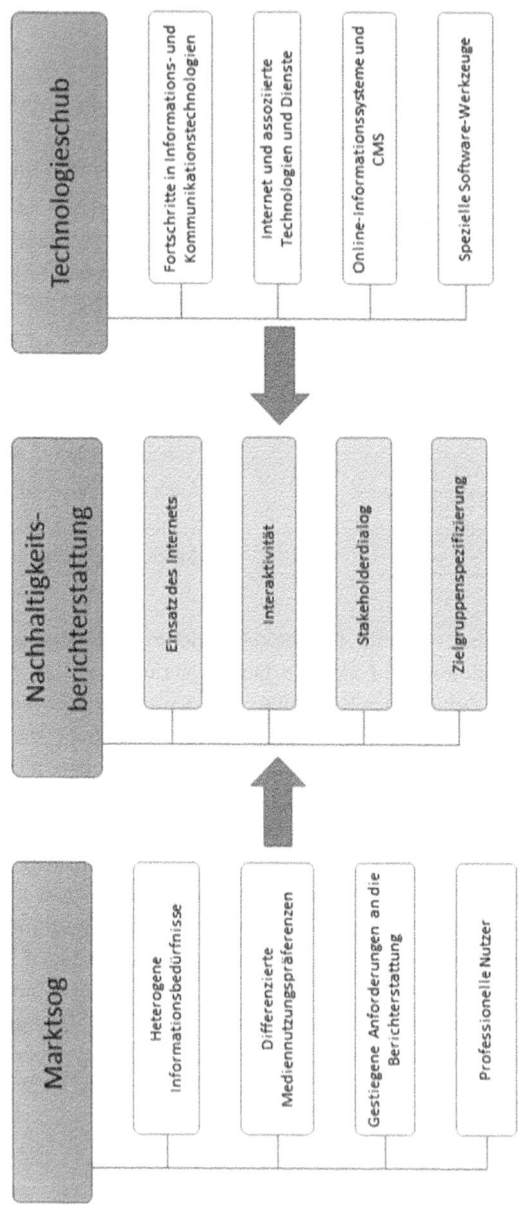

Abb. 3.12 Treiber einer internetgestützten Nachhaltigkeitsberichterstattung. (Quelle: Isenmann 2014: 111)

Digitale Reportinglösungen – egal wie ambitioniert und fortschrittlich – werden Unternehmen jedoch auch künftig die Übersetzungsleistung in Bezug auf Nachhaltigkeit nicht abnehmen. Welche Lösung in welchem digitalen und dialogorientierten Umfang für den eigenen Kontext sinnvoll ist, bleibt vom Unternehmen jetzt und künftig selbst zu bestimmen (siehe auch Abschn. 3.1, Grundlagen). Wie in Abschn. 3.2, Rahmenwerke zum Nachhaltigkeitsreporting, deutlich wurde, existiert für Finanzdienstleister bereits eine Fülle an (noch freiwilligen) Initiativen, Standards und Labels, die mit Transparenzpflichten einhergehen (Green Bonds, Equator Principles, Europäischer Transparenzkodex Eurosif etc.). Neben der Digitalisierung als Megatrend gilt es für berichtende Unternehmen auch die Konzertierung von Formaten (siehe Abschn. 3.3.4.3), also die kluge Vernetzung von separaten (Pflicht)formaten, zu durchdenken. Es wird zunehmend schwierig bis unmöglich sein, sämtlichen Anforderungen in einem Dokument gerecht zu werden. Internetportal-basierte Berichterstattung, wo zielgruppenspezifisch und unterjährig Informationen hinterlegt und durch Verlinkungen transparent in Bezug zu anderen Angaben gebracht werden können, ist mit Sicherheit eine Lösung, die in Zukunft verstärkt zu finden sein wird – weil sie einerseits der Transparenzvielfalt gerecht wird und gleichzeitig Effizienz stärkt. Denn zwischen den diversen Labels, Ratings und Standards gibt es inhaltliche Schnittmengen. Datenbankbasiert muss somit auch nicht doppelt und dreifach berichtet werden, sondern es kann auf die Stelle verwiesen werden, wo die Informationen bereits hinterlegt sind.

3.4.2   Zukunftstrends – Inhalt

Die Global Reporting Initiative (GRI) hat sich im Zuge ihres Projekts „Sustainability and Reporting Trends in 2025" auch mit den künftigen Inhalten von Nachhaltigkeitsberichterstattung befasst. Was in Abschn. 3.3 bei der Umsetzung bereits erläutert wurde, wird sich in die Zukunft fortschreiben: Nachhaltigkeitsberichterstattung wird wesentlicher und noch stärker aufs Kerngeschäft fokussiert. Die Ausrichtung am Nachhaltigkeitskontext (Global Goals, 2-Grad-Ziel Klimawandel, Menschenrechte) wird stärker in den Fokus treten, und der Nachweis von Wirkungen – den Impacts – des eigenen Nachhaltigkeitshandeln wird die Spreu vom Weizen trennen in Sachen Glaubwürdigkeit. Auch die Stakeholder von Unternehmen sieht die GRI eine neue Rolle einnehmen, im Zuge verbesserter Informationsmöglichkeiten, was auch Art und Inhalt der unternehmerischen Transparenz beeinflussen wird (höhere Reaktionsgeschwindigkeit, größere

Interaktivität)[32]. Anders gesagt: Es wird für Unternehmen noch wichtiger, die eigene Übersetzungsleistung in Bezug auf Nachhaltigkeit herauszuarbeiten und angemessen zu kommunizieren. Das beinhaltet neben einer klaren geschäftsorientierten Strategie auch ein solides Wertefundament und eine klare Haltung. Konkret prognostiziert die GRI[33]:

- Eine proaktivere Haltung gegenüber nachhaltigem Wirtschaftswachstum (anstelle der Compliance-getriebenen Rechenschaftslegung)
- Eine deutlichere Herausstellung der Wertschöpfung, die Unternehmen für Wirtschaft und Gesellschaft generieren (anstelle eines alleinigen Fokus auf die Minimierung eines negativen Footprints)
- Deutlich stärkere Transparenz in den Lieferketten von Unternehmen
- Eine globale Ausrichtung von Nachhaltigkeitsberichterstattung an den Zielsetzungen der Sustainable Development Goals (Global Goals) als allgemeingültigem Referenzrahmen für die Wirksamkeit von Nachhaltigkeitsanstrengungen (siehe auch Abschn. 3.2.3.5 zu den SDG)
- Die Existenz zweier paralleler Berichterstattungswelten: eine stark regulierte, und eine, die sich an den Bedürfnissen und Anforderungen der Stakeholder orientiert
- Die Monetarisierung von Impacts und eine deutlich konkretere Bezifferung externer Effekte der Geschäftstätigkeit
- Deutlich integriertere Kennzahlen und „totally integrated reports" im Sinne einer umfassend holistischen Betrachtungsweise finanzieller und nichtfinanzieller Aspekte der Geschäftstätigkeit

Der Nachweis von „Impacts", also die Messung, ob die eigene Tätigkeit zum Erreichen von Nachhaltigkeitszielen (seien es die Globalen Nachhaltigkeitsziele oder eigene), wird gerade für Finanzdienstleister relevanter. Dafür sprechen Initiativen wie das Impact Investing aber auch die jüngsten Überlegungen der Principles for Responsible Investment (PRI, siehe Abschn. 3.2.3.2.3), deutlich strengere Rechenschaftspflichten von Unterzeichnern einzufordern, um Greenwashing zu vermeiden, und stichprobenartige Audits durchzuführen. Die Vision – jenseits des Identifizierens schwarzer Schafe – liegt in der Wirkungsmessung: Die PRI wolle

---

[32]GRI 2016a.
[33]GRI 2015.

perspektivisch jährlich nachweisen können, was die Unterzeichner der Initiative an Impact erreicht haben[34].

Explizit für Finanzdienstleister ist davon auszugehen, dass neben dem bekannten Thema „Compliance" auch die Kommunikation über eine gute Corporate Governance künftig noch an Bedeutung gewinnen wird. Hier ist vor allem das Thema Vergütung zentral, einmal aus Sicht der Angemessenheit der Vergütungshöhe und der Boni, aber auch in Bezug auf Integration von Nachhaltigkeits- und Langfristzielen in die Vergütungspolitik.

Ein Beispiel aus der Praxis: Kontextualisierung zukünftiger Herausforderungen bei der Allianz Versicherung

Die Allianz zeigt in ihrem Sustainability Report 2015 „Encouraging Tomorrow", wie Kontextualisierung von Informationen funktionieren kann. Der Allianz gelingt es durchgehend in ihrem Bericht, ihren strategischen Ansatz, ihre wesentlichen Handlungsfelder und die daraus abgeleiteten Maßnahmen und Prioritäten auch für Laien in einen verständlichen Kontext zu stellen. Als Beispiel sei das Fokusthema „A call to action on climate change" genannt. Dort erläutert die Allianz zunächst die Bedeutung der Sustainable Development Goals und des 2-Grad-Ziels des Pariser Klimagipfels. Danach erklärt der Versicherer, was dies für Konsequenzen für das eigene Geschäft hat („What will this mean for us"[35]):

As an industry that is both highly sensitive to extreme weather and a major institutional investor, we are calling on our sector (and beyond) to anticipate the risks of climate change; care for customers and people who have to deal with the inevitable changes; and enable the transition to a low-carbon society.

Dann geht die Allianz dazu über herzuleiten, was sie in der Vergangenheit an Maßnahmen zum Klimaschutz auf den Weg gebracht hat.

We have had a climate change strategy in place since 2005. It covers our activities as insurer, investor and our operational footprint. As an investor of 638.3 BN of insurance premiums, we see promising long-term investment opportunities in a low-carbon economy. For example, by investing in renewable energy, low-carbon infrastructure and energy-efficient real estate, we help reduce climate emissions and create economic growth. In the current low interest environment, such investments can offer stable long-term returns and increase portfolio diversification, benefiting our customers, our business, and the environment.

---

[34]Bergius 2016.

[35]Allianz 2016: 9.

Schließlich erläutert die Allianz die ergriffenen Maßnahmen im Berichtsjahr, die von der Qualität und Reichweite her der Größe des Fokusthemas „globaler Klimaschutz" angemessen sind:

At the end of the year, we announced we would stop financing coal-based business models and divesting from equity stakes in coal-based business models in early 2016. (...)We welcome the Financial Stability Board's interest in climate change and will continue our dialogue with partners and peers. During the Paris negotiations, Oliver Bäte announced we would join the Portfolio Decarbonization Coalition which convenes 25 investors aligning their portfolios with the low-carbon transition.

Dies alles ist knapp und übersichtlich auf einer einzigen Seite aufbereitet. Mit Verweisen an andere Stellen im Bericht (weitere Informationen zum Umgang mit der Low Carbon Economy z. B.) wird der Leser eingeladen, sich weiter zu informieren, wenn er möchte. Auf einen Blick hat er an dieser Stelle indes bereits die zentralen Fragen beantwortet bekommen: Worum geht es? (globaler Kontext). Was heißt das für uns? (unser Auftrag). Wo kommen wir her? (Umgang mit dem Thema bisher). Wo wollen wir hin? (Was erreicht wurde und wie es weiter geht).

3.4.2.1 Berichterstattung zur Achtung der Menschenrechte

Das Thema „Menschenrechte" ist eines der inhaltlichen Felder, von denen absehbar ist, dass perspektivisch verstärkte Transparenzpflichten auf Unternehmen zukommen. Bereits in der CSR-Berichtspflicht der EU, unter die viele Finanzdienstleister fallen, sind Menschenrechte eines der Themen, über das berichtet werden muss. Hier allerdings ohne konkrete inhaltliche Zielvorgaben.

Ende 2016 hat die Bundesregierung den „Nationalen Aktionsplan Wirtschaft und Menschenrechte" (NAP) beschlossen. Er basiert auf den „Leitprinzipien für Wirtschaft und Menschenrechte" der Vereinten Nationen aus dem Jahr 2011. Der NAP ist die deutsche Antwort auf die Empfehlung der EU-Kommission, nationale Aktionspläne zu entwickeln, und verfügt über einen konkreten Review-Prozess. Bis 2020 – so das Ziel – sollen mindestens 50 % aller deutschen Unternehmen mit mehr als 500 Mitarbeitern einen Prozess menschenrechtlicher Sorgfalt etabliert haben. Andernfalls – und ab 2018 wird das Erreichen des Ziels überprüft werden – wird eine gesetzliche Regelung und eine Ausweitung des Adressatenkreises in Betracht gezogen[36]. Auch wenn sich einige Menschenrechtsorganisationen enttäuscht zeigen, ist der NAP doch ein ambitioniertes Vorhaben mit folgenden Eckpfeilern[37]:

---

[36]Global Compact Netzwerk Deutschland 2016.
[37]Auswärtiges Amt 2016.

- Unternehmen sollen eine Grundsatzerklärung zur Achtung der Menschenrechte abgeben
- Unternehmen sollen ein Verfahren zur Ermittlung tatsächlicher und potenziell nachteiliger Auswirkungen auf die Menschenrechte festlegen
- Unternehmen sollen Maßnahmen zur Abwendung potenziell negativer Auswirkungen entwickeln und deren Wirksamkeit überprüfen
- Unternehmen sollen deutlich verbessert Bericht erstatten zum Thema Menschenrechte Berichterstattung,
- Unternehmen sollen einen Beschwerdemechanismus einrichten

In welcher konkreten Form Berichterstattungsanforderungen an Unternehmen verpflichtend werden, ist noch nicht abzusehen, dass entsprechende Anforderungen – sei es als Soft oder Hard Law – kommen werden, indes schon. Finanzdienstleister sind dann gefordert, weitaus stärker als bislang z. B. im Rahmen der Equator Principles (siehe Abschn. 3.2.3.2.1) darzulegen, wie sie mit ihren Produkten und Services den Schutz der Menschenrechte verlässlich gewährleisten, wenn nicht sogar ausbauen können.

3.4.2.2 Berichterstattung zu Klimaschutz

Ein weiteres Inhaltsfeld, das für Finanzdienstleister stark an Bedeutung gewinnen wird, ist Transparenz zum Thema Klimaschutz. Einerseits aus Risikosicht, inwiefern sich also Klimarisiken auf das Geschäftsmodell von Finanzdienstleistern und das Finanzsystem in Summe auswirken. So fordert der weltweit größte Vermögensverwalter Blackrock Unternehmen mittlerweile auf, Gefahren der Erderwärmung für ihr Geschäft zu benennen[38]. Andererseits gilt es verstärkt einen Chancenblick in Bezug auf neue Geschäftsfelder und Dienstleistungen einzunehmen. Finanzdienstleister sind im Pariser Klimaabkommen direkt adressiert als Institutionen, die einen wesentlichen Beitrag zum Erreichen des 2-Grad-Ziels leisten können (Finanzierung von Klimaschutz).

Gleichzeitig ist CO_2-Reporting auch unabhängig vom Finanzdienstleistungssektor ein Gebiet, auf dem zunehmend Transparenz und auch Leistung von Unternehmen weltweit verlangt wird. Hierzu gibt es schon eine Reihe von Initiativen:

- **Das GHG Protocol**
  Vom World Resources Institut (WRI) und dem World Business Council for Sustainable Development (WBCSD) initiiert zur Messung und Steuerung

---

[38]Süddeutsche Zeitung 2017.

betrieblicher Treibhausgase. Das 2001 erstmals erschienene Regelwerk fand weite Verbreitung und gilt als global akzeptierte Richtschnur für das Carbon Accounting. Auf das GHG Protocol geht die etablierte Einteilung von Treibhausgasmissionen in drei sogenannte „Scopes" zurück: Scope 1 für alle direkt durch z. B. Verbrennung in eigenen Anlagen erzeugte Emissionen, Scope 2 für Emissionen aus eingekaufter Energie wie Elektrizität und Fernwärme, und Scope 3 für die besonders schwer zu erfassenden Emissionen aus durch Dritte erbrachte Dienstleistungen und erworbenen Vorleistungen (bei Finanzdienstleistern vor allem die sogenannten „Financed Emissions").

- **Das CDP**
  Die größte weltweite Berichtsplattform für Umweltstrategien von Unternehmen. Im Auftrag von institutionellen Investoren erhebt das CDP standardisiert Klima- und andere Umweltdaten von Unternehmen, Städten und Regionen und bildet sie in einem Ranking ab. In den 2016 aktualisierten Bewertungsmethoden müssen Unternehmen mittlerweile angeben, ob ihre Treibhausgas-Reduktionsziele wissenschaftsbasiert sind oder nicht (siehe unten, Science Based Targets Initiative).

- **Das CDSP (Climate Disclosure Standards Board)**
  Auf dem Weltwirtschaftsforum 2007 von Unternehmensinitiativen und Umweltorganisationen gegründet, strebt das CDSP die Standardisierung von Klimareporting an. Hierzu hat die Initiative ein Reporting-Framework entwickelt, das sich vornehmlich an Investoren richtet.

- **Die Science Based Targets Initiative (SBT)**
  Die CDP, UN Global Compact, World Resources Institute und dem WWF hat mit dem „Sektorbasierten Dekarbonisierungs-Ansatz" (SDA) eine Methode entwickelt, die das 2 °C-Limit des Pariser Klimavertrags als Rahmen setzt für unternehmerische Zielsetzungen in Bezug auf Maßnahmen zur Eindämmung des Klimawandels. Die Methode ermöglicht es Unternehmen, basierend auf den Erkenntnissen der Klimaforschung Klimaschutzziele für einen Zeithorizont bis zum Jahr 2050 zu definieren. Der branchenbasierte Ansatz berücksichtigt u. a. die verschiedenen technologischen Möglichkeiten zur Emissionsminderung.

- Klimareporting.de
  Die deutschsprachige Plattform bietet Unternehmen hilfreiche Informationen und Publikationen zu den Themen Corporate Carbon Footprint, Klimastrategie und –reporting, u. a. den Leitfaden „Vom Emissionsbericht zu Klimastrategie" sowie eine Linkage-Tabelle, die die klimabezogenen Anforderungen der gängigen Standards miteinander vergleicht. Die Initiative ist ein Projekt von WWF und CDP, das zwischen 2013 und 2016 durchgeführt wurde.

Im Bereich des Finanzsektors bringen folgende Initiativen Fahrt auch in die Diskussion um Transparenz und Rechenschaftslegung zur Klima- und Umweltleistung von Unternehmen

- **FSB Task Force on Climate-related Financial Disclosures (TCFD)**
  Das Financial Stability Board hat eine Task Force zur Identifizierung klimabezogener Risiken einberufen. Dieses 32-köpfige Gremium hat zur Aufgabe, Transparenzkriterien für Unternehmen zu entwickeln, die Kreditgebern, Versicherern, Investoren und weiteren Stakeholdern ermöglichen, Klimarisiken bei Finanzierungsentscheidungen adäquat zu beurteilen. Als Brancheninitiative möchte die Task Force die systematische Betrachtung von Klimarisiken in den Mainstream tragen und der fundierten Bewertung, Bepreisung sowie dem Management von Klimarisiken zu einem neuen Selbstverständnis verhelfen.
- **High-Level Expert Group on Sustainable Finance**
  Dieses 20-köpfige, von der EU-Kommission berufene Expertengremium arbeitet seit Ende 2016 an Vorschlägen, wie die Finanzmärkte so reguliert werden, dass sie zur nachhaltigen Entwicklung beitragen. Die Expertengruppe soll einen systemischen Ansatz entwickelt, der die vielen kleinen, bereits existierenden Initiativen zu nachhaltigen Finanzen bündelt. Dabei stehen Klima- und Umweltprobleme weit oben auf der Agenda. Unter anderem denken die Experten über eine Berichtspflicht von Unternehmen zu Klimarisiken nach – dieses solle Teil des regulären Unternehmensreportings werden.

Klimareporting ist ein Gebiet, auf dem Berichterstattung und Management stark Hand in Hand gehen. Was intern nicht erfasst wird, kann nicht extern kommuniziert werden. Durch die zunehmende Konkretheit von Klimareporting sind Unternehmen gefragt, deutlich über vage Absichtserklärungen hinauszugehen und ihre Maßnahmen zu verzielen. Wie auch bei der Berichterstattung allgemein, wird auch beim Klimareporting der Fokus auf die wesentlichen Themen stärker. Und Betriebsökologie, die bei vielen Finanzdienstleistern fester Bestandteil des Nachhaltigkeitsreportings ist, gehört nicht dazu. Sicherlich wird es nach wie vor wichtig sein, glaubhaft zu kommunizieren, dass intern die Hausaufgaben in Sachen Ökologie und Klimaschutz gemacht werden. Dennoch geht die Reise auch für Finanzdienstleister hin zum Reporting über die Scope-3-Emissionen und die sogenannten „Financed Emissions" (siehe auch oben GHG Protocol). Die indirekten Scope-3-Emissionen sind schwer zu erfassen und werden – auch jenseits der Finanzdienstleistungsbranche – noch nicht von vielen Unternehmen berichtet, und wenn, dann oft nur zu den indirekten Emissionen aus Geschäftsreisen, nicht jedoch zu den Klimaauswirkungen der Produkte und Dienstleistungen in den vor- oder nachgelagerten Stufen der Wertschöpfungskette.

Der hohe Erfassungsaufwand für Scope 3 lohnt sich für viele Unternehmen, denn die Marktrelevanz von CO_2 ist spätestens seit der Diskussion um die sogenannte „Carbon Bubble", also die Überbewertung von Unternehmen im Bereich der fossilen Brennstoffe, gegeben. Seit 2012 nimmt die weltweite Divestment-Bewegung aus fossilen Energieunternehmen deutlich an Fahrt auf. Zahlreiche Akteure (von prominenten Privatpersonen über Stiftungen, Städte, Universitäten) und auch bedeutende Versicherungen und Pensionsfonds (Allianz, Axa, norwegischer Pensionsfonds). Stand Ende 2015 unterstützten 450 institutionelle Investoren die Divestment-Bewegung (2500 Unterstützer in Summe), und das verwaltete Vermögen der Unterstützer belief sich auf 2,3 Billionen US$ – eine Verfünfzigfachung innerhalb eines Jahres[39]. Know-how zu Scope-3-Emissionen wird für Finanzdienstleister nicht nur für das eigene Reporting relevant, sondern aus Risikosicht auch für künftige Investitions- und auch Finanzierungsentscheidungen.

Die Initiative Science Based Targets (siehe oben), die Unternehmen dabei unterstützt, wissenschaftsbasiere Klimaziele zur Einhaltung des 2-Grad-Ziels zu entwickeln, nimmt bislang noch keine solchen Ziele von Finanzdienstleistern an. Lediglich ein „commitment letter" kann ein Finanzdienstleister einreichen und seinen Willen bekunden, solche Ziele zu entwickeln, sobald die Methodik fertig entwickelt ist. Unter anderem die Commerzbank hat eine solche Willensbekundung bereits abgegeben. Damit spiegelt die Initiative die Probleme, mit denen Finanzdienstleister beim Nachweis ihrer Scope-3-Emissionen aktuell noch konfrontiert sind.

In anderen Branchen wie Transport und Energieversorger publizieren 75 % der berichtenden Unternehmen bereits Klimaziele (darunter auch nicht-wissenschaftlich-basierte). Im Vergleich dazu hinkt der Finanzdienstleistungssektor auf dem viertletzten Platz zurück, mit 43 % der berichtenden Unternehmen, die konkrete Ziele kommunizieren. Mit 48 von 100 möglichen Punkten bewertet KPMG in ihrer Auswertung von 2015 auch die Qualität des Klimareportings von Finanzdienstleistern als steigerungsfähig[40].

---

[39]Häßler 2016.
[40]KPMG 2015: 17.

Literatur

Allianz. (2016). Encouraging Tomorrow. Sustainability Report 2015. https://www.allianz.com/v_1462349129000/en/sustainability/media-2016/Allianz-Sustainability-Report-2015.pdf. Zugegriffen: 22. Mai 2017.

Auswärtiges Amt. (2016). Menschenrechtsbeauftrage Kofler zum Nationalen Aktionsplan „Wirtschaft und Menschenrechte". https://www.auswaertiges-amt.de/DE/Infoservice/Presse/Meldungen/2016/161221-MRHH-NAP_Wirtschaft_Menschenrechte.html. Zugegriffen: 22. Mai 2017.

Bankenverband. (2017). Nichtfinanzielle Berichterstattung und Deutscher Nachhaltigkeitskodex. Orientierungshilfe für mittelständische Banken. https://bankenverband.de/media/files/Orientierungshilfe_Leitfaden_komplett.pdf. Zugegriffen: 22. Mai 2017.

Bauer, Schuster (Hrsg.). (2016). *Nachhaltigkeit im Bankensektor. Konzepte – Rechtsfragen – Kulturwandel.* Köln: Schmid.

Bergius, S. (2016). Die PRI machen Ernst. In: Handelsblatt Business Briefing Nachhaltige Investments 10/2016.

Berlin Hyp. (2016). Jahresreporting Grüner Pfandbrief 2015/2016. http://www.gruener-pfandbrief.de/startseite#startseite2. Zugegriffen: 22. Mai 2017.

BSC Consulting. (2016). Entwicklung der Nachhaltigkeitsberichterstattung im Jahr 2015. Auswertung der Berichterstattung in der Schweiz, Deutschland und Österreich. http://www.bsdconsulting.com/bsd-files/news-downloadable-pdfs/Auswertung_2015_final.pdf. Zugegriffen: 22. Mai 2017.

BSR. (2012). The five W's of France's CSR reporting law. https://www.bsr.org/reports/The_5_Ws_of_Frances_CSR_Reporting_Law_FINAL.pdf. Zugegriffen: 22. Mai 2017.

Commerzbank. (2015). Magazin zur unternehmerischen Verantwortung. Wie nachhaltig kann eine Bank sein? https://www.commerzbank.de/media/nachhaltigkeit/viii__daten___fakten/berichte/2015_CR-Magazin_DE.pdf. Zugegriffen: 22. Mai 2017.

EU Kommission. (2017). Communication from the commission. Guidelines on non-financial reporting. https://ec.europa.eu/info/sites/info/files/170627-communication-non-financial-reporting-guidelines_en.pdf. Zugegriffen: 3. Juli 2017.

Eurosif. (o. J.). Europäischer Transparenzkodex für Nachhaltigkeitsfonds. Version 3. http://www.forum-ng.org/images/stories/transparenz_2013/transparency_code_german.pdf. Zugegriffen: 22. Mai 2017.

Fachhochschule Nordwestschweiz. (2016). IT-basierte Unterstützung im Reporting. Status quo und Anforderungen von Unternehmen in der DACH-Region. http://www.wirdesign.de/content/pdf-open-de/ReportingNews/CCR_MDD_FHNW_StudieITbasierteUnterstzung.pdf?m=1480081631. Zugegriffen: 22. Mai 2017.

Finanzgruppe Deutscher Sparkassen- und Giroverband e. V. (2014). Bericht an die Gesellschaft. Unser Land – Unser Beitrag. http://bericht-gesellschaft.dsgv.de/. Zugegriffen: 22. Mai 2017.

FNG (Forum Nachhaltige Geldanlagen). (2017). Kurzanalyse zum Thema Green Economy – Recherche. Berlin: Bundesministerium für Bildung und Forschung.

Gazdar, K. (2014). Zwischen Struktur und Storytelling. Best Practice im Reporting. In M. Fifka (Hrsg.), *CSR und Reporting* (S. 173–179). Berlin: Springer.

Global Compact Netzwerk Deutschland. (2016). Bundesregierung verabschiedet Nationalen Aktionsplan „Wirtschaft und Menschenrechte" – Erste Reaktionen. http://www.globalcompact.de/de/newscenter/meldungen/Bundesregierung-verabschiedet-Nationalen-Aktionsplan-Wirtschaft-und-Menschenrechte.php. Zugegriffen: 22. Mai 2017.

GRI (Global Reporting Initiative). (2010). Sweden and Denmark lead the way in Sustainability Reporting. https://www.globalreporting.org/information/news-and-press-center/Pages/Sweden-and-Denmark-lead-the-way-in-Sustainability-Reporting.aspx. Zugegriffen: 22. Mai 2017.

GRI (Global Reporting Initiative). (2011). Spain enacts legislation on sustainability reporting following in the footsteps of Sweden, the Netherlands and China. https://www.globalreporting.org/information/news-and-press-center/Pages/Spain-enacts-legislation-on-sustainability-reporting-following-in-the-footsteps-of-Sweden,-the-Netherlands-and-China.aspx. Zugegriffen: 22. Mai 2017.

GRI (Global Reporting Initiative). (2013). The external assurance of sustainability reporting. https://www.globalreporting.org/resourcelibrary/GRI-Assurance.pdf. Zugegriffen: 22. Mai 2017.

GRI (Global Reporting Initiative). (2015). Sustainability and reporting trends in 2025. Preparing for the future. GRI's Reporting 2025 Project. First analysis paper. https://www.globalreporting.org/resourcelibrary/Sustainability-and-Reporting-Trends-in-2025-1.pdf. Zugegriffen: 22. Mai 2017.

GRI (Global Reporting Initiative). (2016a). The next era of corporate disclosure. Digital, responsible, interactive. Sustainability and Reporting 2025 Project. https://www.globalreporting.org/resourcelibrary/The-Next-Era-of-Corporate-Disclosure.pdf. Zugegriffen: 22. Mai 2017.

GRI (Global Reporting Initiative). (2016b). Empowering sustainable decisions. GRI's Annual Report 2015–2016. https://www.globalreporting.org/resourcelibrary/GRI-AnnualReport2015-2016.pdf. Zugegriffen: 22. Mai 2017.

Häßler, R. (2016). Carbon bubble und divestment. Umweltdialog. http://www.umweltdialog.de/de/wirtschaft/finanzen/2016/Carbon-Bubble-und-Divestment.php. Zugegriffen: 22. Mai 2017.

Häßler, R., & Jung, T. (2016). Im Prinzip gut. Die Principles for Responsible Investment. In K. Wendt (Hrsg), *CSR und Investment Banking. Investment und Banking zwischen Krise und Positive Impact* (S. 141). Wiesbaden: Springer Gabler.

IÖW (Institut für ökologische Wirtschaftsforschung)/future e. V. (Hrsg.). (2016). Nachhaltigkeitsberichterstattung in Deutschland. Ergebnisse und Trends im Ranking der Nachhaltigkeitsberichte 2015. http://www.ranking-nachhaltigkeitsberichte.de/data/ranking/user_upload/2015/Ranking_Nachhaltigkeitsberichte_2015_Ergebnisbericht.pdf. Zugegriffen: 22. Mai 2017.

IR Banking Network. (2016). Applying the integrated reporting concepts of outcomes and social and relationship capital in the banking industry. http://integratedreporting.org/wp-content/uploads/2016/03/SR-Capital-and-Outcomes-IR-Banking-Network.pdf. Zugegriffen: 22. Mai 2017.

Isenmann, R. (2014). Die Rolle des Internets für die Nachhaltigkeitsberichterstattung – Vom Distributionskanal zum zentralen Einstiegsknoten. In M. Fifka (Hrsg.), *CSR und Reporting* (S. 107–123). Wiesbaden: Springer Gabler.

Jorberg, T. (2016). Was die GLS Bank anders macht. In K. Wendt (Hrsg.), *CSR und Investment Banking. Investment und Banking zwischen Krise und Positive Impact* (S. 285 f.) Wiesbaden: Springer Gabler.

KfW. (2015). Nachhaltigkeitsbericht. https://nachhaltigkeit2015.kfw.de/reports/kfw/annual/2015/nb/German/0/home.html. Zugegriffen: 22. Mai 2017.

Khan, M. et al. (2016). Corporate sustainability. First evidence on materiality. *The Accounting Review, 91*(6), 1697–1724.

KPMG. (2015). Currents of change. The KPMG survey of corporate responsibility reporting. https://assets.kpmg.com/content/dam/kpmg/pdf/2016/02/kpmg-international-survey-of-corporate-responsibility-reporting-2015.pdf. Zugegriffen: 22. Mai 2017.

KPMG. (2016). Carrots and sticks. Global trends in sustainability reporting, regulation and policy. https://www.carrotsandsticks.net/wp-content/uploads/2016/05/Carrots-Sticks-2016.pdf. Zugegriffen: 22. Mai 2017.

Landesbank Baden-Württemberg (LBBW). (2015). Überblick. Made in Germany. Der Nachhaltigkeitsbericht. https://www.lbbw.de/media/verantwortung/pdf_nachhaltigkeit/Nachhaltigkeitsbericht_2015.pdf. Zugegriffen: 22. Mai 2017.

PAGE. (2016). Design. Code. Business. Das Magazin der Kreativbranche. Ausgabe 12/16.

Rat für nachhaltige Entwicklung. (2017a). EU-Expertengruppe arbeitet an nachhaltiger Finanzwirtschaft. https://www.nachhaltigkeitsrat.de/aktuelles/aktuelle-meldungen/detailansicht/artikel/eu-expertengruppe-arbeitet-an-nachhaltiger-finanzwirtschaft/?pk_campaign=newsletter-6-2017. Zugegriffen: 22. Mai 2017.

Rat für nachhaltige Entwicklung. (2017b). Bundestag verabschiedet Gesetz zur CSR-Berichtspflicht. https://www.nachhaltigkeitsrat.de/aktuelles/aktuelle-meldungen/detailansicht/artikel/bundestag-verabschiedet-gesetz-zur-csr-berichtspflicht/. Zugegriffen: 22. Mai 2017.

RZB Group. (2016). Fokus auf das Wesentliche. Nachhaltigkeitsbericht der RZB-Gruppe 2015. http://www.rzb.at/eBusiness/services/resources/media/831197035645054749-83119700 1285316293_831201096805071508_835684543573551195-1164990358144080364-1-1-NA.pdf. Zugegriffen: 22. Mai 2017.

Schaltegger, S. (2012). Sustainability reporting in the light of business environments. Linking business environment, strategy, communication and accounting. Discussion Paper, S. 6. http://www2.leuphana.de/umanagement/csm/content/nama/downloads/download_publikationen/Schaltegger_Sustainability_Reporting_in_the_Light_of_Business_Environments.pdf. Zugegriffen: 22. Mai 2017.

Süddeutsche Zeitung. (2017). Blackrock entdeckt Klima und Vielfalt. http://www.sueddeutsche.de/wirtschaft/geldanlage-blackrock-entdeckt-klima-und-vielfalt-1.3417777. Zugegriffen: 22. Mai 2017.

UBS. (2015). In challenge lies opportunity. Investing for sustainable development. Chief Investment Office WM. Switzerland: UBS.

UBS. (2017a). Mobilizing private wealth for public good. UBS White Paper for the World Economic Forum Annual Meeting 2017.

UBS. (2017b). Geschäftsbericht UBS Group AG 2016.

UN Global Compact et al. (2015). SDG industry matrix. Financial services. https://sustainabledevelopment.un.org/content/documents/9789CRT046599%2SDG_Financial%20Services_29sep_WEB-1.pdf. Zugegriffen: 22. Mai 2017.

Weiterführende Literatur

AMC/Führmann Unternehmensberatung GmbH. (Hrsg.). (2017). Versicherer auf dem Weg zum neuen Premium? Von Compliance zur wirksamen CSR-Kommunikation. Studie.

Bankenverband. (Hrsg.). (2017). Nichtfinanzielle Berichterstattung und Deutscher Nachhaltigkeitskodex. Orientierungshilfe für mittelständische Banken. https://bankenverband.de/media/files/Orientierungshilfe_Leitfaden_komplett.pdf. Zugegriffen: 22. Mai 2017.

Deutsche Börse Group. (Hrsg.). (2013). Nachhaltigkeit in der Kapitalmarktkommunikation. Sieben Empfehlungen für Emittenten. http://deutsche-boerse.com/INTERNET/MR/mr_presse.nsf/0/562C9AF958044791C1257EA1004A6B7A/$File/Best%20Practice%20Guide_de.pdf?OpenElement. Zugegriffen: 22. Mai 2017.

Deutscher Bundestag. CSR-Richtlinie-Umsetzungsgesetz. http://dip21.bundestag.de/dip21/btd/18/114/1811450.pdf. Zugegriffen: 22. Mai 2017.

Diehl, S. et al. (2017). *Handbook of Integrated CSR Communication.* Switzerland: Springer.

Europäische Kommission. (Hrsg.). (2016). Offenlegung nichtfinanzieller Informationen. http://ec.europa.eu/finance/company-reporting/non-financial_reporting/index_de.htm. Zugegriffen: 22. Mai 2017.

EU Kommission. (2017). Communication from the commission. Guidelines on non-financial reporting. https://ec.europa.eu/info/sites/info/files/170627-communication-non-financial-reporting-guidelines_en.pdf. Zugegriffen: 3. Juli 2017.

Fifka, M. (Hrsg.). (2014). *CSR und Reporting. Nachhaltigkeits- und CSR-Berichterstattung verstehen und erfolgreich umsetzen.* Wiesbaden: Springer Gabler.

GRI „Sustainability and Reporting 2025"-Projekt: Alle Studien. www.globalreporting.org.

Heinrich, P. (Hrsg.). (2013). *CSR und Kommunikation. Unternehmerische Verantwortung überzeugend vermitteln.* Wiesbaden: Springer Gabler.

Kopp, H. (Hrsg.). (2016). *CSR und Finanzratings. Nachhaltige Finanzwirtschaft. Rating statt Raten!* Wiesbaden: Springer Gabler.

Rat für Nachhaltige Entwicklung/Bertelsmann Stiftung (Hrsg.). (2016). Leitfaden zum Deutschen Nachhaltigkeitskodex. Orientierungshilfe für mittelständische Unternehmen. http://www.deutscher-nachhaltigkeitskodex.de/fileadmin/user_upload/dnk/dok/Leitfaden_zum_Deutschen_Nachhaltigkeitskodex.pdf. Zugegriffen: 22. Mai 2017.

Schulz, T., & Bergius, S. (Hrsg.). (2014). *CSR und Finance. Beitrag und Rolle des CFO für eine Nachhaltige Unternehmensführung.* Wiesbaden: Springer Gabler.

Wendt, K. (Hrsg.). (2016). *CSR und Investment Banking. Investment und Banking zwischen Krise und Positive Impact.* Wiesbaden: Springer Gabler.